W0034418

Ernst Meckelburg

Zeitschock

Invasion aus der Zukunft

WILHELM HEYNE VERLAG
MÜNCHEN

HEYNE SACHBUCH
Nr. 19/409

Bildnachweis:

Andruss/MUFON: 12; Archiv Autor: 14, 16, 18, 22, 23, 24;
Australische Botschaft, Bonn: 15; Havriliak/Barbette: 7, 8, 9, 10;
Birkhäuser-Verlag: 1; Agence Gamma: 11; Däniken, E. v.: 13;
Disney: 20; Hessischer Rundfunk TV: 2; Hünchen: 21; Jugendfilm-
verleih: 3, 4; Ludwiger, I. v.: 19; Pressezentrum der Luftwaffe: 16;
Senator-Film: 5a, b; USIS: 6, 6a, 17; Verlag 2001: 25

*Für meine liebe Frau und Tochter, die mir
bei der Entstehung des Werkes beistanden.*

*Für Tina, Adelheid, Karin – Ernst, Vladimir und Jürgen,
Menschen, die mir viel bedeuten.*

Ungekürzte Taschenbuchausgabe im
Wilhelm Heyne Verlag GmbH & Co. KG, München
Copyright © 1993 by Langen Müller
in der F. A. Herbig Verlagsbuchhandlung, München
Printed in Germany 1996
Umschlagillustration: The Image Bank/Geoffrey Gove, München
Umschlaggestaltung: Atelier Adolf Bachmann, Reischach
Druck und Verarbeitung: Presse-Druck, Augsburg

ISBN 3-453-09153-1

Dank

Dank schulde ich all meinen Freunden, Mitstreitern, Informanten und Lesern, die mir durch zahlreiche begeisterte Zuschriften ihr großes Interesse an meinen Theorien bekundet haben: Professor Yakir Aharonov, Columbia University (USA); Professor David Bohm (†), Universität London; Gordon Creighton, Fellow of the Royal Geographical Society; Dr. Reinmar Cunis (†), ARD-Projektgruppenleiter; Erich v. Däniken, Autor; Professor David Deutsch, Universität Oxford; Dr. Brenda Dunne, Princeton University; Dr. Ed Fredkin, Massachusetts Institute of Technology (MIT); Gert Geisler, Chefredakteur »esotera«; Siegmar Gerken, Verleger; Professor Richard Gott, Princeton University; Professor John Hasted, Universität London; Rainer Holbe, TV-Moderator und Autor; Professor Robert Jahn, Princeton University; Professor Nikolai A. Kozyrew, Astrophysiker, Pulkowo-Observatorium, St. Petersburg; Peter Krassa, Journalist und Autor; Jürgen Krönig, ZEIT-Korrespondent, England; Illobrand v. Ludwiger, Dipl.-Physiker und Direktor der MUFON-CES; Michael S. Morris, Kip S. Thorne und Ulvi Yurtsever: allesamt Astrophysiker am California Institute of Technology (CALTECH), Pasadena; Professor F. Moser, Technische Universität Graz; Professor Ian H. Redmount, Physik-Department, Washington University; Professor Dr. Dr. Andreas Resch, Verleger und Dozent an der Lateran-Universität, Innsbruck, Rom; Professor Jack Sarfatti (USA); Professor Dr. rer. nat. Werner Schiebeler; Professor Dr. Ernst O. Senkowski und Dr. med. V. Delavre, Gesellschaft für Psychobiophysik e.V. und Herausgeber von »Transkommunikation«; Professor Daniel Shechtman (Israel); Professor Matt Visser, Washington University; Ken und Debbie Webster, Ponterwyd, Dyfed, Wales (England); Dr. Harald Wiesendanger, Autor und Inhaber der Presseagentur für Grenzgebiete der Wissenschaft; Dr. A. Fred Wolf, University of California, Los Angeles.

Sie alle trugen – direkt oder indirekt – durch zahlreiche Informationen und Anregungen zur Klärung der Zusammenhänge zwischen Zeit, Bewußtsein und Realität sowie einer Vielzahl bislang unerklärlicher Phänomene bei. Ihnen verdanke ich es, auch auf neueste Entwicklungen im Bereich der Ufo- und Zeitforschung hinweisen zu können.

Dank gebührt meinem Verleger Dr. Herbert Fleissner, der Verlagsleiterin Frau Dr. Brigitte Sinhuber und meinem Lektor Hermann Hemminger, die zum Gelingen dieses Werkes wesentlich beigetragen haben.

Ernst Meckelburg

Inhalt

I

Ouvertüre

> »Zeit war – Zeit wird sein –
> laßt das Stundenglas verrinnen;
> wo aber ist das Jetzt in der Zeit?«
>
> JOHN QUINCY ADAMS (1767–1848)
> in *Hour Glass*

In einer klaren Sommernacht des Jahres 1993 beobachtet ein Astronom der Königlichen Sternwarte im englischen Hurstmonceux wieder einmal den Polarstern im Sternbild »Kleiner Bär«. Nichts Aufregendes, möchte man meinen. Reine Routine. Der Morgen dämmert bereits herauf, als ihm gegen vier Uhr die Idee kommt, einen Kollegen vom Mount Palomar Observatory in Südkalifornien anzurufen. Er soll seiner Beobachtung folgen.

Der Mann vom Mount Palomar stimmt zu und richtet sein 5-Meter-Teleskop ebenfalls auf »stella polaris« aus. Beide betrachten nun den überall in der Welt zur Helligkeitseichung von Sternen herangezogenen Himmelskörper »gleichzeitig«, wenn auch nicht zur gleichen (Orts-)Zeit. Für den Engländer ist die Nacht schon beinahe zu Ende, für den Amerikaner hat sie mit 20 Uhr Ortszeit gerade erst begonnen. Resultat der geographisch bedingten Zeitverschiebung.

Beide aber erblicken den Polarstern in einem Zustand, in dem er sich vor 50 Jahren befunden hat – zu einer Zeit, da in Europa der Zweite Weltkrieg tobte, als die alliierte Luftof-

fensive gegen westdeutsche Städte einsetzte. Anders ausgedrückt: 50 Jahre braucht das Licht, um die etwa 9461 Milliarden Kilometer zwischen ihm und der Erde zu überbrücken.

Es dürfte wohl kaum jemanden unter uns geben, der, wenn auch mehr unbewußt, nicht schon einmal die auffälligsten Sterne im Orionnebel – Rigel und Beteigeuze – wahrgenommen hat. Aber nicht jeder weiß, daß z. B. das Licht von Beteigeuze 275 Jahre benötigt, um zur Erde zu gelangen. Mit anderen Worten: Wir sehen diesen gewaltigen Stern im Jahre 1993 zu der Zeit, als Peter der Große gerade noch sieben Jahre zu leben hatte.

Rigel, am rechten Fuß des Sternbildes Orion, ist noch viel weiter von uns entfernt. Sein Licht braucht volle 540 Jahre, um auf der Erde einzutreffen. Es verließ diesen Stern zu der Zeit, als Sultan Mohammed II. Konstantinopel eroberte, als er Serbien, Bosnien und die Krimtataren unterwarf. Immer dann, wenn wir uns Sterne anschauen, erleben wir gleichzeitig ein Stück Vergangenheit.

Das Milchstraßenband besteht aus Millionen und Abermillionen von Sternen. Von der südlichen Hemisphäre aus lassen sich unter anderem die Magellanschen Wolken, zwei riesige Sternhaufen, gut erkennen. Ihr Licht erreicht uns erst nach 150 000 Jahren. Gewaltige Abgründe trennen uns von ihnen. Wenn wir sie heute am nächtlichen Firmament bestaunen, ist bzw. war dies ihr Zustand wie zu Zeiten des Paläolithikums, als unsere Vorfahren gerade den Nutzen des Feuers entdeckt hatten. Die Galaxie 3C-295 am nördlichen Himmel im Sternbild »Bootes« ist von unserem Sonnensystem unglaubliche fünf Milliarden Lichtjahre entfernt. Astronomen observieren mit ihr das Phantombild einer Galaxie, die bereits existierte, als es die Erde noch gar nicht gab. Sollte sie inzwischen explodiert sein, würden sie praktisch ein Nichts wahrnehmen – ein Bild von nirgendwo, das an unserer Erde *vorbeigeistert, um sich schließlich in der Unendlichkeit des Alls zu verlieren.*

Selbst das Licht unseres Heimatsterns erreicht uns erst nach acht Minuten. Und die strahlende Venus wird von uns nur so beobachtet, wie sie zwei Minuten zuvor ausgesehen hat. Das, was wir am nächtlichen Himmel erblicken, ist nichts weiter als eine schier endlose Anzahl aneinandergereihter Vergangenheiten. Wir sehen Bilder von Sternen und Galaxien, die zwischen einigen Jahren und Jahrmillionen unterwegs sind – spektrale Momentaufnahmen von Dingen, die vielleicht schon längst nicht mehr existieren.

Im ganzen uns bekannten Universum gibt es buchstäblich keinen einzigen Himmelskörper, der im augenblicklichen Zustand – also in Realzeit – beobachtet werden kann. Selbst die aberwitzig hohe Geschwindigkeit des Lichtes – sie beträgt etwa 300 000 Kilometer pro Sekunde – reicht nicht aus, um die unvorstellbaren Abstände zwischen der Erde und fernen Galaxien zu »verkürzen«, sie gegen Null schrumpfen zu lassen. Die relativistischen Gesetzmäßigkeiten im All verbieten ganz einfach eine Übereinstimmung unseres Jetzt mit dem ihrigen. Und dieses schöpfungsbedingte Zeitdilemma – mag es auch durch den Raumzeit-Begriff der Relativitätstheorie für uns kalkulierbar geworden sein – zeigt einmal mehr, daß wir über das Wesen der Zeit so gut wie nichts wissen.

Wer das Mysterium Zeit anhand der uns von Geburt an aufgenötigten Denkschablone ergründen möchte, wird zwangsläufig scheitern. Wir müssen vielmehr umfassendere, holographische Modelle bemühen – eine bewußtseinsintegrierende Physik, in der Zeit nur eine von vielen, vielleicht unendlich vielen Dimensionen zu sein scheint. Eine durchaus manipulierbare, wenn nicht alles täuscht.

1 Das Zeitdilemma

Immer wenn von *Zeit* die Rede ist, denken wir als erstes an die Uhrzeit und, im Zusammenhang hiermit, an Instrumente zur Zeitmessung, an Uhren jedweder Art. Doch haben diese mit der Zeit als vierte Dimension neben den drei räumlichen Koordinaten nur wenig zu tun. Uhren sind lediglich Hilfsmittel für die Zeitmessung, die Zeitintervalle, d. h. Zeitabschnitte registrieren.

Zeit im Sinne von *Zeitdauer* bedeutet nichts anderes als Ungleichzeitigkeit, die ein Nacheinander von Wirklichkeiten miteinschließt. R. Calder definiert sie als »eine Funktion des Eintretens von Ereignissen«. Zwischen zwei nicht gleichzeitigen Ereignissen liegt eine Pause, die gemessen werden kann. Zeitmessungen basieren auf der irreführenden Annahme, daß diese den Augenblick des *Jetzts* anzeigen. Dies wiederum induziert unwillkürlich die Vorstellung, die übrige Zeit ließe sich in ein »vor« und »nach« diesem Augenblick einteilen, was nach neueren Erkenntnissen der Theoretischen Physik in Frage zu stellen ist.

Die herkömmliche Unterscheidung zwischen Raum und Zeit beruht darauf, daß sich nur der Raum sozusagen in einem Stück darbietet, wohingegen die Zeit nach und nach, d. h. in quantenhaft kleinen Portionen auf uns zukommt. Dies macht uns glauben, daß die Zukunft verborgen und die Vergangenheit nur mittels irgendwelcher Erinnerungshilfen verschwommen wahrnehmbar sei. Wir sind förmlich darauf fixiert anzunehmen, die Gegenwart würde sich uns unmittelbar enthüllen – ein Trugschluß, der auf falschen Voraussetzungen, d. h. dem Hineinzwängen der Zeitdimension in unsere räumliche Vorstellungswelt, beruht.

Nehmen wir einmal an, wir säßen in einem Eisenbahnwaggon und schauten aus dem Abteilfenster auf die als Landschaft zu verstehende Gegenwart, während die Zeit vorbeieilt. Wenn wir nun das Verstreichen der Zeit in immer kleineren Einheiten messen, wird die Definition des Begriffs *Gegenwart* – wann sie beginnt und endet – immer schwieriger. Wir erreichen letztendlich ein Mini-Meßintervall, an dem praktisch nicht mehr zwischen *permanenter Gegenwart* und einem *gegenwartslosen Ineinanderfließen von Vergangenheit und Zukunft* zu unterscheiden ist. In dieser labilen Phase verlieren Begriffe wie Vergangenheit, Gegenwart und Zukunft ihre Bedeutung.

Ein Reisender im Nachbarabteil hat die Jalousie ein wenig heruntergelassen, um nicht von der Sonne geblendet zu werden. Er sieht von der vorbeihuschenden Landschaft – der Gegenwart – nur einen kleinen Ausschnitt. Auf der hinteren Plattform des letzten Wagens steht ein anderer Fahrgast, der die *Gegenwart* wieder ganz anders sieht als z. B. ein blinder Passagier auf dem Waggondach. Von dessen erhöhter Position aus vermag er nicht nur in alle vier Himmelsrichtungen, sondern auch nach oben und unten zu blicken. Seine Rundumsicht verschafft ihm den besten Überblick über die durchquerte Landschaft, eben besagte *Gegenwart*.

Natürlich sehen alle vier Reisenden die *Gegenwart*. Die unterschiedlichen Ansichten, die sie von ihr gewinnen, gehen ausschließlich auf den Umfang der Beschränkungen ihres

Gesichtsfeldes zurück. Man könnte sogar soweit gehen, zu behaupten, der Passagier auf dem Dach schaue beim Blick in Fahrtrichtung gar nicht in die Zukunft, sondern er habe nur eine bessere Übersicht über die Gegenwart. Ein Spiel mit Worten?

Vielleicht ließe sich das Dilemma, das durch willkürlich gewählte zeitliche Positionierungen entstanden ist, dadurch eliminieren, daß man für raumzeitliche Prozesse eine Art *Gleichzeitigkeit* postuliert. Dies würde bedeuten: Alles Geschehen in der Welt ist in der Raumzeit-»Landschaft« zumindest in groben Umrissen festgelegt. Wir hätten dann das vorgegebene »Programm« lediglich »abzufahren«, wobei kleinere, willentlich herbeigeführte Korrekturen durchaus möglich wären, ohne dadurch schicksalhafte Endzustände zu beeinflussen.

Wenn Vergangenheit, Gegenwart und Zukunft zur Gleichzeitigkeit – einer einzigen Gegenwart – verschmelzen, wenn es im Prinzip gar kein Vorher und Nachher mehr gibt, wenn also Ereignisse in der Steinzeit, im Mittelalter, heute und in 3000 Jahren allesamt gleichzeitig stattfinden, müssen wir dann nicht radikal umdenken? Fänden dann nicht auch sogenannte Zeitanomalien, bislang unerklärliche Phänomene wie Telepathie, Vorauswissen, das Verschwinden von Personen und Dingen aus ihrer gewohnten Realität, Materialisationen und Dematerialisationen, wie sie häufig im Zusammenhang mit Ufo-Aktivitäten beobachtet werden, Erscheinungen jeglicher Art, Kontakte mit Wesenheiten aus anderen Zeiten oder gar aus Parallelwelten eine ganz natürliche Erklärung? Auch Bewegungen durch Raum und Zeit – Zeitreisen – wären dann womöglich realisierbar.

Folgt man den Ausführungen namhafter Physiker und Astrophysiker in internationalen Fachzeitschriften, scheint sich die Wissenschaft des dritten Jahrtausends auf dieses phantastische Ziel hinzubewegen.

In der Hinduphilosophie gibt es immer schon die Vorstellung von einer fließenden Gegenwart – ein Begriff, der allmählich von der modernen Physik übernommen wird. Im Einzugsbereich des geheimnisvollen Subatomaren zieht sie die Möglichkeit in Betracht, daß sich, um beim Zugbeispiel zu bleiben, unser Zug sogar rückwärts, d. h. in entgegengesetzter Richtung bewegen kann, daß also der Zeitablauf umgekehrt stattfindet. Da alles im Universum auf Abläufe nicht nur in einer Richtung beschränkt ist, erscheint es absolut unlogisch, anzunehmen, daß die Zeit eine Ausnahme bilden soll.

Vor 2500 Jahren saß ein Mann aus Gaya im Tal des Ganges unter einem wilden Feigenbaum. Er sprach: »Solange ich nicht weise geworden bin, will ich mich von diesem Baum nicht trennen.« 49 Tage verweilte er im Schatten des Baumes. In tiefer Meditation soll er das Geheimnis des Lebens, aber auch das der Zeit gelöst haben. Es wird berichtet, seine Gedanken hätten sich ausgebreitet wie die Zweige eines Feigenbaumes, bis sie den gesamten Kosmos umfaßten. Auf diese Weise wäre er der Weise, der »Erleuchtete« oder Buddha geworden. Daraufhin sprach dieser erneut: »Ich glaube, daß die Welt immerfort bestehen bleibt. Sie wird niemals enden. Und alles, was kein Ende hat, ist auch ohne Anfang. Die Welt wurde von niemandem erschaffen. Es gab sie schon immer.«

Würde das Universum nicht schon ewig bestehen, müßte man sich fragen, was vor ihm existierte. Der hl. Augustinus muß seinerzeit ähnlichen Überlegungen nachgehangen haben. Er stellte die sicher ernst gemeinte Frage, was Gott wohl vor der Schöpfung getan habe. Eine der amüsantesten Antworten, die er erhielt, war die, Gott habe zuvor für all jene, die solch törichte Fragen stellten, ein Inferno geschaffen.

Die Vertreter der Big Bang- oder Urknall-Theorie – sie besagt, das Universum sei aus nur einem einzigen Atom entstanden – sind der Auffassung, daß es *Zeit* erst seit diesem Ereignis gäbe. Dem widerspricht die Steady State Theory, die Theorie der kontinuierlichen Schöpfung. Sie vermittelt die Vorstellung einer ewig dauernden, zyklischen Neuschöpfung und Vernichtung. Beide Theorien lassen sich durch die Konzeption einer pulsierenden Meta-Galaxie miteinander in Übereinstimmung bringen. In ihr gibt es – wie von Buddha meditativ erfaßt – keinen Anfang und kein Ende. Die Übergänge wären fließend wie in einem Möbiusband. Kaum vorstellbar und dennoch …

Ganz gleich, ob es auf unserem Planeten in Millionen von Jahren noch jemanden geben wird, der Uhren in Gang hält oder nicht: Die Zeit als Dimension wird fortbestehen. Selbst, wenn die Erde schon längst zu Staub zerfallen sein wird, wenn das gesamte Universum zu existieren aufgehört hat, werden die Spuren des Lebens im alten Ägypten, auf den tropischen Inseln Ozeaniens und im ewigen Schnee des Himalaya auf der endlosen Zeitkoordinate gespeichert bleiben wie in den Rillen einer Schallplatte. Nichts vergeht, was nicht an anderer Stelle wieder in Erscheinung zu treten vermag.

Raum und Zeit sind schon deshalb unzerstörbar, weil sie keine Dinge, sondern Dimensionen sind – mathematische, d. h. Gedankenkonstrukte. Sollte das materielle Universum mit seinen unzähligen Galaxien, Sonnen und Planeten irgendwann einmal der völligen Auflösung anheimfallen, würde es den immateriellen Raum in der Zeit – die Raumzeit – immer noch geben, bereit für die Geburt eines neuen Kosmos. In ihm ist die Zeitkoordinate der »Schoß« jedweder kosmischen Ereignisse. Man darf sie sich nicht als eine Gerade vorstellen, auf der sich *Jetzt*-Punkte kontinuierlich aneinanderreihen. Die Zeitkoordinate läßt sich noch am besten mit einer Spirale ewiger Wiederholungen, einem in sich geschlossenen System, vergleichen.

Einstein hat mit seiner Speziellen Relativitätstheorie von 1905 den Zeitbegriff neu definiert, d. h. relativiert. Demzufolge ist Zeit nicht etwas Starres, Unwiederbringliches, sondern etwas außerordentlich Flexibles, was wir mitunter bei subjektiven Zeitempfindungen wahrzunehmen glauben. Diese sind jedoch bewußtseinsgekoppelte Vorgänge, ohne wissenschaftlich relevanten Aussagewert. Objektiv stellt sich die Flexibilität der Zeit auf astrophysikalischer Ebene dar. Zeitliche Abläufe verlangsamen sich in der Nähe großer Massen (Planeten, Sterne usw.), weil hier starke Gravitationskräfte herrschen, die eine Art »Bremswirkung« ausüben. Im Nahbereich von Galaxien schrumpfen zeitliche Abläufe auf ein Minimum, um schließlich in unmittelbarer Nähe der berüchtigten *Schwarzen Löcher* – kosmische Raumzeit-Strudel – in eine Art Zeitstarre zu verfallen. Hier herrscht Ewigkeit.

Anders im Bereich des Atomaren und Subatomaren. Dort spielen sich z. B. Zerfallsaktivitäten mit unglaublicher Geschwindigkeit ab. Temporale Prozesse hängen demnach von der Größe der involvierten Objekte ab und sind somit relativ zu werten. Während unsere Heimatgalaxie seit mehr als 10 Milliarden Jahren besteht, zählt die Lebensdauer von Kernteilchen – Leptonen, Mesonen, Baryonen, Hyperonen usw. – nur nach winzigen Bruchteilen von Sekunden. Aus der Sicht der Relativisten besitzt ein jedes Bezugssystem seine eigene, d. h. artspezifische Zeit. Doch damit nicht genug: Der russische Astrophysiker und Zeittheoretiker Professor Nikolai Kosyrow will aufgrund aufsehenerregender Experimente festgestellt haben, daß die Zeit noch ganz andere Qualitäten besitzt. Seine Forschungstätigkeit, für die amerikanische Nachrichtendienste seinerzeit starkes Interesse bekundeten, läßt das Mysterium *Zeit* heute noch rätselhafter erscheinen als jemals zuvor.

2   Experimente mit der Zeit

Es sind erst wenige Jahre her, daß Science-fiction-Autoren und Filmemacher ihr Interesse für die Zeitreise-Thematik entdeckt haben. H. G. Wells' *Zeitmaschine,* Steven Spielbergs *Der letzte Countdown* und *Zurück in die Zukunft, Die Zeitfalle* mit dem unvergeßlichen Klaus Kinski, *Der Terminator* mit Arnold Schwarzenegger sowie eine nahezu 50 Folgen umfassende Serie mit dem Titel *Zurück in die Vergangenheit* sind nur einige Beispiele für das einschlägige Filmangebot deutscher Fernsehanstalten. Die Einschaltquoten für jene SF-Streifen müssen außerordentlich hoch gewesen sein, sonst hätte man auf weitere Filme dieser Spezies schon bald verzichtet.

Das plötzliche Interesse an Unterhaltungsfilmen, die sich mit Zeitreisen und Realitätsmanipulationen befassen, kommt nicht von ungefähr, erörtern doch namhafte Physiker und Astrophysiker nun schon seit Jahren in angesehenen Fachzeitschriften ernsthaft die Möglichkeit raumzeitlicher Versetzungen – das künstlich herbeigeführte Eindringen in andere Zeitperioden bzw. Parallelwelten. Dabei fällt auf, daß es sich bei den von ihnen vorgestellten Modellen in der Regel um Rückwärtsbewegungen in der Zeit handelt, also um Zeitreisen in die Vergangenheit. Der Grund hierfür ist einleuchtend. Im »Zug der Zeit« – man erinnere sich an das Zugbeispiel im vorangegangenen Kapitel –

bläst der »Zeitwind« stets von vorn, d. h. entgegen der Fahrtrichtung. Wer den Zug während der Fahrt verlassen will, hat es leichter, sich nach hinten fallen zu lassen, als nach vorn zu springen. In unserer Analogie ist die Zeit vorn »verdünnt«, hier vergeht sie – von uns aus gesehen – »langsamer«. »Hinter« uns ist die Zeit hingegen »dicker«, d. h. massierter, wodurch sich größere zeitliche »Entfernungen« bequemer zurücklegen lassen. Mit anderen Worten: Zeitliche Rückwärtsbewegungen wären mit Sicherheit unproblematischer als Reisen in die in einer höheren Dimensionalität bereits vorgeformte Zukunft.

Professor Nikolai A. Kosyrow, einer der angesehensten Astrophysiker Rußlands, hat sich schon in den sechziger Jahren intensiv mit energetischen und »Dichte«-Aspekten der Zeit experimentell befaßt und dabei einige interessante Entdeckungen gemacht.

Seiner Auffassung nach steht das Ursache-Wirkungs-Prinzip – die Kausalität – mit den spezifischen Eigenschaften der Zeit, vor allem mit der eigentlich nicht vertretbaren Unterscheidung zwischen Vergangenheit und Zukunft, in enger Beziehung. Seinen Experimenten liegen tiefschürfende Überlegungen zugrunde, die, zum besseren Verständnis des Zeitphänomens, hier kurz erörtert werden sollen.

Kosyrow hat festgestellt, daß die Zeit eine Qualität besitzt, die Unterschiede zwischen Ursache und Wirkung aufzeigt. Aus den scheinbar durch reelle Zahlenwerte bestimmten Eigenschaften der Zeitstruktur läßt sich auch gleich das Grundtheorem der kausalen Mechanik herleiten: Eine Welt mit einer entgegengesetzten Zeitstruktur entspricht vergleichsweise einer solchen, wie sie sich in einem Spiegel darstellt. In einer Spiegelwelt aber bleibt die Kausalität voll erhalten. Ereignisse müßten dort genauso regelmäßig wie in unserer Welt verlaufen. Es wäre falsch, anzunehmen, daß, wenn man einen Film rückwärts ablaufen ließe, wir ein Weltmodell mit umgekehrtem Zeitrichtungssinn besäßen. Die Vorzeichen der Zeitintervalle können keinesfalls formell geändert werden. Denn dies würde, so Kosyrow, zur Störung der gewohnten zeitlichen Abfolge, zu einer widersinnigen Welt führen, die nicht existenzfähig wäre. Beim Verändern der Zeitgerichtetheit wäre auch der Einfluß, den die Zeitstruktur auf materielle Systeme ausübt, gewissen Abweichungen ausgesetzt. Dadurch aber würden die physikalischen Gegebenheiten in einer Spiegelwelt von den in unserer Welt geltenden Gesetzmäßigkeiten total abweichen. Die klassische Mechanik bestätigt indes die Identität beider Welten. Noch bis vor nicht allzu langer Zeit ließ man die Identität auch für den Bereich der Teilchenphysik gelten und sprach hier von Paritätserhaltung, d. h. von der Erhaltung dieser Gleichheit auch in der Welt des Subatomaren. Die im Verlauf kernphysikalischer Experimente gewonnenen Erkenntnisse lassen jedoch den Schluß zu, daß die Parität im Mikrokosmos nicht gewahrt bleibt. Berücksichtigt man die Zeitgerichtetheit, so erscheint dies durchaus logisch.

Der Unterschied zwischen unserer und einer hypothetischen Spiegel- oder Antiwelt läßt sich im biologischen Bereich besonders gut erkennen. Die Formenlehre der Tiere und Pflanzen bietet interessante Beispiele für das Prinzip der Asymmetrie, der Ungleichheit von Formen. Asymmetrisch sind z. B. die Blätter der etwa 400 Arten umfassenden Familie der Begonien – im Volksmund daher auch »Schiefblatt« genannt – und die Blätter der Ulmengewächse. Grundsätzlich bestehen bei allen Baumarten polare Gegensätze zwischen Wurzel und Krone, die eine gewisse Asymmetrie erkennen lassen. Das asymmetrische Prinzip ist auch bei bestimmten inneren Organen der Wirbeltiere erkennbar. So sind Herz, Leber, Gallenblase, Magen, Milz und andere Organe des Menschen völlig asymmetrisch angeordnet. Die chemische Asymmetrie des von dem französischen Chemiker und Biologen Louis Pasteur (1822–1895) entdeckten Protoplasmas – der Grundsubstanz einer jeden lebenden Zelle – zeigt, daß diese sogar als ein fundamentaler Wirkmechanismus des Lebens angesehen werden muß. Kosyrow meint nun, die konstant auftretende Asymmetrie der Organismen, die auf alle Nachkommen übertragen wird, wäre kein Zufall. Sie könnte keinesfalls das »passive Ergebnis« des blinden Waltens der Naturgesetze sein, das die Zeitgerichtetheit widerspiegele. Ein Organismus dürfte sich bei einer bestimmten Asymmetrie – Kosyrow setzt sie einer vorgegebenen Zeitstruktur gleich – zusätzlich Lebensfähigkeit erwerben, die zur Stützung von Lebensprozessen dienen könnte.

Kosyrow versuchte mittels eigens hierfür konzipierter biologischer Experimente nachzuweisen, daß Lebensprozesse die Zeitstruktur als zusätzliche Energiequelle verwenden. Versuche zum Studium der Zeitstruktur und der kausalen Zusammenhänge machten den Gebrauch von Präzisions-Gyroskopen – Geräte zur Untersuchung von Kreiselbewegungen unter dem Einfluß äußerer Kräfte – erforderlich, deren Frequenz auf die 500 Hertz des benutzten dreiphasigen Wechselstromnetzes abgestimmt war. Ihre Rotoren befanden sich in einem hermetisch abgedichteten Behälter, um etwaige Luftströmungen fernzuhalten. Bei der Übertragung von Schwingungen vom Gyroskop auf die Gewichtshalterung konnte man unterschiedliche Gewichte ablesen, was im einzelnen von der Rotationsgeschwindigkeit und -richtung abhing.

Aufgrund dieser Versuche stellte es sich heraus, daß die Zeitstruktur in einem linksdrehenden Koordinatensystem positiv und in einem rechtsdrehenden negativ ist, wodurch Richtungsunterschiede eindeutig festgelegt sind.

Das Ursache-Wirkungs-Prinzip untersuchte Kosyrow mit Hilfe einer Vorrichtung, die, ein langes Gummiband enthaltend, aus einem Festpunkt – der *Wirkung* – und aus einer beweglichen Komponente – der *Ursache* – bestand. Seine Instrumente ließen erkennen, daß beim Dehnen des Bandes etwas Merkwürdiges geschieht: Am Wirkungsende liegen die angezeigten Meßwerte höher als am Ursachenende. Aus linksdrehenden Molekülen bestehende organische Stoffe wie z. B. Terpentin ließen seine Instrumente stärker ausschlagen als rechtsdrehende Moleküle wie z. B. die des Zuckers. Hieraus leitet Kosyrow ab, daß unser Planet zu den linksdrehenden, positiven Systemen gehört, die der Galaxie Energie zuführen. Das Auftreten dieser zusätzlichen Kräfte wird von ihm etwa so interpretiert: Die Zeit dringt durch die *Ursache* in ein System ein und verläuft zur *Wirkung* hin. Durch die Rotation des Gyroskops wird der Zeitzufluß verändert. Als Folge hiervon kann die Zeitstruktur in diesem System zusätzliche Spannungen auslösen – Kräfte, die wiederum das Potential und die gesamte Energie des Systems beeinflussen. Und diese Veränderungen sind letztlich für die Entstehung besagter Zeitstruktur verantwortlich. Aus alledem will Kosyrow erkannt haben, daß die Zeit auch eine energetische Qualität besitzt.

Im Verlauf einer zweiten Versuchsphase hat Kosyrow herausgefunden, daß die Zeit eine Veränderliche aufweist, die er als *Zeitdichte* oder *Zeitintensität* bezeichnet. Bei geringerer Dichte soll es für die Zeit schwierig sein, Materie zu beeinflussen. Wörtlich heißt es hier: »Es ist möglich, daß unser Empfinden von ›leerer‹ oder von ›substantieller‹ Zeit *nicht nur subjektiver Art* ist, sondern – ähnlich wie unser Gefühl für den Zeitfluß – eine *objektive physikalische Basis* aufweist.« Eine geradezu ungeheuerliche Feststellung, die weiteren Spekulationen Auftrieb verleiht. Offenbar gibt es zahlreiche Faktoren, die in unserer Umgebung die Zeitdichte beeinflussen. Im Spätherbst und in der ersten Winterhälfte bereiteten Kosyrow einschlägige Experimente keine größeren Schwierigkeiten. Hingegen verliefen die im Sommer durchgeführten Versuche mitunter so ungünstig, daß viele von ihnen nicht beendet werden konnten. Allem Anschein nach wird im Sommer die Zeitdichte innerhalb eines weiten Bereiches verändert, was von bestimmten, saisonbedingten biologischen Prozessen abhängen könnte. Sollte dies tatsächlich der Fall sein, so besteht durchaus die Möglichkeit, daß Stoffe und vielleicht auch Vorgänge vermittels der Zeit einander beeinflussen. Eine solche Beziehung wäre nichts Ungewöhnliches, da ein kausales Phänomen nicht nur *in*, sondern auch *unter Inanspruchnahme* der Zeit zustande käme. Daher müßte in der Natur – z. B. bei pflanzlichen Wachstumsprozessen – Zeit sowohl gedehnt, als auch neu gebildet werden, was Kosyrow mit seinen Experimenten bewiesen haben will.

Um die Zeitdichte zu verändern, bediente sich Kosyrow einfacher mechanischer Vorrichtungen. Mit Hilfe eines motorischen Antriebs konnte er die Spannung eines elastischen Bandes steigern oder mindern. Auf diese Weise entstand ein System mit zwei Polen – eine Energiequelle und ihr Abfluß. Die mit dieser Vorrichtung durchgeführten Experimente zeigten, daß es in Motornähe (am Ursachen-Ende) zur »Verdünnung« der Zeit (Schwund), nahe dem Energieempfänger (am Wirkungs-Ende) hingegen zur »Verdichtung« derselben kommt.

Aus dem Ergebnis seiner Versuche folgert Kosyrow, daß sich die Zeit im Universum nicht etwa ausbreite, sondern daß sie vielmehr *sofort* und *überall*, d. h. *gleichzeitig* in Erscheinung tritt. Auf der Zeitachse wäre dann das gesamte Universum gewissermaßen in einem Punkt konzentriert – eine Theorie, die mit dem in diesem Buch vorgestellten Modell eines mehr als vier Dimensionen umfassenden Hyper-Universums in geradezu idealer Weise übereinstimmt.

Kosyrow ist der Auffassung, daß die zeitlose Übertragung von Informationen mit den Aussagen der Speziellen Relativitätstheorie durchaus vereinbar ist. In einem »punktförmigen« Weltmodell würden nicht nur die geltenden physikalischen Gesetze gewahrt bleiben, sondern auch zahlreiche ungewöhnliche, d. h. paranormale und paraphysikalische Phänomene wie Telepathie, Vorauswissen, Erscheinungen und dergleichen eine Erklärung finden.

Hinter diesen umwälzenden Erkenntnissen der modernen Zeitforschung verbergen sich erste, zaghafte Ansätze zur Realisierung eines Menschheitstraumes, der von einer in ferner Zukunft lebenden irdischen Hochzivilisation, die nach dem Prinzip der Gleichzeitigkeit zeitparallel mit uns existiert, sicher schon längst verwirklicht wurde: Zeitreisen in die eigene Vergangenheit. Hierbei könnte die Nutzung des energetischen Aspektes der Zeit als ökonomisches Manipulationsinstrument zum Durchbrechen der Zeitbarriere und Vordringen in andere Realitäten zum Tragen kommen.

3   Die verborgene Dimension

Daß bei jedwedem normalen Wahrnehmungsprozeß der Faktor Zeit völlig unbeachtet bleibt, daß durch diese Unterlassung raumzeitliches Geschehen – da nicht observierbar – als nichtexistent gewertet und einfach »unterschlagen« wird, zeigt sich an einem kleinen Gedankenexperiment.

Jeder Vergleich beinhaltet zeitlich aufeinanderfolgende, d. h. in der Zeit voneinander getrennte Beobachtungen. Vergleicht z. B. jemand einen Würfel zu einem bestimmten Zeitpunkt mit eben diesem Würfel zu einem etwas späteren Zeitpunkt – es mag inzwischen etwa eine Stunde vergangen sein –, wird er diesen äußerlich und im Inneren unverändert an der gleichen Stelle vorfinden. Das Objekt hat sich zwar nicht von der Stelle, d. h. räumlich, jedoch »durch die Zeit« bewegt. Wir sehen allerdings nur den Anfang und das Ende dieses raumzeitlichen »Bewegungs«-Prozesses, nicht aber den dazwischenliegenden realen Raumzeitverbund – die Bewegung des Würfels in der Zeit als etwas Kompaktes.

Die Zeit, kombiniert mit dem masse-enthaltenden Raum – die sogenannte Raumzeit – kann als vierdimensionales Gebilde weder visuell wahrgenommen noch instrumentell nachgewiesen werden, weil sie während des Betrachtungs- bzw. Meßvorganges aufgrund der nur dreidimensionalen Beschaffenheit unserer Sinnesorgane resp. Meßinstrumente verlorengeht.

Jeder Betrachtungsvorgang ist ein räumlich-zeitlicher Prozeß, bei dem Zeit »verbraucht« wird. Man könnte auch sagen: Wer ein Objekt betrachtet, »konsumiert« Zeit – möglicherweise in der von Nikolai Kosyrow postulierten energetischen Form. Was aber erst einmal aufgezehrt ist, läßt sich nicht mehr nachweisen. Die »physikalische« Zeit dürfte somit nur in unserem Bewußtsein existieren.

Der amerikanische Physiker Thomas E. Bearden – ehemaliger Nachrichtenoffizier, Taktiker und Luftabwehrspezialist – er wurde durch eine Reihe spektakulärer hyperphysikalischer Theorien bekannt – glaubt, daß jeder mentale (Bewußtseins-)Zustand als »virtuelles Konstrukt«, d. h. als ein nicht observierbares »Gedankenobjekt«, in der Zeitkomponente eines jeden Photons (Lichtteilchen) mitgeführt wird. Die Photonen würden demnach im virtuellen Zustand sämtliche Möglichkeiten, die ihnen einmal aufgeprägt wurden, enthalten – ein phantastisch anmutender Aspekt. Und diese virtuellen Objekte wären in dimensional getrennt von uns existierenden Seinsbereichen tatsächlich völlig real, so wie bei uns Tische, Häuser, Flugzeuge und ganze Planeten.

Die Zeitdimension, die nach Bearden von allen Seinsbereichen, also auch von unserer Welt geteilt wird, müßte demnach eine ideale Verbindung zwischen unserem vierdimensionalen Raumzeit-Universum und höherdimensionalen, feinstofflichen Existenzebenen sein. Dadurch, daß dieser *Zeittunnel* alle dimensional unterschiedlichen Universen miteinander verbindet, beeinflußt jede Bewegung oder Veränderung in einem Seinsbereich auch gleichzeitig alle übrigen Realitäten.

Wenn Bewußtsein und virtuelle, von uns nicht beobachtbare Zustände, ein und dieselbe Zeitdimension innehaben, enthält die mit Photonen verschachtelte Zeitkomponente auch sämtliche Mechanismen für psychisch-physikalische Wechselwirkungen. Eigene Erfahrungen, Gewohnheiten und unsere einseitige »Programmierung« bestärken uns in der Annahme, daß unsere materielle, alltäglich erlebte Realität einmalig ist. Andere, für uns unverständliche, mehr als drei Dimensionen umfassende Realitäten werden wegen ihrer Nichterfaßbarkeit und Flüchtigkeit in der Regel als nichtexistent – als Träume, Halluzinationen, Produkte geistiger Verwirrung und dergleichen – abgetan. Daß aber »Realität« nicht immer und für jeden das gleiche bedeutet, daß sie vom jeweiligen Bewußtseinszustand und bestimmten äußeren Umständen abhängt, soll an einem einfachen Gedankenexperiment nachgewiesen werden.

Jemand hält eine Rose in der Hand. Der oder die Betreffende kann sie sehen, fühlen und riechen, ja sogar schmecken. Jede weitere anwesende Person empfindet die Existenz, die physikalische Realität der Rose, in gleicher Weise. Selbst Tiere nehmen mit ihrem artspezifischen Bewußtsein die materielle Anwesenheit der Rose wahr. Als »real« im herkömmlichen Sinne, als *physikalische Phänomene,* gelten somit Zustände, die von *jeder Art* Bewußtsein erfaßt werden. Sie existieren nachweislich im Bewußtsein eines jeden Lebewesens.

Glaubt eine unter Drogeneinfluß stehende, halluzinierende Person eine Rose zu sehen, die gar nicht vorhanden ist, so wird nur ihr diese ganz real vorkommen. Drogenfreie Anwesende werden sie hingegen nicht wahrnehmen. *Mentale Phänomene* unterscheiden sich demnach von *physikalischen* dadurch, daß sie im Bewußtsein von nur jeweils *einer Person* existieren.

Wird besagte Rose *von einem Teil* einer Personengruppe als real, von den *übrigen Anwesenden* jedoch als nicht vorhanden empfunden, haben wir es mit einem paranormalen oder Psi-Phänomen zu tun, dessen Realitätsstatus aufgrund voneinander abweichender Kriterien zwischen physikalischen und mentalen Zuständen angesiedelt ist. Man könnte sagen, daß Para-Phänomene zwar von mehr als nur einem Bewußtsein, nicht aber vom Bewußtsein aller Personen erfaßt werden.

Die Schulwissenschaft beschäftigt sich ausschließlich mit physikalischen bzw. mentalen Dingen. Sie bestreitet die Existenz paranormaler und paraphysikalischer Zustände, weil sich das metaphysische Prinzip ihrem Zugriff entzieht, weil es den drei klassischen Gesetzen der Logik widerspricht. Psi-Phänomene erfordern demzufolge ein eigenes, speziell auf ihre Besonderheiten ausgerichtetes *viertes Gesetz der Logik,* ein *Gesetz der Grenzzustände,* das ausschließlich in einer Zone zwischen den Realitäten, d. h. zwischen unserer Welt und einer »Nicht-Welt«, dem *Hyperraum,* Geltung besitzt. Erst wenn wir wissen, auf welche Weise andere Realitäten über die allesverbindende Zeitdimension in unsere Raumzeit-Welt hineinwirken, wird es uns möglich sein, diese Aktivitäten richtig zu deuten, größere Zusammenhänge zu erkennen und das Jahrtausendrätsel *Zeit* zu entmystifizieren.

II

Durch Raum und Zeit

Rawlings, Wyoming (USA), 25. Oktober 1974. Carl Higdon nimmt sich einen Tag frei, um mit dem Firmenwagen zum National Forest zu fahren und dort Elche zu jagen. Er parkt ganz in der Nähe des Medicine Bow, nimmt sein Gewehr und macht sich auf den Weg.

Es ist bereits Nachmittag, als er das Jagdrevier erreicht. Kurz nach 16 Uhr entdeckt er in 30 Meter Entfernung ein Rudel Elche, von denen er den Kräftigsten ins Visier nimmt. Als er den Abzug seiner 7-Millimeter-Magnum betätigt, bleibt der erwartete Rückstoß aus. Die Kugel verläßt den Gewehrlauf völlig geräuschlos – sozusagen im Zeitlupentempo – und fällt in einer Entfernung von etwa 15 Metern langsam zu Boden. Eine gespenstische Situation.

Um Higdon herum herrscht verdächtige Stille: Das Rauschen der Blätter, das Zwitschern der Vögel – alles ist verstummt. Panik überfällt ihn, als er sich plötzlich einem humanoiden Wesen normaler Statur gegenübersieht, das sich – wohl eher auf telepathischem Wege – höflich nach seinem Befinden erkundigt. Zuviel für Higdon. Ihn überkommt eine wohltuende Bewußtlosigkeit ...

Als Higdon gegen 21 Uhr noch nicht zu Hause ist, alarmiert seine Frau den Sheriff. Sie befürchtet, daß ihm bei der Jagd etwas zugestoßen sein könnte. Drei Stunden später findet man den Vermißten in seinem Wagen, der mit den Vorderrädern in einem Schlammloch steckt. Higdon selbst kauert be-

wußtlos über dem Lenker. Als er zu sich kommt, kann er sich
an nichts mehr erinnern.
Die Ärzte des Carbon County Memorial Hospitals, in das
man Higdon wegen seines Nervenschocks und Gedächtnis-
schwunds zur Erstellung eines genauen Befundes eingeliefert
hatte, kamen zu keinem Ergebnis. Schließlich wurde Dr. Leo
Sprinkle, ein renommierter Psychologe, der damals an der
Universität von Wyoming dozierte, zu Rate gezogen. Er
konnte durch behutsames Anwenden hypnotischer Regres-
sionstechniken Higdons Erlebnisse in allen Einzelheiten »re-
konstruieren«. Seine Schilderung, an der heute niemand
mehr zweifelt, strapaziert unser Vorstellungsvermögen in ge-
radezu unerträglichem Maße, gleicht einem Bericht aus einer
»anderen« Welt. Dennoch: Könnte Higdon nicht das Opfer
einer kurzzeitigen Versetzung in eine parallele Realität ge-
worden sein, eine Welt, in der die Zeit anders verläuft als bei
uns, in der es Zeit, so wie wir sie verstehen, überhaupt nicht
gibt? Geriet er womöglich durch Zufall in eine Art »Zeitfal-
le«, die ihn, ohne daß er es gewahr wurde, vorübergehend
Hunderte oder gar Tausende von Jahren in die Vergangenheit
versetzte? Oder auch in eine jener zukünftigen Welten, die
parallel zu der unsrigen bereits existieren?
Wäre dies ein Einzelfall, könnte man getrost zur »Tagesord-
nung« übergehen. Tausende von Erlebnissen ähnlicher Art –
Fälle, in denen Zeitanomalien Menschen bis an den Rand
des Wahnsinns treiben – sprechen für sich. Es wird höchste
Zeit, daß wir uns mit ihnen befassen.

1 Der »Dornröschen«-Effekt

Mitte Januar 1963 kam es in Camberwell, einem jener tristen Außenbezirke Londons zu einem Zwischenfall, der Keith Field beinahe das Leben gekostet hätte. Der junge Mann hatte beim Überqueren einer sonst wenig befahrenen Straße – abgelenkt durch die Zurufe seiner Freunde – einen mit hoher Geschwindigkeit herannahenden Wagen glatt übersehen. Die Fahrbahn war schnee- und eisbedeckt, die Sicht durch aufkommenden Nebel stark eingeschränkt. Keith, dessen Jacke kaum noch von der verschneiten Straße zu unterscheiden war, mußte damit rechnen, daß ihn der Fahrer erst im letzten Augenblick erkennen und mit großer Wahrscheinlichkeit überfahren würde.

Field resümiert: »Der heranrasende Wagen war weniger als zehn Meter von mir entfernt, als mich das Gefühl überkam, daß die Zeit irgendwie langsamer verging. Was dann in Bruchteilen von Sekunden geschah, ist für mich absolut schleierhaft. Zu Tode erschrocken starrte ich auf den rasch näher kommenden Wagen. Es gab keine Ausweichmöglichkeit. Ich hatte nur noch einen Gedanken: den Wagen kraft meines Willens zu stoppen, um nicht im nächsten Augenblick überfahren zu werden. Eine völlig absurde Idee.

Obgleich kein Laut über meine Lippen kam, ›hörte‹ ich mich selbst ›stop‹ sagen. Mir war plötzlich, als ob etwas Fremdartiges von mir Besitz ergriffen hätte. Einen Augenblick später schoß die ›Kraft‹ – oder was immer es gewesen sein mochte – wieder aus meinem Körper heraus. Ich spürte förmlich, wie sie meine Haut durchdrang, wie sie vor mir ein langgezogenes nebeliges Etwas aufbaute. Mit meinem Bewußtsein nahm ich Form, Umrisse, ja selbst die blaßviolette Farbe des sonderbaren Gebildes wahr. Ich ›sah‹, wie dieses Ding auf den Wagen prallte, der sich mir inzwischen bereits bis auf etwa fünf Meter genähert hatte. All dies muß sich im Zeitlupentempo abgespielt haben.

Genau in dem Augenblick, als die sonderbare ›Wolke‹ den Wagen eingeholt hatte, schien die Zeit wieder normal zu verlaufen. Für den Bruchteil einer Sekunde herrschte Totenstille. Plötzlich vernahm ich wieder Geräusche. Meine Freunde auf der anderen Straßenseite schienen mich warnen zu wollen. Ihren unüberhörbaren Zurufen folgte das verzweifelte Hupen des Wagens, der nicht bremste, sondern urplötzlich wie angegossen stehenblieb.«

Sechs zuverlässige Augenzeugen sagten später aus, der Wagen, der noch Sekundenbruchteile zuvor auf Field zugerast kam, habe praktisch übergangslos mitten auf der Straße angehalten. Der Fahrer hatte offenbar keinen Bremsversuch unternommen, was bei der vorherrschenden Straßenglätte nur allzu verständlich war. Nichts, aber auch gar nichts deutete darauf hin, warum der Wagen beim spontanen Anhalten auf der glatten Straße nicht ins Schleudern geraten war. Die Beschleunigung schien für wenige Augenblicke aufgehoben zu sein. Irgend etwas hatte das Fahrzeug von einer Sekunde zur anderen mit Gewalt zum Halten gebracht.

Keith war gerettet, der Fahrer des Unglückswagens aber mußte den abrupten Stop mit seinem Leben bezahlen. Sein Körper hatte sich dem unfreiwilligen Bremsmanöver nicht schnell genug anpassen können, und sein Kopf war mit aller Wucht auf das Lenkrad aufgeschlagen. Der Mann war auf der Stelle tot. Einer der Zeugen – eine ältere Frau – verglich den unerklärlichen Bremsvorgang mit dem momentanen Anhalten eines laufenden Filmes – mit einer Art Stillstandprojektion.

Wie die Polizei später feststellte, war der Tacho des Wagens bei einer Geschwindigkeit von etwa 65 Stundenkilometern stehengeblieben. Bei diesem Tempo muß das Fahrzeug mit etwas kollidiert sein, das den weiteren Ablauf des Geschehens sofort unterbrach. Offenbar hatte der junge Mann ganz unbewußt auf psychokinetischem Wege das »Einfrieren« einer für ihn lebensbedrohlichen Situation in der Zeit zustande gebracht.

Die Zeit bietet sich uns in vielfältigen Erscheinungsformen dar. Sie ist flexibel und konfrontiert uns bisweilen mit Phänomenen, die so gar nicht in unser Weltbild hineinpassen wollen.

Während in dem hier geschilderten Fall Keith Field selbst zum Auslöser jener lebensrettenden »Zeitstarre« wurde, indem er –den sicheren Tod vor Augen – vor dem herannahenden Wagen rasch einen Schutzwall aus psychischer Energie aufbaute, wird im Zusammenhang mit Ufo-Aktivitäten häufig über ähnliche Zeitanomalien berichtet, die allerdings durch künstlich erzeugte Felder höherer Ordnung zustande kommen dürften. Auch hier kommt es infolge von Dehnung, Raffung und Neutralisation bestimmter Vorgänge bisweilen zu »Zeitverzerrungen«.

Zur besseren Veranschaulichung dieser Begriffe wurden einfache Beispiele aus dem Alltag gewählt, die natürlich nicht einer gewissen Subjektivität entbehren. Benötigt man für eine bestimmte Wegstrecke, ohne Abkürzungen zu benutzen oder das Tempo zu erhöhen, viel weniger Zeit als sonst, würde dies für den hiervon unmittelbar Betroffenen eine Raffung der Zeit bedeuten. Ganz anders verhält es sich, wenn jemand zur Bewältigung dieser Strecke, ohne Umwege in Anspruch genommen oder die Geschwindigkeit vermindert zu haben, viel mehr Zeit als üblich benötigt. Dann hat es den Anschein, als habe sich für die betreffende Person die Zeit auf unerklärliche Weise gedehnt.

In solchen Fällen wäre zu fragen, wodurch die Zeitdehnung ausgelöst wurde, ob es sich hierbei tatsächlich um eine psychisch bedingte Erinnerungslücke – eine Gedächtnisblockade – oder vielleicht sogar um die zeitneutralisierende Wirkung eines höherdimensionalen (nichtphysikalischen) Feldes handelt. In manchen Fällen dürfte die Entscheidung leicht fallen.

Am 25. August 1965 gegen 13.30 Uhr beobachtete der ekuadorianische Straßenbauingenieur Hector Crespo in Begleitung seines Sohnes und eines Arbeiters am Rande der Landstraße Nr. 31 nahe der Ortschaft Cuenca aus etwa 20 Meter Entfernung ein auf Teleskopauslegern ruhendes, diskusförmiges Objekt, das allem Anschein nach eine Havarie erlitten hatte. Drei humanoide Wesen waren mit der Reparatur des merkwürdigen Vehikels offenbar so sehr beschäftigt, daß sie die Anwesenheit der Beobachter gar nicht bemerkten oder diese einfach ignorierten. Auffallend waren die extrem langsamen Bewegungen der drei Humanoiden, die den Eindruck erweckten, »als ob sie«, so Crespo, »unter Wasser arbeiten würden«.

Die seltsamen, zeitlupenartigen Bewegungen könnten unter Umständen darauf hindeuten, daß in diesem Fall »zeitversetzte« Vorgänge wahrgenommen wurden. Vielleicht hatte man durch Errichten einer »Fremdzeit-Blase« – ein Freiraum außerhalb unserer Raumzeit – das »Fahrzeug« einschließlich seiner unmittelbaren Umgebung auf eine andere Zeitlinie bugsiert. Vielleicht war es nur wenige Sekunden oder Minuten in die Zukunft versetzt worden, um

Kontakte mit allzu dreisten Zeitfremden zu verhindern. Das »Zeitlupenverhalten« der Humanoiden könnte ein Merkmal dafür sein, daß die bei Cuenca beobachteten Wesen der jeweiligen Ortszeit um nur wenige Abläufe voraus waren. Der Zustand »räumlich nah, zeitlich unerreichbar« würde sie für uns völlig unangreifbar machen. Ihr Schutzschild wäre ein »Zeitpanzer« von vielleicht nur wenigen Sekunden – ausreichend, um allen Gefahren aus unserer Realzeit auszuweichen.

Man sollte sich einmal fragen, inwieweit Erlebnisse dieser Art unserem Sinne nach *real* sind, ob wir an den Realitätsbegriff möglicherweise nicht allzu strenge Maßstäbe anlegen. So manches läßt nämlich darauf schließen, daß den hier zitierten Beobachtungen auf rein physikalischem Wege ohnehin nicht beizukommen ist. Und gerade aus diesem Grund scheint es geboten, Schilderungen von Personen mit ungewöhnlichen Wahrnehmungen – unerklärliche Leuchterscheinungen, Lichtblitze, plötzlich auftretende »Nebel«, fremdartige Flugobjekte usw. – genauso ernst zu nehmen wie unsere gewohnte Umgebung. Solche Manifestationen währen nach Meinung hiervon Betroffener oft nur Bruchteile von Sekunden. Bei später in Hypnose durchgeführten Rückführungen bis zum Zeitpunkt des außergewöhnlichen Ereignisses stellt es sich dann häufig heraus, daß derartige »Blitzkontakte« nicht selten ganze Erlebnispakete mit Geschehnissen enthalten, die sich über einige Stunden bis hin zu mehreren Tagen erstrecken. In solchen Fällen schrumpfen längere Erlebniszeiträume gegen Null – sie besitzen den Status einer Momentaufnahme. Wo aber befinden sich »Kontaktler« während ihrer Nichtanwesenheit in unserer Raumzeit-Welt? Finden solche in Hypnose offengelegten Erlebnisse womöglich nur in seinem Bewußtsein statt, vielleicht im »Körper« einer Parallel-»Ausgabe« seines Selbst?

Fragen, die niemand mit absoluter Gewißheit zu beantworten vermag. Noch nicht.

Der Amerikaner Frank Hoffman, ein erfolgreicher Börsenmakler, will im Sommer 1973 auf dem Flug von Hawaii nach New York, 45 Minuten nach dem Start, eine mysteriöse »Himmelserscheinung« wahrgenommen haben. Ihm war, als habe er für einen Moment in grelles Licht geschaut. Genau 48 Stunden danach ereignete sich etwas, für das er bis heute noch keine Erklärung gefunden hat. Als er seine Freundin, mit der er verabredet war, zum gemeinsamen Abendessen abholen wollte, mußte er zu seiner größten Verwunderung erfahren, daß er sich genau um einen vollen Tag »verspätet« hatte. Die indignierte Dame zeigte ihm zum Beweis der Richtigkeit ihrer Behauptung die neueste Ausgabe einer New Yorker Tageszeitung. Schlimmer noch: Hoffman konnte sich nicht erinnern, was in all den Stunden seiner Abwesenheit geschehen war, wo er sich aufgehalten hatte. Seine Angestellten ließen ihn später wissen, daß sie ihn die ganze Zeit über auch telefonisch nicht erreichen konnten. »Es war«, so Hoffman wörtlich, »als hätte ich einen Tag lang überhaupt nicht existiert.« Es läßt sich nicht ausschließen, daß er aufgrund seines sonderbaren Erlebnisses während des Fluges für einen Zeitraum von 24 Stunden außerhalb unserer Raumzeit-Welt weilte, ohne an Bord der Maschine vermißt zu werden.

Vielleicht hat sich der Zwischenfall in einer jener zahllosen Parallelwelten abgespielt, mit denen wir, entsprechend den Vorstellungen des genialen Physiktheoretikers David Bohm, holographisch verschachtelt sind: Womöglich ist Hoffman eine kleine Korrektur seines Schicksalsverlaufs widerfahren, um aufkommende Fehlentwicklungen in seinem Leben zu unterbinden. Er selbst wird dies wohl nie erfahren, jedoch mit Sicherheit »erleben«.

In der grenzwissenschaftlichen Literatur sind Fälle von Zeitneutralisation nichts Ungewöhnliches. So geriet am Abend des 14. August 1977 eine fünfköpfige Familie nahe Aveley, Essex (England), mit ihrem Wagen in eine grüne Nebelbank, die beim Näherkommen noch etwa drei Meter über der Straße lag. Als sich dann in Sekundenschnelle Nebelschwaden auf das Fahrzeug senkten, es in eine wabernde, undefinierbare Masse einhüllten, begann mit einem Mal das Autoradio zu knacken und zu qualmen. Beide Scheinwerfer fielen aus. Im Wagen wurde es unangenehm kalt. Panik kam auf. Der Fahrer schien jegliche Orientierung verloren zu haben.

Plötzlich lichtete sich der Nebel, die Straße lag da wie ehedem. Jeder im Wagen glaubte, man habe sich nur wenige Sekunden unter der Nebelglocke aufgehalten. Ein Blick auf die Uhr am Armaturenbrett genügte, um festzustellen, daß inzwischen drei Stunden vergangen waren.

Niemand konnte auch nur andeutungsweise erklären, was vorgefallen war, in welchem Zustand man die drei fehlenden Stunden verbracht hatte. Waren sie Opfer des »Dornröschen«-Effekts geworden, hatten sie sich in einer Art »Zeitstarre« befunden, währenddessen draußen, für den Rest der Welt, die Zeit ihren gewohnten Verlauf nahm? Es ist müßig zu fragen, wo sich die von solchen Vorkommnissen Betroffenen während der Zeit ihrer materiellen Abwesenheit denn nun wirklich aufgehalten haben. Womöglich wären sie für zufällig anwesende oder vorbeikommende Dritte am Ort des Geschehens tatsächlich nicht wahrnehmbar gewesen. Dann hätten sie alles in einer fiktiven, für uns nicht realen Welt erlebt, deren Existenz orthodox argumentierende Naturwissenschaftler hartnäckig leugnen. Damit aber befinden diese sich auf Konfrontationskurs mit der Realität des scheinbar Irrealen.

2 Feenland

> »›Wie willst du zurückkehren?‹, fragte die Frau.
> ›Ich weiß es nicht, denn ich habe gehört,
> daß es für all jene, die das Feenland betreten,
> keine Rückkehr gibt.
> Sie müssen weitergehen, es durchqueren.‹«
>
> R. Macdonald Robertson
> in *Selected Highland Tales*

Wer Geschichten über Naturgeister – Sagen und Märchen – aufmerksam verfolgt, wird bald feststellen, daß es in ihnen von Zeitanomalien nur so wimmelt. Das *Kleine Volk* – Feen, Elfen, Nixen, Sylphen und Zwerge, die »farfadets« im westfranzösischen Poitou, die »sleagh maith« (guten Leute) der Schotten, die gälischen »Na h-Amhuisgean« und die »ikals« der Tzeltal-Indianer – scheint in einer Welt, einer Realität zu leben, die nicht die unsrige ist. In einschlägigen Erzählungen der Völker fließt unausgesprochen das ein, was seit Albert Einstein als *Relativität der Zeit* bezeichnet wird. Wenige Minuten oder Stunden im *Geheimen Imperium* jener mysteriösen Naturwesen – heute würde man es wohl eher als anderszeitige bzw. zeitlose Transwelt bezeichnen – werden in unserer irdischen Realität zu Monaten und Jahren. Für die Heimkehrer aus den geheimnisvollen Gefilden jener »Übernatur« scheint die Zeit stehengeblieben zu sein, während ihre Angehörigen zu Hause um einiges älter geworden sind. Sie haben eine Zeitdehnung oder -dilatation erfahren, wie sie nach Einsteins Spezieller Relativitätstheorie bei Raumflügen ab etwa 90 Prozent der Lichtgeschwindigkeit, d. h. ab 270 000 Kilometer pro Sekunde auftreten soll. Dieses als *Zwillings*- oder *Uhrenparadoxon* bekannte Phänomen besagt, daß, wenn Raum-

fahrer mit solch hohen, d. h. relativistischen Geschwindigkeiten die Erde verlassen, um nach einer bestimmten Zeit
auf einer geschlossenen Bahn wieder zu ihrem Ausgangs-
punkt zurückzukehren, deren Uhren vorgehen. Für Beobachter auf der Erde müßten die Uhren der Raumfahrer hingegen nachgehen. Letztere sind, verglichen mit den Zeit-
meßinstrumenten der Daheimgebliebenen, »jünger« geworden. Anders ausgedrückt: Während die Astronauten an
Bord ihres Raumfahrzeuges dem normalen biologischen
Alterungsprozeß unterworfen waren, sind die Bewohner ihres Heimatplaneten aus der Sicht der Raumfahrer scheinbar »schneller« gealtert. Sie waren der Zeitdehnung ausgesetzt. In Wirklichkeit ist ihr Alterungsprozeß ebenso normal verlaufen wie der unserer Astronauten.

Ohne zwischen dem *Uhrenparadoxon* und Geschichten aus
der Welt des *Kleinen Volkes* direkte Zusammenhänge konstruieren zu wollen, muß man sich dennoch fragen, warum
in den zahllosen Überlieferungen, die von Begegnungen
zwischen Menschen und Naturgeistern handeln, perma-
nent von Zeitanomalien – Zeitdehnungs- und -neutralisa-
tionseffekten – die Rede ist, wo es doch zwischen Erzählern
aus unterschiedlichen Kulturkreisen kaum nennenswerte
Kontakte gegeben haben dürfte. Oder gab es sie etwa
doch? Liegt der Faszination, die von der Beherrschung zeitlicher Abläufe ausgeht, womöglich ein handfestes Motiv
zugrunde? Steckt vielleicht mehr dahinter, als wir vermuten? Könnte es nicht sein, daß Geschichten aus dem Reich
der Überwesen, wenn auch kaschiert und reichlich ausge-
schmückt, das widerspiegeln, was heute in phantastisch anmutenden Berichten über »Risse« und »Kurzschlüsse« im
Raumzeit-Gefüge, über das plötzliche Verschwinden von
Personen und Objekten aus unserer Welt, über artifiziell
ausgelöste Zeitverzerrungen usw. nachzulesen ist? Und

dies nicht nur in der einschlägigen Science-fiction-Literatur.

Die Permanenz, mit der das relativistische Phänomen der Zeitdehnung in Sagen, Mythen und Märchen abgehandelt wird, muß jeden verblüffen, der sich etwas näher mit Zeitanomalien befaßt. Typisch hierfür ist zum Beispiel die Geschichte der Bauernknechte Rhys und Llewellyn, die sich um 1825 im walisischen Vale of Neath (England) zugetragen haben soll. Edwin S. Hartland präsentiert sie in seinem Buch *The Science of Fairy Tales – an Inquiry into Fairy Mythology*, und er behauptet allen Ernstes, daß er sogar den Gewährsmann dieser Geschichte persönlich kenne.

Die beiden Knechte befanden sich mit ihren Pferden auf dem Heimweg, als Rhys Llewellyn zum Anhalten aufforderte, um die »zarte Musik« besser hören zu können. Llewellyn bestritt, irgend etwas zu hören, und drängte zum Weiterreiten. Rhys aber begann zum Rhythmus der Phantom-Melodie zu tanzen. Er bat Llewellyn, seinen Weg unbesorgt fortzusetzen. Später würde er ihn schon wieder einholen. Nichts dergleichen geschah, und Llewellyn kam schließlich allein zu Hause an.

Am anderen Tag wurde Llewellyn verdächtigt, Rhys umgebracht zu haben, und man sperrte ihn vorsorglich ein. Sein Herr aber, der sich in den »Bräuchen« der Naturwesen auskannte, griff sich ein paar beherzte Männer – unter ihnen der vorübergehend freigelassene Llewellyn und Hartlands Zeuge –, um die Angelegenheit vor Ort zu recherchieren. An der bewußten Stelle angekommen, vernahm Llewellyn plötzlich die seltsame Melodie, die Rhys zum Verweilen bewogen hatte. Er war zunächst der einzige, der sie hörte, was darauf schließen läßt, daß er, wohl mehr zufällig, an die äußere Begrenzung eines »Feenringes« geraten war.

Llewellyn bat einen der Männer, seinen Fuß auf den seinigen zu stellen, woraufhin auch dieser zarte Harfenklänge gehört und die *Kleinen Leute* tanzen gesehen haben will. Unter den Tanzenden befand sich auch Rhys. Als er ganz nahe an Llewellyn vorbeitanzte, erwischte dieser ihn am Rockzipfel, um ihn augenblicklich aus dem »Kreis« herauszuziehen. Einmal draußen, fragte Rhys sofort nach dem Verbleib der Pferde. Er selbst glaubte, nicht länger als *fünf Minuten* unter den Naturwesen geweilt zu haben. Niemand konnte ihn davon überzeugen, daß er sich mehr als einen Tag im *Feenland* aufgehalten hatte. Rhys verfiel ins Grübeln. Er wurde schwermütig und starb kurze Zeit nach seinem merkwürdigen Erlebnis.

Hartland erzählt in *The Science of Fairy Tales* auch von einem Bauern aus Ystradfynlais, Grafschaft Bredknockshire, der eines Tages in die Berge ging, um nach seinen Rindern und Schafen zu schauen. Als er nach einigen Tagen nicht zurückgekehrt war, schickte man einen Suchtrupp aus, um nach seinem Verbleib zu forschen. Die Suche verlief ergebnislos.

Nach drei Wochen endlich meldete sich der Bauer bei seiner Frau, die ihn schon für tot gehalten hatte. Auf die Frage, wo er sich während der drei Wochen seiner Abwesenheit aufgehalten habe, antwortete er: »Drei Wochen? Seit wann sind drei Stunden denn drei Wochen?«

Widerwillig gestand er seiner Frau, daß er in Van Pool, nahe einer Stelle, die von Einheimischen »Llorfa« genannt wird, auf seiner Flöte gespielt habe. Plötzlich sei er von kleinen Wesen umringt gewesen, die sich ihm tanzend genähert hätten, bis der Kreis um ihn geschlossen war. Entzückt über das sich ihm bietende ungewöhnliche Spektakel habe er sich und seine Umgebung vergessen. Er habe die ihm dargebotenen kleinen Kuchen genossen und darüber den Rückweg anzutreten vergessen. Nachdem er sich wieder gefangen hatte, schien es ihm, als ob nur drei Stunden vergangen wären. Ihm fehlten in seinem Leben nahezu drei Wochen. Die »Uhren« im Feenland scheinen irgendwie anders zu gehen als bei uns.

In der Nähe von Bridgend in Wales gibt es eine Stelle, wo einmal vor langer Zeit eine junge Frau »entführt« und erst nach zehn Jahren zu ihren Angehörigen zurückgekehrt sein soll. Sie selbst aber war fest davon überzeugt, gerade eben zehn Tage außer Haus gewesen zu sein. Wo sie sich in all den Jahren wirklich aufgehalten hatte, konnte nie geklärt werden.

Gitto Bach, ein Farmersohn, war, wie Hartland zu berichten wußte, ganze zwei Jahre verschwunden. Seine Mutter hielt ihn für tot und trauerte um ihn. Doch eines Morgens, als sie die Haustür öffnete, saß er, mit einem Bündel unter dem Arm, auf der Türschwelle. Sein Aussehen hatte sich nicht im geringsten verändert. Er war nicht gewachsen und trug noch die gleiche Kleidung wie bei seinem plötzlichen Verschwinden.

Seine Mutter fragte ihn, wo er sich die zwei Jahre aufgehalten habe, woraufhin er sie wissen ließ, er hätte doch erst tags zuvor das Haus verlassen. Dann schnürte er sein Bündel auf und zeigte der erstaunten Mutter ein Kleidungsstück, das ihm die »kleinen Kinder«, wie er sie nannte, dafür geschenkt hatten, daß er mit ihnen getanzt habe. Das Gewand bestand aus Papier und besaß keine Nähte. Die verängstigte Mutter verbrannte es auf der Stelle, um jede Erinnerung an sein Erlebnis in der fremden, unheimlichen Realität zu löschen.

Im Mittelalter machten französische Bauern die legendären Magonier – fliegende Wesenheiten – für den Verlust von Getreide und Vieh verantwortlich. Von »Wolkenschiffen«

aus, in denen sie sich vor Angriffen erboster Bauern sicher wähnten, sollen sie Pflanzen und Tiere vergiftet und das Wetter ungünstig beeinflußt haben. Nach Aufzeichnungen des Erzbischofs Agobard von Lyon stürzte im Jahre 840 eines dieser Schiffe ab. Agobard kam zu Ohren, daß seine Insassen – drei Männer und eine Frau – von dem wütenden Landvolk zu Tode gesteinigt worden seien. Anderen Quellen zufolge waren die Magonier über Bord gefallen und daraufhin von den Bauern getötet worden.

Als Heimat der frühen »Luftschiffer« wollten die Menschen der damaligen Zeit ein »weit entferntes Land«, eine »unsichtbare Insel« oder ein »himmlisches Territorium«, kurzum, ein unerreichbares Etwas, das *Elfenland* schlechthin, verstanden wissen. Mit dieser Spekulation wurde – wenn auch mehr unbewußt – erstmals die Existenz eines parallelen, mit uns koexistierenden Universums, einer aus unendlich vielen Universen bestehenden, holographisch aufgebauten Welt, angesprochen, aus der es mitunter kein Entrinnen zu geben scheint.

Im Spätherbst des Jahres 1888 verfolgten Beamte von Scotland Yard die Spur eines als vermißt gemeldeten Mädchens. Sie führte in die Randbezirke von London. An einer Stelle konnten die Männer des Suchkommandos plötzlich die Stimme der Vermißten klar und deutlich vernehmen: »... Ich kann das Loch nicht mehr finden ...« Das Wehklagen schien förmlich aus dem Nichts zu kommen. Weit und breit war niemand zu sehen.

Die Situation erinnert fatal an eine geläufige Floskel unter Fernsehtechnikern: »Ton da – Bild weg.« Letzte Lebenszeichen von Personen, die zufällig in einer »anderen Realität« stranden, erreichen uns offenbar auf akustischem Wege. Traumdünn muß der Vorhang zwischen uns und *Feenland* sein.

3 Phantomrealität

1. Februar 1963. Thomas P. Meehan (38) aus Concord (Kalifornien), Rechtsanwalt und Sachverständiger beim Appellationsgericht der staatlichen Arbeitsbehörde, verläßt kurz vor 14 Uhr Eureka (ebenfalls Kalifornien), um nach Hause zu fahren. In der Höhe von Myers Flat fühlt er sich mit einem Mal hundeelend. Es bleibt ihm nichts anderes übrig, als die Nacht in einem nahegelegenen Motel zu verbringen.

17.00 Uhr: Meehan hält in Redway, um sich im *Forty Wings* ein Zimmer zu nehmen. Sofort ruft er seine Frau an. Er kann ihr gerade noch mitteilen, daß er die Heimfahrt wegen einer plötzlich aufgetretenen Unpäßlichkeit um ein paar Stunden verschieben muß, dann bricht die Verbindung jäh zusammen.

18.00 Uhr: Meehans Zustand verschlimmert sich. Er beschließt, einen Arzt zu konsultieren, und wird vom Motelpersonal an das Southern Humboldt Community Hospital in Garberville verwiesen.

18.45 Uhr: Der Rechtsanwalt trifft genau zu diesem Zeitpunkt dort ein und gibt sich der Empfangsschwester als Thomas P. Meehan zu erkennen. Er läßt sie wissen, daß er sich »wie tot« fühle. Noch während die Schwester seine Aufnahme vorbereitet, verschwindet er unbemerkt. Im Krankenhaus ist man ratlos.

19.00 Uhr: Ein Ehepaar aus Myers Flat benachrichtigt aufgeregt die Verkehrsstreife, in der Nähe des Highway 101 habe es im Eel River die Rücklichter eines Autos gesehen.

20.00 Uhr: Chip Nunnemaker, Besitzer des *Forty Wings,* unterhält sich angeregt mit Meehan. Später wird er sich erinnern, daß der Anwalt plötzlich mitten im Gespräch innehielt, um ihn zu fragen, ob er »wie tot aussähe«. Er fühle sich so, »als ob die ganze Welt mit ihm gestorben sei«. Nunnemaker gab auch zu Protokoll, daß Meehans Hosenumschläge sowie seine Schuhe naß und schlammverkrustet gewesen waren.

21.00 Uhr: Meehan geht auf sein Zimmer.

21.30 Uhr: Der Motelangestellte Harry Young betritt Meehans Zimmer, um ihn wissen zu lassen, daß ein schwerer Sturm die Telefonleitung unterbrochen habe, wodurch das Telefonat mit seiner Frau unterbrochen worden sei. Dem Mann fällt auf, daß Meehan jetzt einen schwarzen Anzug und ein weißes Hemd trägt.

21.45 Uhr: Eine Streife der Highway Patrol entdeckt nach längerem Suchen Meehans Wagen im Eel River. Markante Reifenspuren deuten auf einen verzweifelten Bremsversuch hin. Auf dem Wagendach werden Blutspuren gefunden. Das rechte Seitenfenster ist offen. Vom Fahrer keine Spur. Blutstropfen und schlammige Fußabdrücke finden sich überall am Ufer entlang einer Strecke von etwa zehn Metern. An einer bestimmten Stelle endet sie abrupt. Es schien, als habe sich hier der Vermißte in Luft aufgelöst. Erst neunzehn Tage nach dem Unfall, am 20. Februar, fand man Thomas Meehans Leiche, etwa 26 Kilometer unterhalb der Unglücksstelle. Die Obduktion ergab, daß er sich beim Sturz in den Eel River eine oberflächliche Kopfwunde zugezogen hatte. Der Tod war eindeutig durch Ertrinken eingetreten. Eine genaue Rekonstruktion des Unfallhergangs ergab, daß Meehan etwa zur *gleichen Zeit,* als er sich im Krankenhaus aufhielt, in den Fluß gerast sein muß. Verwechslungen scheiden aus, da in jener Nacht kein anderer Unfall gemeldet worden war. Könnte es nicht sein, daß ein kranker, verwirrter und geschwächter Meehan tatsächlich schon vor 19.00 Uhr verunfallte – wie es denn auch den Anschein hat –, daß sein beim plötzlichen Tod vom Körper losgelöstes Bewußtsein in einen Zustand versetzt wurde, der ihm Manipulationen zeitlicher Abläufe erlaubte? Vermochte sein spirituelles Double die Relativität der Zeit zu nutzen, um auch andernorts scheinbar vollkörperlich in Erscheinung zu treten? Etwa im Krankenhaus, um sich dort einweisen zu lassen und gleich darauf wieder zu verschwinden oder im *Forty Wings,* um mit Chip Nunnemaker und 30 Minuten später mit Harry Young zu sprechen? Und dies alles, während sein materieller Körper die Kontrolle über den von der Straße abgekommenen Wagen zurückzugewinnen versuchte.

Vieles deutet darauf hin, daß wir allesamt zeit unseres irdischen Lebens in unterschiedlichen, vielleicht sogar in unendlich vielen Realitäten zu Hause sind. Und jede dieser Existenzen würde ein Eigenleben führen, besäße einen körpereigenen, typischen Schicksalsverlauf.

Der Amerikaner Philip K. Dick (1928–1982), ein profilierter Romanschriftsteller, behauptete von sich, über einen Zeitraum von zwölf Monaten gleichzeitig in zwei »Welten« gelebt zu haben. Seine Doppelexistenz begann im Februar 1974, als er eines Tages an heftigen Zahnschmerzen litt und sich von einer Apotheke Schmerztabletten schicken ließ. Die Überbringerin der Tabletten trug ein goldenes Amulett am Hals – ein Fischmotiv christlicher Symbolik. Es blendete ihn derart, daß er sich augenblicklich in eine frühere Existenz zurückversetzt fühlte, genaugenommen ins Jahr 45 n. Chr. Seine damalige Persönlichkeit schien im Jahre 1974 zu neuem Leben erwacht zu sein. Für Dick überlagerten sich Gegenwart und Vergangenheit – ein geradezu »schizophrener« Zustand, der sich auf seine schriftstellerischen Aktivitäten sogar positiv auszuwirken schien. So will er einmal als einer der »ersten Christen« in Roms Katakomben von Wächtern gewürgt worden sein. Das

Merkwürdige hieran: Als Fünfjähriger litt Dick häufig unter starken Schluckbeschwerden, was beinahe zur Unterernährung führte. Es ist nicht auszuschließen, daß zwischen Dicks Kindheitsbeschwerden und seinen »frühchristlichen Erlebnissen« Zusammenhänge bestehen. Denn: Von einer höherdimensionalen Warte aus schrumpfen zeitliche »Abstände« gegen Null, herrscht Gleichzeitigkeit.

Vor wenigen Jahren veröffentlichte die *Los Angeles Times* die Geschichte eines gewissen Russel Kirk, der im traditionsreichen York, Grafschaft Yorkshire (England), eine seltsame Begegnung mit der Vergangenheit – eine zeitliche Rückversetzung um Jahrhunderte – erlebt haben will.

Um die Zeit bis zur Abfahrt des Zuges zu nutzen, bummelte er ein wenig durch Yorks romantische Altstadt mit ihren vielfältigen Sehenswürdigkeiten. Später, auf dem Weg zum Bahnhof, entdeckte er durch Zufall eine malerische Nebenstraße mit hübschen Häusern aus dem 17. und 18. Jahrhundert, ein »Juwel«, das ihm zuvor nie aufgefallen war. Trotz der schwachen Beleuchtung bot sich Kirk ein entzückendes Bild, eine Szene wie aus einem alten Märchenbuch. Gern hätte er sich die altertümliche Straße und ihre Häuser etwas näher angesehen. Aber die Zeit drängte, und er konnte es sich nicht leisten, den Zug zu versäumen. Daher nahm er sich fest vor, bei einem seiner nächsten Aufenthalte in York der pittoresken Straße einen weiteren Besuch abzustatten.

Der Zufall wollte es, daß er schon wenige Monate nach diesem Erlebnis erneut in York zu tun hatte. Kirk nahm sich diesmal viel Zeit, um seine »Märchenstraße« wiederzufinden. Vergebens. War er bei seinem letzten Besuch einer Selbsttäuschung erlegen, hatte er dies alles nur geträumt?

Doch dann schien er mit einem Mal der Lösung des Rätsels

näherzukommen. In einem etwas heruntergekommenen Viertel von York – man nennt es St. Saviourgate – entdeckte er die Ruinen einer einst offenbar vornehmen Straße. Sie ähnelte der, die er von seinem letzten Aufenthalt her noch in Erinnerung hatte. Ein dort tätiger Geistlicher ließ Kirk wissen, daß dieses Viertel schon seit 1914 nicht mehr bewohnbar sei.

Man muß sich fragen, was mit Kirk wohl geschehen wäre, wenn er damals den Zug absichtlich verpaßt und eines der Häuser betreten hätte. Wäre er dann womöglich in eine andersdimensionale Realität abgedriftet, in eine Welt, die nicht die seine war? Hätte er sich dann überhaupt noch an seine frühere Existenz erinnert? Oder wäre er – als *Zeitvariant* – nahtlos in eine neue Seinsform »eingeflossen«? Hier sei daran erinnert, daß auch wir bisweilen von lebhaften, äußerst real erscheinenden Träumen geplagt werden, Träume, die uns in gar nicht vertraute Realitäten entführen. Sind sie vielleicht Anzeichen für eine gerade stattfindende *Transformation?* Was aber ist dann Leben, was Tod? Sind die Grenzen zwischen beiden Zuständen nicht eher fließend? Gibt es sie überhaupt? Wie schnell es zu vorübergehenden Realitätsverschiebungen – zum zeitlich begrenzten Eintauchen in parallele Welten – kommen kann, zeigt ein Fall, der sich im Frühjahr 1966 in Poole, Grafschaft Dorset (England), zugetragen haben soll.

Das Ehepaar Chapman pflückte auf einem brachliegenden Grundstück unmittelbar neben einer modernen Siedlung Blumen für eine bevorstehende Wohltätigkeitsveranstaltung. In Gedanken versunken näherte sich Chapman einem nur wenige Meter entfernten, in voller Blüte stehenden Kirschbaum. Als er sich, einer spontanen Eingebung folgend, umwandte, mußte er zu seinem größten Erstaunen feststellen, daß die Siedlungshäuser mit einem Mal verschwunden waren. Obwohl er seine Frau in einiger Entfernung deutlich sehen konnte, befand er sich plötzlich in einer ihm völlig fremden Umgebung. Die Art und Weise, wie Chapman diesen unerklärlichen Vorfall schildert, entbehrt nicht einer gewissen Dramatik: »Alles hatte sich verändert. Ein riesiges, offenes Nichts umgab mich. Immerhin konnte ich noch die Sonne sehen. Dadurch verlor ich auch nicht ganz die Orientierung. Wo aber hielt ich mich auf? War ich in eine andere Zeitdimension hineingeraten, und würde ich sie je wieder verlassen können?

Ich dachte mir, daß der ›Ausgang‹ zur Realität, die ich gerade verlassen hatte, mit der Eintrittsstelle identisch sein müßte und markierte meine augenblickliche Position mit zwei gekreuzten Hölzern. Dann lief ich in die Richtung zurück, in der ich die Siedlung vermutete.«

Chapmans Versuche, aus der heiklen Situation wieder herauszukommen, blieben zunächst erfolglos. Nichts, aber auch gar nichts war zu sehen. Wo waren die Häuser und die Wege, wo die Menschen, die dort zuvor die warme Frühlingssonne genossen hatten? Ihn überkam das unheimliche Gefühl, jegliches Leben um ihn herum sei erloschen.

Verzweifelt lief Chapman zur Markierung zurück. Seine Frau stand dort und behauptete, ihn für eine Weile aus den Augen verloren zu haben. Jetzt erst bemerkte Chapman, daß alles um ihn herum wieder wie früher war. Litt er etwa unter Halluzinationen und seine Frau unter Sehstörungen? Fast hätte man es glauben können, wäre da nicht eine Kleinigkeit gewesen ... ein Indiz dafür, daß sein Erlebnis doch irgendwie real gewesen sein mußte. Chapman: »Der Boden, wo ich zuvor gestanden hatte, war völlig kahl und weich. Später sah ich, daß meine Fußspuren zu den Häusern hinführten und an einer bestimmten Stelle jäh endeten, obwohl ich doch nur bis zum Kirschbaum gelaufen war. Es schien, als wäre ich an dieser Stelle in ein ›Nichts‹ eingetaucht. Mein Rückweg begann genau an der Stelle, wo mein Hinweg geendet hatte.«

Chapman dürfte damals begriffen haben, in welch gefährliche Situation er geraten war. Wie leicht hätte ihm durch eine weitere Zeitanomalie der Weg zurück verwehrt sein können.

In einigen Fällen wollen sich Menschen in Gebäuden, unter anderem auch in Restaurants und Hotels aufgehalten haben, die zu einem späteren Zeitpunkt von der Bildfläche verschwunden waren, so als ob es sie nie gegeben hätte.

Im Oktober 1979 waren zwei englische Ehepaare – die Simpsons und Gisbys – mit ihren Wagen in Frankreich unterwegs. Eines Abends hielten sie in einer abgelegenen Gegend vor einem ungewöhnlichen, im Stil einer Ranch gebauten Hotel, um dort zu übernachten. Die Urlauber waren überrascht, dort weder Telefon noch den sonst üblichen Komfort vorzufinden. Die Möbelstücke bestanden durchweg aus Massivholz, Zimmer und Bäder schienen aus der Zeit um die Jahrhundertwende zu stammen.

Nach einer ruhig verbrachten Nacht und einem reichlichen Frühstück baten die Gäste um die Rechnung. Sie betrug ganze 19 Francs, was einem Gegenwert von damals drei Dollar entsprach. Ungläubig zückten die Engländer ihre Brieftaschen, um die außergewöhnlich niedrige Rechnung zu begleichen. Gisby machte von dem gastlichen Haus noch einige Aufnahmen. Dann setzten sie ihre Reise nach Spanien fort.

Auf dem Rückweg wollten die Ehepaare dort wieder übernachten. So sehr sie auch suchten: sie konnten das Hotel nicht finden. Die Sache ließ ihnen keine Ruhe. Im Reisebüro einer nahegelegenen Stadt erfuhren sie, daß an der Stelle, wo sie Wochen zuvor übernachtet und gefrühstückt hatten, nie ein Hotel gestanden habe.

Eine weitere Überraschung sollte ihnen noch bevorstehen. Zu Hause angekommen, ließ Gisby die Fotos, die er vom Hotel gemacht hatte, sofort entwickeln. Die Abzüge zeigten nicht die Spur von irgend etwas, geschweige von einem Hotel.

Waren sie allesamt einer Halluzination erlegen oder hatten sie sich vorübergehend in einer parallelen Gegenwart aufgehalten –eine, die vielleicht hundert Jahre oder länger zurückdatiert? Selbst wenn man den Engländern keine betrügerischen Absichten unterstellt, kann man dennoch nicht mit absoluter Sicherheit ausschließen, daß sich die Urlauber auf der Heimfahrt in der Gegend geirrt hatten. Was allerdings gegen diese Hypothese spricht, sind die besonderen Begleitumstände und nicht zuletzt die Vielzahl ähnlich gelagerter Fälle, von denen hier einige verkürzt vorgestellt werden sollen:

● In einer jener großen Industriestädte an der amerikanischen Ostküste fuhr ein Mann, wie gewohnt, spät abends mit seinem Wagen von der Arbeit nach Hause. Die Strecke kannte er auswendig, benutzte er sie doch Tag für Tag, und das nun schon seit Jahren.

Mit einem Mal kamen ihm die Gebäude entlang der Straße fremd vor. Er wunderte sich, da er weder unter Alkoholeinfluß stand noch zuvor abgebogen war. Die Stille um ihn herum war beängstigend. Der Mann schaltete das Autoradio ein und betätigte den Stationssucher. Nichts. Nur statisches Rauschen.

Dann sah er diesen merkwürdigen Wagen – ein altes Modell, das vor einem Speiselokal namens *Henry's* geparkt war. Nie zuvor war ihm auf seinem Weg zur Arbeit und zurück ein solches Restaurant aufgefallen.

An der nächsten Kreuzung überkam ihn ein »komisches Gefühl«. Ihm war, als ob er durch »kaltes Wasser« fahre. Danach war alles wieder wie zuvor. Er wußte mit einem Mal, wo er sich befand, wo er die ganze Zeit über hätte sein müssen.

War der Mann durch Übermüdung am Steuer eingeschlafen, war dies nur ein Bruchteil von Sekunden währendes Traumerlebnis? Was aber sind Traumerlebnisse, wenn sie, wie bereits dargelegt, außerhalb der uns vertrauten Raumzeit angesiedelt sind? Das Eintauchen des Bewußtseins in alternative, parallele Welten, aber auch in »frühere« Zeitabschnitte, dürfte vom Zeitablauf völlig losgelöst erfolgen – also in *Nullzeit*. Dies ist einleuchtend, zumal man dem immateriellen Bewußtsein einen höherdimensionalen Status einräumt.

● Wenn gleich zwei Personen mit Geschehen *zu anderen Zeiten*, d. h. *in parallel zu uns existierenden Realitäten* konfrontiert werden, ist dies ungewöhnlich, ist die simple Traum-Hypothese, wie sie uns von Tiefenpsychologen suggeriert wird, nicht länger aufrecht zu erhalten.

Zwei Männer waren am 20. Mai 1969 mit ihrem Wagen auf einer wenig befahrenen Landstraße in Louisiana (USA) unterwegs, als vor ihnen ein recht ungewöhnliches Auto auftauchte. Das Nummernschild ließ erkennen, daß es sich hierbei um ein Modell aus dem Jahr 1940 handelte. In ihm saßen eine Frau und ein Mädchen, deren Kleidung so gar nicht mit der damals üblichen Mode übereinstimmte. Die Verblüffung über das plötzliche Auftauchen des »supermodernen« Fahrzeuges stand den beiden Frauen im Gesicht geschrieben. In der Annahme, daß die ziemlich ratlos dreinschauenden Frauen ihrer Hilfe bedurften, winkten sie diese an den Straßenrand. Nachdem die beiden »Samariter« ihren Wagen abgestellt hatten, erlebten sie eine Überraschung, die ihnen zeitlebens in Erinnerung bleiben dürfte. Der Wagen mit den beiden Frauen war verschwunden. Es war, als habe es ihn nie gegeben.

Die Männer suchten die Straße in beiden Richtungen ab. Umsonst. So konzentriert sie auch Ausschau hielten: Von dem Wagen und seinen Insassen war weit und breit nichts zu sehen. Waren auch in diesem Fall die beiden Frauen im Jahre 1940 Opfer einer unerwartet aufgetretenen Zeitanomalie – einer raumzeitlichen Versetzung – geworden? Und wurden sie nach dem Teleportationsschock sofort wieder in ihre Realzeit zurückgeschleudert oder fahren sie immer noch die bewußte Straße entlang – verloren im Dickicht einer nie endenden Gegenwart?

● Im Jahre 1973 erwarb das Ehepaar Harper und Sylvia Clark in der Nähe von Lake Charles, Louisiana, ein älteres, ziemlich heruntergekommenes Haus. Die neuen Besitzer begannen 1974 mit dessen Renovierung. Als dann im Februar 1975 die Umbauarbeiten nahezu abgeschlossen waren, bestellten sie einen Handwerker, der die Gardinen und Teppichbeläge ausmessen sollte. Sein Besuch war auf 16.00 Uhr festgesetzt. Genau um diese Zeit begannen die Hunde anzuschlagen, so wie immer, wenn jemand mit dem Auto vorfuhr. Die Clarks schauten nach. Niemand war zu sehen. Die Hunde mußten sich geirrt haben.

Da der Handwerker den vereinbarten Termin nicht eingehalten hatte, riefen sie anderntags bei ihm an, um sich wegen seines Ausbleibens zu erkundigen. Der Mann behauptete, pünktlich um 16.00 Uhr bei ihnen gewesen zu sein. Dort habe er allerdings ein leeres, völlig verwahrlostes Haus vorgefunden. Nachdem er sich eine Weile umgeschaut hatte, sei er wieder nach Hause gefahren. Die maßlos verblüfften Clarks baten den Handwerker um eine genaue Beschreibung des Hauses, das er vorgefunden hatte. Sie stimmte selbst in Details mit dem Zustand des Hauses beim Kauf überein.

Der Mann hatte allem Anschein nach einen »Weg« beschritten, der ihn direkt in das Jahr 1973 zurückführte. Anders ausgedrückt: richtiger Weg – falsche Zeit. Dumme Ausreden eines anderweitig verhinderten Handwerkers? Durchaus möglich, wäre da nicht das Gebell der Hunde gewesen und dies exakt zum vereinbarten Zeitpunkt.

● Am 24. Oktober 1967 fand sich der damals neunzehnjährige Bruce Burkan in einem Bus-Terminal von Newark, New Jersey, wieder. Er trug einen billigen, schlecht sitzenden Anzug und hatte gerade eben noch sieben Cent in der Hosentasche. Burkan konnte sich nicht erinnern, wie er dort hingekommen bzw. was während der zwei vergangenen Monate mit ihm geschehen war. Dabei hatte alles so harmlos begonnen.

Am 22. August waren er und seine Freundin zum Strand am Asbury-Park gefahren. Sie wollten dort den ganzen Nachmittag verbringen. Irgendwann war Burkan im Badeanzug zur Parkuhr gegangen, um eine Münze einzuwerfen. Als er nach einer Stunde noch nicht zurück war, ging seine Freundin zum Parkplatz. Sie war besorgt und wollte nachschauen, ob ihm etwas zugestoßen sei. Burkans Wagen stand noch immer abgeschlossen an der gleichen Parkuhr. Von Bruce war jedoch weit und breit nichts zu sehen.

Nach tagelangem Ausbleiben informierten seine Angehörigen die Polizei. Eine Suchmeldung ging sofort an sämtliche Streifenwagen. Doch alle Ermittlungen verliefen im Sande. Niemand schien ihn gesehen zu haben. Später, als er wieder zu Hause war, als er die acht Wochen seiner Abwesenheit nachzuvollziehen versuchte, fragte er sich unentwegt, warum er die ganze Zeit über von niemandem gesehen wurde, wo er doch feuerrote Haare habe.

Ähnliche Fälle werden meist mit schockbedingter Amnesie, mit Gedächtnisschwund, begründet. Worüber aber sollte sich Burkan auf der kurzen Strecke zum Parkplatz erschrocken haben?

● Nicht weniger mysteriös erscheint der Fall des Polizeibeamten Chester Archey aus Philadelphia, der an einem Abend im August 1966 im Norden der Stadt allein Streife fuhr. Irgend etwas Merkwürdiges muß mit ihm damals geschehen sein, denn plötzlich fand er sich in Pennsauken, New Jersey, wieder, wo er in einen kleinen Verkehrsunfall verwickelt wurde. Archey hatte nicht die geringste Ahnung, wie er dort hingekommen war. Bei einer späteren Anhörung gestand er, nicht einmal zu wissen, wo Pennsauken liegt. Anzumerken wäre noch, daß die Entfernung zwischen beiden Orten mehr als 200 Kilometer beträgt.

● Zeitverwerfungen sind offenbar nicht nur auf kleine, überschaubare Nahbereiche beschränkt. Während des Zweiten Weltkrieges kam es bei den Alëuten — eine aus etwa 150 Inseln bestehenden Inselkette zwischen Alaska und der Halbinsel Kamtschatka – zu einer Phantomseeschlacht, die unter der Bezeichnung »The Battle of the Blips« (Die Schlacht der Radarsignale) in die Annalen der amerikanischen Kriegsmarine eingegangen ist. Die gesamte Nordpazifikflotte der Amerikaner – die Schlachtschiffe *Idaho, Mississippi* und *New Mexico,* fünf Kreuzer und elf Zerstörer – waren dorthin entsandt worden, um die Evakuierung der japanischen Garnison von der Insel Kiska zu verhindern.

Vor der Insel Attu entdeckten amerikanische Radarbeobachter eines Tages sieben Kriegsschiffe, die sich in die Richtung bewegten, wo man die japanische Evakuierungsflotte vermutete. Die US-Kampfschiffe eröffneten sofort das Feuer und verschossen nicht weniger als 212 Tonnen Munition. Daraufhin verschwanden die Radar-Blips von den

Bildschirmen. Übergangslos. Tage danach, in den frühen Morgenstunden des 25. Juli 1943, tauchten die sieben Radarsignale erneut auf den Schirmen der Bordradargeräte auf. Sie bewegten sich stetig auf die Insel Kiska zu. Wieder eröffneten die Amerikaner das Feuer. Hunderte von Salven verließen die Geschützrohre, ohne daß der Feind das Feuer erwiderte. Abermals verblaßten die »Ziele« auf den Radarschirmen, so, als ob sich die Objekte in Luft aufgelöst hätten.

Nach dem Krieg konnte man anhand von Marinedokumenten feststellen, daß die japanischen Seestreitkräfte zum Zeitpunkt des einseitig geführten Gefechts viele Seemeilen von der Nordpazifikflotte entfernt waren, weit außerhalb des Radar-Operationsbereiches. Der Kiska-Zwischenfall, die genaue Ursache der Blips, konnte nie eindeutig geklärt werden. Die Hypothese, es habe sich hierbei womöglich um eine »natürliche« Radar-Fehlfunktion gehandelt, überzeugt nicht. Immerhin konnten die Signale von den Bordradars *sämtlicher Schiffe* empfangen werden, und dies gleich zweimal im zeitlichen Abstand von nur einigen Tagen. Ein bißchen viel Zufall, sollte man meinen.

Der Amerikaner Mark Gardner von der *Strange* & *Unusual Phenomena Research Association,* der diesen Fall ausgiebig recherchierte, deutet die (zugegeben) phantastische Möglichkeit an, daß es sich bei den seinerzeit georteten »Zielen« um »Phantom«-Schiffe gehandelt haben könnte, um einen Flottenverband aus der Vergangenheit oder Zukunft. Durch plötzlich aufgetretene Verzerrungen im Raumzeit-Gefüge könnten die Radarstrahlen in die Vergangenheit oder Zukunft abgelenkt worden sein, um etwas zu erfassen, was in der Realzeit der Amerikaner, also 1943, dort gar nicht materiell vorhanden war, gewissermaßen um Blips auf Abwegen. Dies würde auch erklären, warum die

Amerikaner keine Treffer erzielen konnten: Immaterielle Phantome sind unzerstörbar. Wenn dem so war, wäre es auch verständlich, warum das Feuer nicht erwidert wurde. Für Schiffe aus einer anderen Zeit dürfte der amerikanische Flottenverband im Jahre 1943 unsichtbar gewesen sein.

Nicht immer verlaufen plötzlich auftretende Anomalien im Raumzeit-Gefüge so glimpflich, nicht immer bleibt es beim nur vorübergehenden Abdriften in zeitlich andere Realitäten – Kuriosa, über die man achselzuckend hinwegsehen könnte. Mitunter verschwinden Menschen und Dinge aus unserer scheinbar festgefügten Welt, ohne eine Spur zu hinterlassen. Die Kriminalstatistiken sind voll von Fällen unerklärlichen Verschwindens, von Vorkommnissen, die jeglicher Logik entbehren.

Miami, Florida, 14. August 1952. Der Fleischer Tom Broke, seine Frau und ihr elfjähriger Sohn verabschieden sich von Freunden, mit denen sie den Abend in einem Restaurant verbracht haben. Es ist kurz nach Mitternacht, als die Brokes das Lokal verlassen und mit ihrem Wagen den Heimweg antreten. Sie sollten nie zu Hause ankommen.

Tags darauf findet die Polizei das Auto der Brokes am Straßenrand, etwa zwanzig Kilometer vom Restaurant entfernt. Die Türen stehen offen, die Scheinwerfer brennen noch, und auf dem Rücksitz liegt die Handtasche von Frau Broke, in der sich ein größerer Geldbetrag befindet.

Auf der Wiese unmittelbar neben der Straße sind deutlich Fußspuren zu erkennen, die allem Anschein nach von den Vermißten herrühren. Man verfolgt die Spuren mit Suchhunden. Nach etwa 50 Metern enden sie abrupt. Das »Muster« ist uns gut vertraut. Die Brokes waren und blieben verschwunden. Für ihren »Abtritt« gibt es keine auch nur halbwegs plausible Erklärung.

Fälle, in denen größere Objekte übergangslos im Nichts

verschwinden, werden von den Medien besonders aufmerksam verfolgt. Nicht selten ereignen sie sich im Zusammenhang mit Ufo-Aktivitäten. So sollen am 28. Dezember 1988 vor der puertoricanischen Küste zwei amerikanische Abfangjäger vom Typ F-16 von einem dreieckigen Ufo »vereinnahmt« worden und danach spurlos verschwunden sein. Das ungewöhnliche Spektakel wurde von nicht weniger als 60 Augenzeugen beobachtet.

Gegen 19.20 Uhr Ortszeit verfolgten zwei F-16, die offenbar von einem in Küstennähe ankernden Flugzeugträger aus gestartet waren, ein riesiges fliegendes »Dreieck«. Es schien, als ob sie das Ufo vom Kurs abzubringen versuchten, was ihnen aber nicht gelang. Unbeirrt setzte das seltsame Himmelsobjekt seinen Flug fort. Als sich dann die Abfangjäger ihm von beiden Seiten näherten, stoppte es unvermittelt. Just in diesem Augenblick verschwand die von rechts anfliegende Maschine im »Dreieck« so, als ob sie von ihm »verschluckt« worden wäre. Dann nahm das Ufo Fahrt auf und versperrte dem anderen, von links anfliegenden Jet den Weg. Er verschwand auf die gleiche Weise wie die erste Maschine.

Innerhalb weniger Sekunden hatte die US-Luftwaffe zwei hochmoderne Kampfflugzeuge eingebüßt – im Einsatz gegen etwas, das nach offizieller Lesart gar nicht existieren dürfte. Nach der »Vereinnahmung« der beiden Maschinen geschah etwas geradezu Unglaubliches. Vor den Augen von 60 Zeugen teilte sich das Ufo in zwei rechtwinklige Dreiecke, die in entgegengesetzter Richtung davonschossen.

Im vorliegenden Fall handelt es sich offenbar um eine gewollt herbeigeführte raumzeitliche »Entführung«, ausgelöst von Entitäten, die einen anderen Realitätsstatus als wir besitzen, ganz gleich, ob sie aus der Zukunft (Zeitreisende) oder einer parallelen Welt kommen.

Manipulationen wie diese setzen die Existenz eines nicht-materiellen, zeitfreien »Raumes« jenseits unserer vierdimensionalen Welt voraus, d. h. eines »Hyperraumes«, mit dem wir uns zum besseren Verständnis von Zeitanomalien und Bewegungen durch die Raumzeit – also Zeitreisen – ein wenig näher befassen wollen.

4   Der Hyperraum – Welten jenseits von Raum und Zeit

Dem plötzlichen Verschwinden von Personen und Objekten aus unserer gewohnten Raumzeit-Welt, dem Eintauchen in eine andere Zeitperiode oder Realität, der Umkehrung von Hergängen wie im Fall des Thomas P. Meehan, aber auch bewußt erlebten Doppelexistenzen wie bei Philip K. Dick, scheint ein Prinzip innezuwohnen, dessen Deutung den Anhängern der klassischen Physik große Schwierigkeiten bereitet.

Zugegeben: Die hier aufgeführten Fälle passen nicht so recht in unser materielles, von physikalischen Gesetzmäßigkeiten und aristotelischer Logik geprägtes Weltbild. Alles Geschehen jenseits unserer anerzogenen Realitätsschablonen erscheint auf den ersten Blick unverständlich, geradezu mysteriös und wird von unseren Zeitgenossen meist mit Argwohn bedacht. Schade, daß die meisten von uns einen »zweiten Blick« erst gar nicht riskieren. Würden sie ihn dennoch wagen, sich mit dem Erscheinungsbild des »Unfaßbaren« gründlicher auseinandersetzen, müßten sie schon bald erkennen, daß hinter all den chaotischen Zuständen, die durch Zeitanomalien und Psi-Phänomene verursacht werden, etwas existiert, das die Grenzen der modernen, transzendenzoffenen Physik tangiert. Mehr noch:

Im Bereich der Quantenphysik – auf Subquantenebene – sind die Grenzen zwischen Materiellem und Immateriellem eher fließend. Hier gelten ganz eindeutig andere Gesetzmäßigkeiten als im Makrokosmos. Hier, jenseits der Atome, wo der renommierte Physiktheoretiker Professor David Bohm feinste Energien vermutet, transzendiert die orthodoxe Physik, erfolgt der Sprung hinüber in feinstoffliche, geistige Bereiche. Und genau hier, wo das Bewußtsein in Übereinstimmung mit dem wissenschaftlich belegten *Beobachtereffekt* auf materielle Systeme Einfluß nimmt, beginnt ein übergeordnetes, höherdimensionales Universum – der Hyperraum –, wo mit einem Mal auch Zeitanomalien und »Paranormales« verständlich erscheinen.

Das hier erörterte ungewöhnliche Geschehen setzt voraus, daß wir uns mit dem Abstraktum *Hyperraum,* der Welt des multidimensionalen Kosmos, mit dem wir nach neuesten Theorien holographisch verschachtelt sind, etwas gründlicher auseinandersetzen. Die Idee, daß es außer unserer vierdimensionalen Raumzeit-Welt noch weitere virtuelle, d. h. für uns unsichtbare Universen gibt, reicht weit zurück. Genaugenommen bis ins 16. Jahrhundert.

Einer, der sich mithin als erster auch experimentell mit der Existenz einer Überwelt befaßte, war der geniale deutsche Astrophysiker Friedrich Zöllner (1843–1882). Dem Professor für Astrophysik an der Universität Leipzig, der seinerzeit durch zahlreiche, zum Teil auch heute noch in Anspruch genommene Erfindungen brillierte, war es nicht entgangen, daß es mit dem Phänomen Zeit seine ganz besondere Bewandtnis hat. Aufgrund seiner wissenschaftlichen Untersuchungen und Berechnungen gelangte Zöllner zu der für die damalige Zeit fast anrüchigen Hypothese von der Existenz einer vierten, unserer materiellen Welt übergeordneten Dimension, eines Über- oder Hyperraumes, in dem die Zeit – mit unseren Sinnen nicht wahrnehmbar – enthalten ist.

In paraphysikalischen Phänomenen – damals sprach man von Metaphysik –, wie z. B. dem Verschwinden von Gegenständen bzw. deren Wiedererscheinen in verschlossenen Räumen, erblickte Zöllner die empirische Bestätigung der realen Existenz einer vierten Dimension, was in seinem scharfsinnigen Beitrag »Zur Metaphysik des Raumes« zum Ausdruck kommt. Obwohl bereits der Arzt, Psychologie- und Physikprofessor H. L. F. von Helmholtz (1821–1894), der Mathematiker G. F. B. Riemann (1826–1866) und der Mathematikprofessor Felix Klein (1849–1925) die Möglichkeit einer weiteren, vierten Dimension in Erwägung gezogen hatten und kein Geringerer als Einstein diese in seiner später vorgestellten Speziellen Relativitätstheorie offen darlegte, erntete Zöllner für seine Hypothese damals nur Hohn und Spott.

Zöllner bediente sich nämlich, den Anwürfen seiner Gegner zufolge, Mittel, die mit dem materialistischen Zeitgeist nicht vereinbar waren. In seinem in englischer Sprache abgefaßten Artikel »On Space of Four Dimensions« (Über den vierdimensionalen Raum), der 1878 im »Quarterly Journal of Science« veröffentlicht worden war, hat Zöllner allgemein verständlich dargelegt, wie sich unter Einbeziehung einer höheren Dimension selbst »okkult« erscheinende Vorgänge erklären lassen.

Um die Existenz einer vierdimensionalen Realität zu beweisen, entschloß er sich zu einer ungewöhnlichen Maßnahme, er nahm die psychokinetischen Fähigkeiten des englischen Mediums Henry Slade († 1909) in Anspruch. Im Verlauf einer Experimentalserie ließ Zöllner diesen in Hanfseile – später auch in Lederstreifen –, die an beiden Enden mit einer Petschaft sorgfältig versiegelt waren, Knoten schlagen, ohne das jeweilige Siegel zu zerstören oder den geschlossenen Kreislauf anderweitig zu unterbrechen. Aus dem Gelingen dieser und anderer derartiger Experimente schloß Zöllner auf die Existenz einer übergeordneten Dimensionalität, in der die Zeit irgendwie enthalten ist.

Interessant und weithin unbekannt ist, daß Zöllner bei weitem nicht der erste war, der die Existenz einer vierten Dimension in Betracht zog. Zöllner selbst beruft sich in seinem Werk »Naturwissenschaften und christliche Offenbarung« auf einschlägige Zitate des schwäbischen Geistlichen Friedrich Christoph Oettinger (1702–1782) und des Pastors Johann Ludwig Fricker (1729–1761), die schon sehr früh über höherdimensionale Seinsbereiche philosophiert hatten.

Lebten die frühen Verfechter einer höheren, d. h. zeitneutralen bzw. zeitfreien Realität noch heute, würden sie ihre Vermutungen durch die sich mehrenden Fälle unerklärlichen Verschwindens und Auftauchens von Objekten durchaus bestätigt sehen. Die grenzwissenschaftliche Literatur ist voll von Berichten über raumzeitliche Versetzungen und entsprechende paraphysikalische Manifestationen wie Teleportationen, Apporten, De- und Rematerialisationen, Materieumwandlungen usw.

Da sich der Begriff *Hyperraum* – hierzu zählen alle »Gebilde«, die aus mehr als drei Dimensionen bestehen – im Prinzip nur mathematisch ableiten läßt, soll hier anhand eines einfachen Beispiels unsere dimensional untergeordnete Position im Kosmos der Dimensionen etwas anschaulicher dargelegt werden. Stellen wir uns vor, wir betrachten unter dem Mikroskop eine Mikrobe in einem Wassertropfen und versetzen uns gleichzeitig in die Rolle eines im Hyperraum angesiedelten Beobachters, der unsere Welt und alle in ihr ablaufenden Vorgänge von einer höheren Warte aus genauso sieht wie wir im Augenblick das winzige Lebewesen vor uns. Der Wassertropfen auf dem Objektträger muß uns wie eine andere, fremde Welt erscheinen, losgelöst von unserer Realität. Innerhalb von 30 Sekunden können wir den gesamten Lebenszyklus der Mikrobe – ihre Entstehung, Vermehrung und ihr Absterben verfolgen. Hätte die Mikrobe ein Zeitempfinden, so würden ihr, aufgrund ihrer ganzen »Konstitution«, 30 Sekunden vielleicht wie 30 Jahre vorkommen. Das im Wassertropfen eingeschlossene, fast zweidimensionale Mikrowesen weiß natürlich nichts von einem »Universum« außerhalb seiner eigenen unmittelbaren Umgebung. Für die Mikrobe würden wir uns in einer unbegreiflichen, nichtexistenten »Welt« befinden, wären wir so etwas wie »Gott«.

Natürlich würden wir aufgrund unserer »erhabenen« Position sofort etwaige Hindernisse auf dem von der Mikrobe eingeschlagenen Weg bemerken, »lange« bevor das Miniwesen sie wahrnehmen könnte. Dies würde uns auch zu Voraussagen über ihre unmittelbare Zukunft, ja, sogar zu gewissen, für sie »schicksalsbestimmenden« Eingriffen, befähigen. So könnte z. B. das Eintauchen einer Nadelspitze in den Wassertropfen in der Mikrowelt Panik hervorrufen. Für die Mikrobe würde sich plötzlich – sozusagen aus dem Nichts – ein für ihre Begriffe völlig unbekanntes, fremdartiges Objekt – ein »Ufo« – materialisieren. Das Entfernen der Nadelspitze käme dann einem Dematerialisationsvorgang gleich. Würde man die Mikrobe über die wahren Zusammenhänge aufklären und sie darüber informieren, daß es außer ihrer Wasserwelt nahezu unendlich viele weitere, größere Welten gibt und daß diese alles in allem nur einen winzigen Bruchteil des Gesamtvolumens unseres Universums beanspruchen, so würde man bei ihr auf Verständnislosigkeit stoßen. Ähnlich hilflos stehen wir Menschen auch dem unfaßbaren Gebilde *Hyperraum* gegenüber.

Da die Existenz des Hyperraumes aufgrund mathematischer Ableitungen, aber auch in praxi durch anders nicht erklärbares Auftreten paranormaler und verwandter Phänomene kaum noch angezweifelt werden kann, stellt sich als nächstes die Frage nach der »Stofflichkeit« dieses übergeordneten »Raumes«. Um etwas Stoffliches im Sinne unserer dreidimensionalen Realität dürfte es sich hierbei wohl kaum handeln, mehr um etwas Geistig-Feinstoffliches, das sich, infolge seiner höherdimensionalen Zuordnung, zwangsläufig unserem Zugriff entzieht.

Alles Sein, ob materiell, feinstofflich oder in Form von Bewußtsein, entspricht spezifischen Schwingungszuständen, die, ohne sich gegenseitig in die Quere zu kommen, koexistieren. Ein anschauliches, »nahtloses« Schwingungsmodell bietet sich an, das sowohl das normale elektromagnetische Wellenspektrum, als auch ein in immer höhere Dimensionen verlaufendes Hyperspektrum enthält.

Lassen wir einmal unserer Phantasie freien Lauf: Auf der äußersten Linie einer sich »schneckenhausförmig« nach oben windenden Spiral-Skala liegen die für unser materielles Universum typischen Frequenzen (oder Wellenlängen). Sie erstrecken sich von den ganz langen Wellen (Ultrafrequenzen) bis hin zur kürzesten Wellenlänge überhaupt, d. h. der Frequenz der Gamma- oder Höhenstrahlung (Infrafrequenzen). An der Grenze zwischen materieller und immaterieller Welt dürften die Gravitationswellen angesiedelt sein, da diese sich nach B. Heim mit Überlichtgeschwindigkeit ausbreiten und demzufolge in den Hyperraum eintauchen. Der hier beginnende, physikalisch nicht unmittelbar erfaßbare Bereich der Spiral-Skala wäre dann der Anfang eines Hyperspektrums, in dem man für alle

Phänomene der außersinnlichen Wahrnehmung, für Psychokinese und raumzeitliche Versetzungen, spezifische Frequenzmuster annehmen darf. Und über ein solches höherdimensionales, zeitneutrales Frequenzband sollte es auch Kommunikationsmöglichkeiten mit Wesenheiten aus zukünftigen und vergangenen Zeitperioden geben. Desgleichen könnten – so unglaublich uns dies auch erscheinen mag – höherdimensional organisierte Lebewesen aus Transbereichen mittels raffinierter Projektionstechniken zu uns »vordringen«, sich in unserer Welt materialisieren, ähnlich wie in unserem Mikrobenbeispiel.

Wissenschaftler, die schon seit Jahrzehnten die weltweit operierenden »unbekannten Flugobjekte« aufmerksam studieren, sind heute mehr denn je davon überzeugt, daß es sich hierbei keinesfalls um *außerirdische Raumschiffe aus den Weiten des Alls* handelt. Die klassische extraterrestrische Hypothese (ETH) ist im Prinzip »tot«, sie bietet allenfalls noch Stoff für antiquierte Science-fiction-Romane. Die Ursachen des Ufo-Phänomens liegen viel tiefer, denn die merkwürdigen Verhaltensmuster dieser mehr »paraphysikalisch« funktionierenden Objekte lassen sich ohnehin nicht konventionell-physikalisch erklären.

Eines ist gewiß: Ufo-Manifestationen sind nur multidimensional, d. h. unter Einbeziehung des Hyperraumes interpretierbar. Die Erforschung bislang unerklärlicher oder mißverstandener Phänomene – Ufos, paranormale, paraphysikalische und paramedizinische Effekte, Nahtod- und Reinkarnationserlebnisse usw. – verlangt einen neuen, übergeordneten Bezugsrahmen, in dessen Geltungsbereich sich, ohne die in unserer vierdimensionalen Welt zutreffenden Naturgesetze zu verletzen, auch das »Unmögliche« integrieren läßt.

Im Jahre 1919, als Albert Einstein über die Folgerungen

aus der von ihm entwickelten, mit dem Problem der Gravitation befaßten Allgemeinen Relativitätstheorie nachdachte, erhielt er einen Brief von Franz Kaluza, einem sowjetischen Mathematiker, der eine fünf Dimensionen beanspruchende Gravitationstheorie vorschlug. Einstein war von Kaluzas Idee fasziniert und ließ ihn wissen, daß die »formelle Übereinstimmung mit seiner Theorie beeindruckend sei«.

Sieben Jahre später, im Jahre 1926, brachte ein schwedischer Mathematiker namens Oskar Klein ebenfalls eine fünfte Dimension ins Gespräch, die er, ähnlich einer Uhrwerk-Feder, zu einem nicht observierbaren winzigen Etwas zusammengerollt wissen wollte. Nach Klein soll die »Tiefe« dieses Winzlings nur 10^{-33} Zentimeter betragen, was einem Dezimalbruch mit 32 Nullen hinter dem Komma entspricht. Unvorstellbar, aber nicht unrealistisch.

Neuerdings werden von Physiktheoretikern mehr als fünf Dimensionen umfassende Weltmodelle vorgestellt, die für ein breites Spektrum von »Anomalien« bessere Deutungsmöglichkeiten bieten. »Glanzstücke« dieser Entwicklung waren bislang die unterschiedlichsten »Superstring«-Theorien. Diese ersetzen die von der Relativitätstheorie her bekannten »Weltlinien« durch »Geschichten von winzigen Fäden« (Strings) [v. Ludwiger] und verwenden Hyperräume mit elf Dimensionen, von denen nach Kaluza und Klein allein sieben »kompaktifiziert«, d. h. im submikroskopischen Bereich »eingerollt« sind. Es handelt sich hierbei offensichtlich um den »impliziten« Teil einer holistischen Weltordnung, wie sie von zahlreichen fortschrittlich denkenden Physiktheoretikern – voran David Bohm (Universität London) – vertreten wird.

Bohm unterscheidet in dem von ihm konzipierten ganzheitlichen Weltbild zwischen einer *impliziten* (eingefalteten) und einer *expliziten* (entfalteten) Ordnung. Der eingefalteten Ordnung gehört alles an, was nicht direkt wahrgenommen werden kann, also alles im Hyperraum Verborgene. Alles andere, Sichtbare, d. h. die materielle Welt insgesamt, rechnet Bohm der entfalteten Ordnung zu. Kaluzas und Kleins »eingerollten« Superdimensionen würden demzufolge der impliziten Ordnung zugehören.

Aber auch Superstring-Theorien dürften sich auf Dauer nicht als die »ultimate« Lösung erweisen, da ihnen gewisse Schwächen anhaften, die einer umfassenderen praktischen Anwendung entgegenstehen.

Verständlicher und auch vollständiger als die zuvor erörterten Hyperraum-Modelle erscheint der auf sechs Dimensionen basierende Interpretationsansatz des genialen deutschen Physiktheoretikers Burkhard Heim, der als »Einheitliche Quanten-Geometrodynamik« vorgestellt wird. Heim rechnet mit insgesamt zwölf Dimensionen, von denen allerdings nur sechs physikalisch interpretierbar sind. Und dieser sechsdimensionale Hyperraum ist genau der Organisationsbereich, über den alles, auch scheinbar Unerklärliches, Widersprüchliches in unserer Raumzeit-Welt »abgewickelt« wird – praktisch die Matrix allen Seins. In diesem 6D-Universum ist die vierdimensionale Raumzeit-Welt ein »Unterraum« (Heim: »Somawelt«), in der alles materielle Geschehen in Raum und Zeit stattfindet. Die beiden anderen Dimensionen bezeichnet Heim als »Trans-Koordinaten«, die man sich senkrecht zum Unterraum vorzustellen habe.

Einer der besten Interpreten von Heims universellem Weltbild, der Physiker und Systemanalytiker Illobrand v. Ludwiger, hat dieses überaus komplizierte »Aktionsgebilde« grafisch darzustellen versucht. In dieser Grafik ist der *Raum* in der Zeit, die Raumzeit, nur eine Fläche. Die von Heim als

»entelechiale« Dimension bezeichnete fünfte Koordinate ist in v. Ludwigers Grafik die Höhe. Sie liftet die Raumzeit-Fläche in die fünfte Dimension und läßt so ein für uns nicht vorstellbares 5D-Gebilde entstehen. Eine als »äonische« Dimension vorgestellte sechste Koordinate steuert den 5D-Komplex, was in v. Ludwigers Grafik schließlich dessen Krümmung zur Folge hat und so einen sechsdimensionalen Hyperraum darstellt.

Zur besseren Veranschaulichung dieses außerordentlich komplexen Modells – auch qualifizierte Physiker können es sich nicht wirklich vorstellen – bedient sich v. Ludwiger des sogenannten »Filmstreifen«-Modells, das hier auszugshalber zitiert werden soll:

»Auf einem Filmstreifen seien auf jedem Bild Momentanzustände der dreidimensionalen Welt festgehalten. Entlang dem Filmstreifen verläuft die (quantisierte) Zeit. Ein Filmstreifen wäre also das metaphorische Analogon [die bildliche Entsprechung; der Verf.] zur Raumzeit. Senkrecht zur Raumzeit verläuft die entelechiale Weltkoordinate. Das läßt sich veranschaulichen, indem wir uns um den ersten Filmstreifen viele weitere Filmstreifen angelagert denken. Auf den Nachbarfilmbildern befinden sich die Abbildungen der dreidimensionalen Welten, jedoch mit mindestens einer einzigen Änderung gegenüber dem Nachbarbild. Von einem Filmbild kann eine Weltlinie nicht nur zum zeitlich nächstfolgenden Filmbild, sondern gleichzeitig auch zu einem tangierenden Filmbild des Nachbarfilms verlaufen. Auf dem Filmstreifen liegen immer nur eindeutig determinierte Ereignisse. Ereignisse, die von bewußten Wesen gesteuert werden, ›springen‹ auf den Nachbarfilmstreifen. Jede Weltlinie verläuft also in einer beliebigen Kurve durch den ›Block‹, zu dem die verschiedenen Filme gebündelt sind. In welcher Richtung die Weltlinie die möglichen Verzweigungen im Entscheidungsbaum durchläuft, hängt von der ›Steuerung‹ durch die äonische Koordinate ab.«

Diese bildliche Darstellung wurde vom Autor bewußt gewählt, weil er erst kürzlich mit einem Fall konfrontiert wurde, in dem ein Leser, offenbar in einen höheren Seinsbereich entrückt, an einem »Transportband«-Beispiel die Gleichzeitigkeit allen Geschehens in unserer Welt sowie die beliebige Wiederholbarkeit scheinbar einmaliger Ereignisabläufe demonstriert bekam. Dieser von einem Juristen recherchierte und vom Autor selbst überprüfte Fall, wird in Kapitel IX ausführlich erörtert und kommentiert.

Vieles spricht dafür, daß sich mit B. Heims 6D-Weltkonzeption in Zukunft alles bislang Unerklärliche im Rahmen einer das Bewußtsein integrierenden Physik verstehen läßt. Unter Einbeziehung einer fünften und sechsten Dimension – Princeton-Professor Robert Jahn bezeichnet sie als »weiche Koordinaten« – dürften auch Zeitanomalien und Psi-Phänomene stichhaltige Erklärungen finden.

Die bulgarische Hellseherin Wanga scheint ihrer Zeit vorauszueilen. Sie behauptet, Informationen aus einer sechsdimensionalen Welt zu empfangen, wo »das Volumen der Zeit sowohl die Vergangenheit als auch die Gegenwart und Zukunft umfaßt«.

III

Analysen

*In den frühen Morgenstunden des 23. März 1966, kurz nach
5 Uhr, passierte der Elektronikingenieur William »Eddie«
Laxson mit seinem Wagen eine schwach belebte Strecke des
Highway 70 nahe der Grenze zwischen den US-Bundesstaa-
ten Texas und Oklahoma. Er kam von Temple (Oklahoma)
und war, wie jeden Morgen, nach Wichita Falls (Texas) unterwegs, wo er auf der Sheppard Luftwaffenbasis Elektronik-
unterricht erteilte.*

*An einer besonders übersichtlichen Stelle sah Laxson mit ei-
nem Mal ein »fischförmiges« Objekt vor sich auf der Straße.
Es stand mit seiner Breitseite mitten auf dem Highway und
bot einen kuriosen Anblick. Laxson bremste hart. Etwa 45
Meter vor dem »Ding« kam sein Wagen zum Stehen. Er stieg
aus, um sich das unförmige Objekt, das er von weitem für
ein liegengebliebenes Wohnmobil gehalten hatte, aus der
Nähe zu betrachten. Laxson schätzte seine Länge auf mehr
als 20 Meter und seine Breite auf etwa drei Meter. Auf der
ihm zugewandten Seite waren deutlich die Buchstaben TLA
zu erkennen, denen ein Zahlencode folgte. Vier am Rumpf
angebrachte Leuchten verbreiteten eine Helligkeit, bei der
man, so Laxson, noch in großer Entfernung mühelos eine
Zeitung hätte lesen können.*

*Etwa in Rumpfmitte befand sich ein viergeteiltes »Bullauge«
und darunter eine kleine Luke, die offenstand. Laxson will
außerhalb des Objektes eine menschliche Gestalt gesehen
haben, die dort mit einer Art Taschenlampe den Rumpfun-*

terbau zu inspizieren schien. Als Laxson aus seinem Wagen stieg, wurde der Fremde auf ihn aufmerksam. Er kletterte eine am Rumpf befestigte Leiter hoch, um durch eine Luke im Objektinneren zu verschwinden.

Aufgrund seines phänomenalen Gedächtnisses konnte Laxson die Person später in allen Einzelheiten beschreiben: »Der Typ war etwa 1,75 Meter groß und besaß eine helle Hautfarbe. Er dürfte etwa 30 bis 35 Jahre alt gewesen sein. Der Mann war mit einem grünen Overall oder so etwas wie einem zweiteiligen Arbeitsanzug bekleidet und hatte eine Mechanikermütze auf dem Kopf. Auf einem seiner Ärmel prangten sechs Streifen. Die drei oberen waren leicht gekrümmt, die unteren hingegen in V-Form angeordnet.«

Sekunden nach dieser unheimlichen Begegnung hob das seltsame Vehikel vom Boden ab, um in einer Höhe von etwa 15 Metern blitzschnell in Richtung Red River zu verschwinden. Laxson will bei dessen Start ein schrilles Geräusch – »wie das eines Hochgeschwindigkeitsbohrers« – vernommen haben. Dabei hätten sich seine Arm- und Nackenhaare gesträubt.

Überwältigt von dem, was er gerade erlebt hatte, bestieg der an Armen und Beinen schlotternde Laxson seinen Wagen. Er hatte nur noch einen Gedanken: Schnell weg von hier. Ein paar hundert Meter weiter sah er einen am Straßenrand geparkten Tankwagen. Sein Fahrer, ein gewisser C. W. Anderson aus Snyder (Oklahoma), den Laxson auf den Zwischenfall hin ansprach, behauptete, das Objekt zuvor in seinem Rückspiegel gesehen zu haben. Auch er habe beobachtet, wie es sich blitzschnell in Richtung Red River entfernte.

Die Lokalblätter berichteten damals ausführlich über Laxsons Erlebnis, woraufhin sich weitere Lkw-Fahrer meldeten, die jenes mysteriöse Objekt bereits Anfang 1966 über dem Highway 70 gesehen haben wollen.

Laxson meldete den ungewöhnlichen Zwischenfall seinem Arbeitgeber, der amerikanischen Luftwaffe in Wichita Falls. Tags darauf mußte er einigen hochrangigen Offizieren die Stelle zeigen, wo er dem Objekt begegnet war. Während ein Trupp Männer mit allerlei Meßgeräten die Gegend absuchte, stellten ihm die Offiziere eine Menge Fragen. Laxson hatte das Gefühl, daß sie »genau wußten, wonach sie fragten«.

Auf die von ihm beobachtete Person hin angesprochen, meinte er lakonisch: »Der Mann sah genau so aus wie Sie oder ich, wie jedermann. Sollte ich ihm morgen in irgendeiner Bar begegnen, würde ich ihn sofort wiedererkennen.« Anzumerken wäre noch, daß Laxsons Fall im offiziellen Untersuchungsbericht der US-Luftwaffe, im »Blue Book«, als »nicht identifizierbar« geführt wird.

Bei dem von Laxson beschriebenen sonderbaren Flugobjekt könnte es sich um ein militärisches Gerät, womöglich um eine Experimentalmaschine im Einsatz gehandelt haben. Laxson bestritt vehement, den Prototyp eines neuen Kampfhubschraubers gesehen zu haben. Das »Ding« hatte mit einem solchen nicht die geringste Ähnlichkeit.

Die Hartnäckigkeit, mit der Laxsons Dienststelle diesen Fall verfolgte, läßt den Schluß zu, daß offenbar niemand an der Richtigkeit seiner Schilderung zweifelte. Als Instruktor war er seinem Arbeitgeber gegenüber zur Loyalität verpflichtet. Und er wußte das nur allzu gut. Sein Job stand auf dem Spiel. Zweifel bestanden lediglich hinsichtlich des Realitätsstatus der Sichtung, deren Einordnung den Experten so gar nicht gelingen wollte.

1 »Cover-up« – Von Dingen, die es nicht geben dürfte

Die Weltmächte haben mit ihrem riesigen Potential an modernsten automatischen Ortungs- und Aufzeichnungsgeräten, mit Tausenden hochspezialisierten Wissenschaftlern und Technikern schon seit Jahrzehnten die Möglichkeit, das Ufo-Phänomen genauer als jede zivile Forschungsgruppe zu durchleuchten. Das North American Air Defence Command (NORAD), die Federal Aeronautics Administration (FAA), der National Weather Service (NWS), das Ballistic Missile Early Warning System (BMEWS) mit 3000 Meilen Reichweite, das Space Detection & Tracking System (SPADATS) – es kann ein basketballgroßes Objekt noch in einer Entfernung von 2000 Meilen registrieren –, das gewaltige internationale Flugkontrollsystem sowie das US Naval Space Surveillance System überwachen zusammen mehr als 5000 »Satelliten«, von denen der überwiegende Teil inzwischen allerdings inaktiv ist.

Schon vor Jahren wurden bei etwa 15 000 Objektbeobachtungen pro Tag, die man mittels Computer nach der »Cross-check«-Methode überprüfte und sorgfältig speicherte, zwischen 800 und 900 nichtidentifizierte Himmelsobjekte entdeckt. Das westliche Verteidigungssystem allein zeichnet auch heute noch mehr als 700 solcher »Uncorrelated Targets« (UCTs; frei etwa: nichteinzuordnende Ziele) pro Monat auf.

Da es den hier erwähnten Organisationen zunächst völlig egal ist, was sie registrieren – Bruchstücke niedergehender Raketen und Satelliten, ballistische Raketen, Mikrometeoriten, Aurora-Effekte oder sich anomal verhaltende Flugobjekte –, werden alle Signale, die nicht ausdrücklich auf der »Fahndungsliste« stehen, automatisch unterdrückt. Was nicht gerade der Flugbahn einer in den amerikanischen oder europäischen Luftraum eindringenden Fernrakete entspricht, ist für die Abwehrsysteme der Amerikaner völlig ohne Belang. Der finanzielle Aufwand für eine detailliertere »Aufschlüsselung« der eintreffenden Signale wäre einfach zu hoch.

Dessenungeachtet befassen sich die amerikanische Luftwaffe und verschiedene Nachrichtendienste in den USA, aber auch in vielen anderen Ländern, seit Ende der vierziger Jahre mit dem Ufo-Phänomen. Hunderttausende von Ufo-Sichtungen und eine steigende Anzahl präziser Beschreibungen durch Zivil- und Militärpersonen – unter ihnen qualifizierte Radaroperateure und Piloten – ließen sich auf Dauer nicht verschweigen oder verniedlichen. Obwohl damals selbst in Armee-Zeitschriften wie z. B. in den *Stars & Stripes* fast täglich über Ufo-Manifestationen berichtet wurde, schienen die Militärs über die Herkunft jener mysteriösen Himmelserscheinungen geteilter Meinung zu sein. Während die einen sie für Wetterballons, Flugkörper, Raketenteile, Feuerbälle, Meteoriten, Kugelblitze, Plasmawolken, Sterne (besonders die Venus), hochfliegende Vogelschwärme oder gar Luftspiegelungen hielten, waren die anderen fest davon überzeugt, daß es sich bei diesen Erscheinungen um »Außerirdische«, um Besucher aus den Tiefen des Raumes handele.

Um dem Ufo-»Spuk« ein Ende zu bereiten, leitete die US-Luftwaffe im September 1947 ein Untersuchungsprogramm mit der Bezeichnung »Project Sign« ein, das im Februar 1949 in »Project Grudge« umbenannt wurde. Vom Sommer 1951 bis Ende 1969 wurde das Programm dann unter dem Codewort »Project Blue Book« geführt. Die Betreuung all dieser Projekte erfolgte im Luftwaffenstützpunkt Wright-Patterson in Dayton (Ohio) durch das Air Technical Intelligence Center (ATIC) und später durch die Foreign Technology Division (FTD). Sie sollte sich schon sehr bald als »Flop« erweisen. Schlamperei war an der Tagesordnung. Nach echten Interpretationen für die in unterschiedlicher »Gestalt« auftretenden Ufos wurde erst gar nicht gesucht. Die mit den Untersuchungen beauftragten Dienststellen nahmen die zahllosen dort eintreffenden Sichtungsmeldungen nur entgegen und verfaßten hierüber Berichte, die dann in irgendwelchen Ordnern und Karteikarten unausgewertet vor sich hin verstaubten.

Unabhängig von diesen Pseudo-Projekten einigten sich im Oktober 1966 die US-Luftwaffe und die Universität von Colorado darauf, ein Gremium einzuberufen, das sich mit dem Ufo-Phänomen wissenschaftlich auseinandersetzen sollte. Es wurde von einem renommierten Physiker, Dr. Edward U. Condon, geleitet. Schon zwei Jahre später veröffentlichte dieser eine 937 Seiten umfassende »Analyse« mit dem vielversprechenden Titel *Scientific Study of Unidentified Flying Objects* (Wissenschaftliche Studie der nichtidentifizierten Flugobjekte), die unter der Arbeitsbezeichnung »Condon-Report« oder »Colorado-Studie« bekannt wurde.

Aber auch diese Studie war härtester Kritik ausgesetzt. Den an ihrer Erstellung beteiligten Wissenschaftlern aus unterschiedlichen Disziplinen wurde vorgeworfen, 98 Prozent der Augenzeugenberichte – darunter besonders relevante, beweiskräftige Fälle – völlig ignoriert zu haben. Die Kritik kam erstaunlicherweise weniger von hartgesottenen Ufologen, sondern von anderen Wissenschaftlern. Scharf angegriffen wurde der Condon-Ausschuß vor allem vom »American Institute for Aeronautic & Astronautic« (AIAA), das mit etwa 35 000 Mitgliedern die weltweit größte Organisation für Weltraumforschung darstellt. In einer ihrer Publikationen heißt es: »Die einzige Möglichkeit, das Ufo-Phänomen zu ergründen, ist das stete Bemühen, aufgrund ständig verbesserter Unterlagen durch objektive Mittel eine hochqualifizierte wissenschaftliche Analyse zu erstellen. Es ist unannehmbar, die beträchtlich hohe Zahl ungeklärter Beobachtungen einfach zu ignorieren und die Akten auf der Basis vorgefaßter Meinungen zu schließen.« Ein vernichtendes Urteil.

Der Trend zur Unterdrückung unangenehmer Fakten wurde in der Vergangenheit auch von zahlreichen Observatorien befolgt. Von der Unterschlagung unbequemer Meßdaten berichtet der französische Astrophysiker Dr. J. Vallée, der im Jahre 1961 am Pariser Observatorium an einem internationalen Programm zur Verfolgung von Erdsatelliten teilgenommen hatte. Die dort ermittelten Meßdaten wurden allesamt an das Smithsonian Astronomical Observatory in Washington zur Auswertung weitergeleitet. Nicht nur Vallées Station, sondern auch andere Observatorien beobachteten damals häufig Lichtpunkte, bei denen es sich weder um Satelliten noch um Flugzeuge, Ballons oder »Weltraummüll« handeln konnte, da diese von den kalkulierten Flugbahnen total abwichen. Dies veranlaßte Vallées Team, sich eine ganze Nacht lang ausschließlich diesem Phänomen zu widmen. Die Ausdauer der Männer sollte sich lohnen. Am nächsten Morgen befanden sich auf dem Magnetband des Aufzeichnungsgerätes elf Meßpunkte von Objekten, die in ihrem Beobachtungssektor absolut nichts zu suchen hatten. Als der Leiter des Projekts hiervon erfuhr, ließ er das betreffende Band beschlagnahmen und alle Daten löschen. Gegenüber dem Team erklärte er, daß er sich in den Augen der Amerikaner nicht lächerlich machen wolle. Zu ähnlichen Vertuschungsmanövern soll es nach Vallée auch am Smithsonian Center selbst gekommen sein.

Ein bekannter amerikanischer Astronom, Thornton Page, will festgestellt haben, daß, obwohl über einen Zeitraum von 20 Jahren allein in den USA mehr als 11 000 Ufos beobachtet wurden, kein einziges dieser Objekte astrophotographisch registriert worden sei, ungeachtet der Tatsache, daß die Fotos mitunter handfeste Beweise für die Anwesenheit künstlicher Satelliten, Asteroiden und Meteore enthielten. Merkwürdig. Irgend jemandem mußte wohl daran gelegen sein, Spekulationen über die Anwesenheit »nichtidentifizierter« Himmelsobjekte im eigenen Luftraum erst gar nicht aufkommen zu lassen. Es fragt sich nur wem? Dem Pentagon, den obersten Chargen der Air Force oder den mit Desinformationsaufgaben betrauten Nachrichtendiensten? Der frühere Chef der Gruppe für Filmauswertung des Smithsonian Skywatch Program gab auf Anfragen unverblümt zu, daß seine Hauptaufgabe in der Satellitenbahnauswertung bestanden habe. Alle anderen Lichtspuren wären von seinen Leuten nicht weiter beachtet worden. Er schätzte die Anzahl der Fotoplatten, die anomale Lichtphänomene aufwiesen, auf 10 bis 15 Prozent. Man fragt sich, wo sie abgeblieben sein mögen.

Die meisten Wissenschaftler stehen, trotz unzähliger Indizienbeweise, dem Ufo-Phänomen auch heute noch skeptisch gegenüber. Ihr »Lehrbuch«-Wissen läßt ungewöhnliche Manifestationen ganz einfach nicht zu. Sie vermögen diese in keines ihrer Erklärungsschemen einzuordnen, was letztlich nur allzu verständlich ist.

Anläßlich der Jahrestagung der American Sociological Association in San Francisco Anfang September 1978 meinte David Swift von der University of Hawaii, daß die »Intensität, mit der die Öffentlichkeit das Ufo-Phänomen verfolge, auf Wissenschaftler ebenso abstoßend wirke wie die völlige Apathie diesem Thema gegenüber«. Ein ausgewogenes Interesse seitens der Bevölkerung würde hingegen die Wissenschaftler ermutigen, sich ernsthaft mit der Ufo-Problematik auseinanderzusetzen. Swift meinte, dies wäre auch der Grund dafür, daß sich Astrophysiker lieber mit Weltraumforschungsprogrammen wie z. B. dem SETI-Projekt befassen – dem Aufspüren außerirdischer Radiosignale intelligenten Inhalts –, denn wenn [allerdings einseitige] Kontakte mittels Geräten nach unseren eigenen Vorstellungen zustande kämen, müßte man auch nicht [wie im Falle von Ufos] eine Änderung des wissenschaftlichen Paradigmas befürchten. Wörtlich: »Wissenschaftler glauben, daß direkte Kontakte zu Ufos unsere heutige naturwissenschaftliche Weltsicht auf geradezu unerträgliche Weise belasten würden.«

Echte Phänomene unterscheiden sich von Pseudo-Phänomenen dadurch, daß sie unabhängig vom kulturellen und soziologischen Umfeld in großer Zahl in Erscheinung treten. So gesehen, ist das Phänomen der »nichtidentifizierten« Himmelsobjekte ein wissenschaftliches Problem und verlangt nach rigoroser Aufklärung. Indem Ufo-Manifestationen physikalische Wechselwirkungen zeigen, die sich meßtechnisch nachweisen lassen, kann man davon ausgehen, daß wir es hier – unabhängig von Erscheinungsform und Materialisationsgrad – mit realen Objekten und nicht mit Mystifikationen und psychischen Projektionen zu tun haben.

In den letzten Jahren wurden über dem Gebiet der ehemaligen Sowjetunion Ufos in großer Zahl beobachtet – ein Phänomen, das von der dortigen Bevölkerung aufmerksam verfolgt wurde. Das massierte und regelmäßige Auftreten solcher Objekte in der Gegend um Jaroslawl lockte nachts viele Menschen auf die Straßen, die sich das ungewöhnliche Spektakel nicht entgehen lassen wollten. Die dort und anderweitig beobachteten Objekte erschienen in den unterschiedlichsten Konfigurationen: als Kugeln, Scheiben, kopfstehende Schüsseln, leuchtende Pyramiden und zeppelinartige Gebilde.

Besonders beeindruckend waren Augenzeugenberichte über diskusförmige Objekte, an denen man deutlich Kuppeln und Fenster beobachten konnte. Sie bewegten sich mit hoher Geschwindigkeit über den nächtlichen Himmel, stoppten abrupt und vermochten auf der Stelle die Flugrichtung zu ändern – komplizierte Bewegungsabläufe, die im Mai 1990 von einem Filmteam dokumentarisch festgehalten wurden.

Die quasi-physikalische Existenz der Ufos konnte zwischen 1989 und 1992 durch eine Vielzahl privater und kommerzieller Filmstreifen zuverlässig nachgewiesen werden. So besitzt z. B. die amerikanische Filmgesellschaft *Fox Television* Videofilme über spektakuläre Ufo-Sichtungen in der Gegend um Gulf Breeze (Florida). Belgische und spanische Fernsehanstalten sind ebenfalls im Besitz von beeindruckendem Filmmaterial, das Ufo-Aktivitäten über ihren Ländern zeigt. Bei diesen Filmen handelt es sich nicht etwa um vage Aufzeichnungen von Radar-Blips und anderen indirekten Beweisen, die sich mühelos widerlegen lassen, sondern um authentisches Material aus erster Hand.

Das Ufo-Phänomen existiert. Es ist heute besser und fälschungssicherer dokumentiert denn je. Umstritten ist lediglich die Herkunft jener wandlungsfähigen, teils materiellen, teils immateriellen Objekte – das Prinzip, das sich hinter ihrem kontinuierlichen Auftreten verbirgt.

Könnte es nicht sein, daß die insgeheim mit der Observierung und Aufklärung dieses Jahrhundert-Phänomens befaßten Stellen schon längst wissen, worum es sich hierbei handelt? Sind die Fakten, die ihm zugrunde liegen, womöglich so unglaublich, so erschreckend, daß man sie der Öffentlichkeit vorenthalten muß, daß jede Maßnahme zur Verschleierung des wahren Sachverhalts, zur Fälschung und Desinformation gerechtfertigt erscheint? Fast möchte man dem zustimmen.

2   Nicht von dieser Welt

»Abfangen, aber nicht schießen.« Seit 1948 befolgen Piloten der US Air Force diesen immer noch gültigen Befehl ihrer obersten Dienststelle im Pentagon, und seit dieser Zeit wurden sie in schöner Regelmäßigkeit von Ufos zum Narren gehalten, nicht selten in gefährliche Situationen verwickelt.

Eine Zeitlang müssen die militärischen Nachrichtendienste der beiden Großmächte hinter den oft hektischen Ufo-Aktivitäten wohl »Geheimwaffen« der jeweils anderen Seite vermutet haben, die der genauen Observierung bedurften. Derartige Spekulationen sollten sich jedoch schon sehr bald als gegenstandslos erweisen.

Renato Vesco, ein italienischer Journalist, der sich über viele Jahre intensiv mit der Ufo-Phänomenologie befaßt hat, führt gewichtige Gründe gegen die Geheimwaffen-Hypothese an. Er argumentiert, daß Ufos weltweit gesichtet werden, daß sie in geradezu provokativer Weise die Lufthoheitsrechte der von ihnen »besuchten« Länder verletzen und sich nicht im geringsten um die dort geltenden Flugvorschriften scherten. Statt über abgelegenen Gebieten, Polarregionen oder den riesigen Wasserwüsten der Ozeane zu operieren, wie dies bei der Erprobung von Geheimwaffen zu erwarten wäre, würden sie, ähnlich »zollfrei reisenden Touristen«, vorwiegend über stark bevölkerten Gegenden, Industrieanlagen und militärischen Sperrgebieten auftauchen. Sie sind offenbar in der Lage, ständig jeden Winkel der Erde zu erkunden, so als ob sie »zeitlos« wären. Vesco: »Hinzu kommt, daß sie nicht selten minuten- oder gar stundenlang über ein und derselben Stelle verharren. Dies hat mitunter den Anschein, als wollten sie absichtlich die Aufmerksamkeit möglichst vieler Zeugen auf sich lenken – Interesse wecken. An Geheimhaltung scheint ihnen wenig gelegen zu sein.«

Wenn es sich bei den einwandfrei als solche identifizierten Ufos weder um eine Geheimwaffe irgendeines Staates noch um eines der zuvor erwähnten »natürlichen« Objekte bzw. Erscheinungen handelt, stellt sich erneut die Frage nach deren Herkunft. Spekulationen hierüber reichen von perfektionierten Raumschiffen, die mit relativistischen Geschwindigkeiten – annähernd 300 000 Kilometer pro Sekunde – die Weiten des Alls überbrücken (klassische extraterrestrische Hypothese, ETH), über kollektive Projektionen bzw. paranormal induzierte Phantome und Transportvehikel aus Parallelwelten bis hin zu Zeitmaschinen aus der Zukunft.

Wenn sich auch nicht alle Ufo-Manifestationen auf nur eine der hier erwähnten Hypothesen reduzieren lassen, deutet doch vieles darauf hin, daß die Objekte mit ihrem massierten Auftreten nicht unmittelbar aus unserer Realzeit-Welt stammen. Ihre Herkunft stellt sich, wie wir noch erfahren werden, komplexer dar, als gemeinhin angenommen wird, so »schön einfach« uns die extraterrestrische

Hypothese auch erscheinen mag. Es wird Zeit, daß wir die Phänomenologie dieser »unerwünschten Entdeckungen im Luftraum« (Zitat I. v. Ludwiger) unter dem Gesichtspunkt einer weit fortgeschrittenen Technologie neu überdenken – einer, die Projektionen aus Parallelwelten und auch raum-zeitliche Versetzungen über die Jahrhunderte hinweg nicht ausschließt.

Zahlreiche Wissenschaftler, Psychologen und Autoren ste-hen den beiden letztgenannten Hypothesen sehr aufge-schlossen gegenüber. Der angesehene französische Astro-nom und ehemalige Forschungsdirektor des Astrophysika-lischen Instituts in Paris, Dr. Pierre Guerin, ist der Auffas-sung, daß Ufos die Raumzeit auf eine für uns unverständli-che Art und Weise manipulieren – Grund dafür, daß sich Wissenschaftler diesem Phänomen höchst widerstrebend widmen. Sein Landsmann, der zuvor zitierte Astrophysiker Jacques Vallée, ist davon überzeugt, daß wir es bei diesen Objekten mit einer Art »Kontrollsystem« zu tun haben, das »Zyklen oder Wellen von Ufo-Erlebnissen hinaufsendet, um gewisse Haltungen zu bestärken und rasche Bewußt-seinsänderungen hervorzurufen«. Er ist sich aber noch nicht darüber im klaren, ob dieses klassische Anpassungs-programm von jemandem geplant wird oder »selbst aufer-legt ist« (sic).

Vallée hält Ufos zum einen für physikalische Objekte mit Volumen, Masse und Schwerkraft – Parameter, die sich al-lesamt meßtechnisch erfassen lassen –, zum anderen für »Fenster zu einer anderen Realität« – eine Zwitterposition, die auch ihr paraphysikalisches Verhalten erklären könnte. Er meint: »Ufos sind Geräte, die im Bewußtsein des Beob-achters eine Realitätsverzerrung auslösen. Ihr Zweck be-steht darin, bildhafte Vorstellungen oder »vorgefertigte Szenen« in unser Bewußtsein zu projizieren, um unser

Weltbild zu verändern.« Weiter heißt es bei Vallée: »Die Technologie, die dabei in Erscheinung tritt, ist nur ein flankierender Nebeneffekt beim Versuch einer weltweiten ›Verführung auf der Ebene des Unbewußten‹.«

Der bekannte Schweizer Psychoanalytiker C. G. Jung muß von ähnlichen Überlegungen ausgegangen sein, wenn er in seinem 1958 erschienenen »Ufo«-Buch *Ein moderner Mythus – Von Dingen, die am Himmel gesehen werden* zu dem Schluß kommt, daß »es sich [bei Ufos] um eine anscheinend physische Erscheinung handelt, welche sich einerseits durch häufiges Vorkommen, andererseits durch Fremdartigkeit und Unbekanntheit, ja Widersprüchlichkeit ihrer physikalischen Natur auszeichnet«. Weiter heißt es hier: »In einem Fall bildet ein objektiv realer, d. h. physischer Vorgang den Grund zu einem begleitenden Mythus, im anderen erzeugt ein Archetypus die entsprechende Vision.«

Jung deklarierte Ufo-Berichte als »visionäre Gerüchte« und verglich sie mit kollektiven Visionen, die Kreuzfahrer während der Belagerung von Jerusalem hatten, Soldaten während des Ersten Weltkrieges bei Mons und eine Versammlung gläubiger Katholiken bei der Erscheinung der Jungfrau von Fatima in Portugal. Selbstverständlich ging er auch auf die psychische Komponente des Ufo-Phänomens ein und meinte: »Handelt es sich aber um *psychologische Projektion,* so muß für diese eine *psychische* Ursache vorhanden sein. Denn man kann wohl nicht annehmen, daß eine Aussage von so weltweitem Vorkommen, wie die Sage von den Ufos, eine rein zufällige Belanglosigkeit sei.«

Die beiden amerikanischen Autoren Jerome Clark und Loren Coleman postulieren in ihrem Bestseller *The Unidentified* (Die Nichtidentifizierten) ihr »Erstes Gesetz der Para-Ufologie«, in dem festgestellt wird, daß, neben gewissen objektiven Aspekten, dem Ufo-Mysterium vorwiegend subjektive und symbolische Bedeutung zukommt. In einem »Zweiten Gesetz« bringen sie die nicht zu leugnenden objektiven Ufo-Manifestationen mit »psychokinetisch verursachten Nebenprodukten jener unbewußten Prozesse« in Verbindung, die nichts anderes als eine kulturelle Vision einer Anderen Welt darstellten. Und diese ist nach Ansicht der beiden Autoren allenfalls quasi-physikalisch.

Brad Steiger, einer der bedeutendsten Interpreten der amerikanischen Ufo-Szene, hält die ominösen Himmelsobjekte weniger für extraterrestrische Raumfahrzeuge, sondern mehr für »Nachbarn um die Ecke« aus einem anderen Raumzeit-Kontinuum, d. h. für Parallelweltler. Er meint, das, was wir bislang als »Raumschiffe« bezeichnet hätten, wären in Wirklichkeit *multidimensionale Mechanismen* oder *psychische Konstrukte* unserer »Begleiter« aus diesen Hyperwelten.

Es könnte sein, so Steiger, daß es sich bei den Auslösern der Ufo-Manifestationen um eine höhere Intelligenzform und nicht so sehr um echte Transportvorrichtungen handele. Und diese Intelligenzen könnten unser Bewußtsein telepathisch beeinflussen, um dort etwas hineinzuprojizieren, was als dreidimensionale Vision einer Ufo-Aktivität erscheine.

Steiger nähert sich mit dieser Konzeption den Vorstellungen von C. G. Jung und J. Vallée, indem er den Zeit-Kontext dieser Erscheinungen betont. Er präzisiert: »Die Form, in der sich uns der Ufo-Komplex darbietet – die Symbolik dahinter –, ist stets zeitlos, archetypisch und auf der Bewußtseinsebene der Beobachter wahrnehmbar.«

Mehr noch als der psychische Aspekt fasziniert die quasiphysikalische Realität mancher Ufos. Einige werden von Radargeräten erfaßt, fotografiert und gefilmt, andere hinterlassen sogar sichtbare Spuren der Zerstörung. So näherte sich im Jahre 1970 ein solches Objekt dem äthiopischen Ort Saldare gleich zweimal. Es brachte Häuser zum Einsturz, Blechdächer und Asphaltdecken zum Schmelzen sowie Bäume zum Entwurzeln – alles nachprüfbare Effekte, die sich so gar nicht in die psychische Erlebniskategorie einordnen lassen.

Was aber soll man von einem Phänomen halten, das sich einmal nur im menschlichen Bewußtsein, ein anderes Mal ganz offensichtlich physikalisch manifestiert? Die Vielfalt, mit der es sich uns darbietet, läßt darauf schließen, daß die Intelligenz hinter dem Ufo-Szenarium eine breite Stofflichkeitspalette unterschiedlicher Dimensionalitäten beherrscht. Sie reicht von Traumwelten über spektrale Erscheinungen bis hin zu massiv wirkenden Maschinen mit physikalischen Nebenwirkungen. Illobrand v. Ludwiger bezeichnet Ufos »im engeren Sinn« denn auch als »künstliche Geräte, deren ›Antrieb‹ durch artifiziell erzeugte Trägheitsfelder erfolgt, wie dies aufgrund der einheitlichen sechsdimensionalen Quantenfeldtheorie nach B. Heim möglich sein sollte.« Er meint, diese »Geräte« seien indes *keine Raumfahrzeuge* (vgl. Kapitel II/4) im klassischen Sinn, denn die durch den »Antrieb« ermöglichten Ortsversetzungen würden sich von allen Vorstellungen, die wir uns derzeit von einer zukünftigen Technologie machen, fundamental unterscheiden.

Mit wem oder was aber haben wir es dann zu tun, wenn alle herkömmlichen Theorien, seien sie auch noch so weit hergeholt, versagen? Etwa mit einer zukünftigen Hochzivilisation, die nach der von den Princeton-Physikern Professor John A. Wheeler und Hugh Everett III 1957 vorgestellten *Viele-Welten-Interpretation der Quantenmechanik* sowie der *Branching Universe Theory* (Theorie eines sich ständig verzweigenden Universums) parallel zu uns existiert? Mit Anderszeitlichen – Parallelweltlern, die sich gelegentlich in unsere Weltgeschichte hineinzu-»beamen« vermögen, um dort nach dem »Rechten« zu schauen?

3 Steckbrief für das Unfaßbare

Auf der Suche nach Herkunft und Absichten jener in vielfältiger Gestalt auftretenden »nichtidentifizierbaren Himmelsobjekte« kommt man kaum umhin, sich mit deren Typologie und besonderen Eigenschaften etwas näher zu befassen.

Ufo-Experten unterscheiden grundsätzlich zwischen (1) künstlichen Geräten, (2) sogenannten »runden Lichtern« und (3) paranormalen Leuchterscheinungen – ein Klassifizierungsschema, das lediglich der allgemeinen, groben Zuordnung dient. Um das komplexe Ufo-Phänomen gründlicher erfassen und klassifizieren zu können, muß man echte Unterscheidungsmerkmale wie Form, Flugverhalten, Einwirkung auf die Umgebung sowie periphere Faktoren bemühen. So werden Ufos »im weiteren Sinne« (v. Ludwiger), unabhängig davon, ob es sich hierbei um nächtliche Leuchterscheinungen oder um bei Tage gesichtete, massiv wirkende Objekte handelt, weltweit als Scheiben, Kugeln, Halbkugeln, Zylinder, »Torpedos«, »Zigarren«, Eier, Rauten, Dreiecke, Hanteln, Kegel, Pilze usw. gesichtet. Gewaltige Unterschiede gibt es auch in der Größenordnung. Sie reichen von fußballgroßen Objekten bis hin zu riesigen Gebilden, die sich leicht mit bizarren Wolkenformationen verwechseln lassen.

Ufos fliegen einmal schnell, ein anderes Mal langsam, sie bewegen sich stetig oder im Zickzackkurs, können abrupt ihre Richtung ändern oder eine Zeitlang in geringer Höhe über einer bestimmten Stelle schweben, um sich im nächsten Augenblick mit wahnwitziger Geschwindigkeit zu entfernen. Sie materialisieren und dematerialisieren sich, d. h. sie tauchen plötzlich aus dem Nichts auf und verschwinden in diesem ebenso übergangslos. Mehr noch: Ufos können sich »teilen«, um dann wieder zu einem Ganzen zusammenzutreten, was vermuten läßt, daß sie Materie, je nach Erfordernis, zu manipulieren vermögen. Kurzum: Ihr Verhalten widerspricht allen Gesetzen der klassischen Physik und der Aerodynamik. Die Technologie der »Fremden« muß zwangsläufig die einer Hochzivilisation sein.

Was ihr Äußeres anbelangt, so erscheinen Ufos dem Beobachter in unterschiedlichen Farben, d. h. metallisch-grau, weiß, rötlich, gelb, blau oder irisierend und, von der Oberflächenbeschaffenheit her, glatt, glänzend, stumpf oder rauh bzw. milchig-verschwommen. Gelegentlich will man an den »Maschinen« Luken, Türen, Fenster, Landevorrichtungen und Gyroskope erkannt haben.

Von den massiv erscheinenden Objekten wird berichtet, daß sie sich entweder völlig lautlos oder geräuschvoll verhalten, indem sie Summ-, Zisch-, Pfeif- oder Piepstöne von sich geben. Sie unterbrechen die Zündsysteme von Verbrennungsmotoren, stören Radio- und Fernsehsendungen (Statik), verursachen bei Mensch und Tier Schock, Lähmungen, Verbrennungen sowie physische und psychische Störungen, mitunter aber auch unerklärliche Heilungen.

Amerikanische Ufo-Forscher haben schon vor Jahrzehnten einen Klassifizierungskatalog zusammengetragen, in dem sich die Mehrzahl aller Sichtungen bequem einordnen läßt:

Typ I: Kugelige, scheibenförmige oder komplexe Objekte am Boden, in Bodennähe oder über dem Wasserspiegel. Sie hinterlassen »Spuren« mechanischer, thermischer, radioaktiver oder fluoreszierender Art oder auch nicht. In einigen Fällen will man »Insassen« beobachtet haben.

Typ II: Vertikal-zylindrische Himmelsobjekte, die im Zusammenhang mit diffusen Wolken erscheinen. Phänomene dieser Art werden häufig als »Wolken-Zigarren« oder »Wolken-Kugeln« bezeichnet. Hier unterscheidet man zwischen Objekten, die sich offenbar ziellos am Himmel bewegen, und solchen, die sich stationär verhalten, wobei sie gelegentlich irgendwelche sekundären Einflüsse auf ihre Umgebung ausüben.

Typ III: Kugelige, scheibenförmige oder elliptische Objekte, die zwischen zwei Bewegungsphasen an einer bestimmten Stelle am Himmel verharren. Während der Bewegungsphase lassen sie sich schaukelnd (wie ein welkes Blatt) bis in Bodennähe fallen, um dann wieder nach oben zu steigen.

Typ IV: Objekte, die, unabhängig von Beschleunigung, äußerer Erscheinung (Farbe, Glanz) bzw. Rotation, ein kontinuierliches Flugverhalten zeigen. Diesem Typ liegen häufig natürliche Ursachen (Kugelblitze, Spiegelungen, Reflexe, Ballone, Vogelschwärme, Wolkenformationen, Satelliten, Weltraummüll usw.) zugrunde.

Typ V: Unklar definierte Objekte, die wegen ungünstiger Beobachtungsbedingungen oder durch die Eigenart des Phänomens weniger materiell oder massiv erscheinen [evtl. »halbmateriell«, phantomartig].

Leonard Stringfield, der sich als ehemaliger Pilot der amerikanischen Luftwaffe nach dem Zweiten Weltkrieg wie kaum ein anderer mit den Auswirkungen von Ufo-Aktivitäten beschäftigt hat, faßt diese in sechs Einflußkategorien zusammen:

– *Physikalische Effekte:* Bewegung, Interaktion mit der Umgebung wie Wärmeeffekte, Lichtabsorption und -emission, Turbulenzen, Verbrennungen, durch Masse hervorgerufene Bodeneindrücke usw.

– *Unorthodoxe physikalische Effekte:* Wie weiter oben beschrieben.

– *Soziologische Auswirkungen:* Beobachter ungewöhnlicher Himmelserscheinungen versuchen Sichtungseindrücke zu verdrängen oder mystisch/religiös zu erklären.

– *Physiologische Reaktionen:* Wärmeempfinden, Hautreizungen bzw. -verbrennungen, Vernehmen ungewöhnlicher Geräusche, Vibrationen, partielle Paralyse, Benommenheit, Atemnot, Bewußtseinstrübung, Ohnmacht, vorübergehende Sehstörungen usw.

– *Paranormale Effekte:* Sie gleichen denen, wie in der grenzwissenschaftlichen Literatur beschrieben: telepathische Kommunikation mit Ufo-Entitäten, Levitation von Menschen, Tieren und Objekten in Ufo-Nähe, sogenannte »Poltergeist«-Phänomene (Spuk), Einflußnahme des menschlichen Bewußtseins auf Ufo-Aktivitäten (zapfen offenbar das Bewußtsein ihrer Beobachter an), Klarträume und Visionen, Veränderung des Persönlichkeitsstatus von Zeugen, unerklärliche Heilungen akuter oder chronischer Leiden (paramedizinische Phänomene).

– *Kulturelle Auswirkungen:* Häufiges Erscheinen dieser Objekte – gut bezeugte Sichtungsfälle – zwingt die Gesellschaft, über ihre eigene Herkunft, über »fremdes« Leben im All – auch über nichtmenschliche oder spirituelle Lebensformen – sowie über den Realitätsbegriff nachzudenken.

Die hier tabellarisch aufgeführten Charakteristika sagen über das Ufo-Phänomen selbst – über Auslöser und Zweck der Manifestationen – zunächst nur wenig aus. Das Phänomen ist in seiner Erscheinungsform zu komplex, als daß man aufgrund gewisser Besonderheiten sofort auf dessen Herkunft schließen könnte. Immerhin haben sich bereits zwei Generationen aufgeschlossener Wissenschaftler und Ufo-Freaks redlich um die Aufhellung des Jahrtausendrätsels bemüht, allerdings ohne bislang zu einem befriedigenden Ergebnis zu kommen. Es erscheint daher zweckmäßig, die Lösung im Detail zu suchen, das Verhalten jener mysteriösen Flugobjekte in ihrer unmittelbaren Umgebung zu studieren. Eine interessante Möglichkeit hierzu bieten die sporadisch auftauchenden kleinen, offenbar intelligent gesteuerten Flugkörper – sondenartige Mini-Objekte, die auf unerklärliche Weise mit dem menschlichen Bewußtsein zu interagieren scheinen. Haben sie etwa die Aufgabe, uns auszuforschen, das »Terrain zu sondieren«, um die eigentlichen Ufo-Aktivitäten nicht zu gefährden?

4 Späher-Sonden?

Während des Zweiten Weltkrieges wurden die Besatzungen von Bomberstaffeln auf ihren Flügen ins feindliche Hinterland nicht selten von mysteriösen Feuerbällen verfolgt. Diese sogenannten »Foo-Fighters« [foo: abgeleitet von franz. »feu« Feuer] schossen plötzlich aus dem Dunkel der Nacht hervor, hängten sich wie Kletten an die unbeholfen dahinfliegenden Kampfflugzeuge, verfolgten sie über weite Strecken und überraschten die erstaunten Einsatzkommandos mit allerlei waghalsigen Kapriolen.

McFalls und Baker – amerikanische Bomberpiloten von der 415. Staffel – berichteten im Dezember 1944 als erste über diese unheimlichen, offenbar intelligent gelenkten Lichtkugeln: »Am 22. Dezember, gegen 6 Uhr früh, näherten sich uns in einer Flughöhe von etwa 3000 Metern über Hagenau (Elsaß) zwei hell leuchtende Objekte. Sie schwenkten auf unseren Kurs ein und hängten sich sofort an unser Heck.

Die grell-orangefarben leuchtenden Dinger verharrten etwa zwei Minuten lang in der beschriebenen Position. Sie standen unter perfekter Kontrolle. Plötzlich ließen beide von uns ab. Die Lichter gingen aus. Es war, als habe sie jemand weggepustet.«

Der letzte Abschnitt dieses Berichtes, in dem wahrscheinlich davon die Rede ist, daß just zu diesem Zeitpunkt das Bordradar versagte, fiel der Zensur zum Opfer.

Die gleiche Maschine wurde übrigens zwei Tage später über dem Rheinland erneut von zwei rotglühenden Lichtkugeln bedrängt. Beide sollen sich – nach Angaben des Piloten – »mit einem Mal in ein Flugzeug verwandelt haben«, das nach Einleiten eines Gleitmanövers von einer Sekunde zur anderen verschwunden sei. Gerüchte tauchten auf, der stark angeschlagene Feind habe immerhin noch ein neuartiges, ferngesteuertes Radarablenksystem in petto, das in letzter Minute als Geheimwaffe zum Einsatz käme. Ein Wissenschaftsredakteur von Associated Press vertrat in einer von der amerikanischen Abwehr inspirierten Gegendarstellung die These, »stille elektrische Entladungen« – Elmsfeuer genannt – könnten die Leuchterscheinungen hervorgerufen haben. In jedem Physikbuch kann man jedoch nachlesen, daß Elmsfeuer bei gewittrigem Wetter, vorwiegend im Hochgebirge und über dem Meer (z. B. an den Mastspitzen von Schiffen), äußerst selten hingegen in Ebenen auftreten. Für Hagenau und das Rheinland treffen diese Kriterien gewiß nicht zu.

Die Erklärung eines flugunkundigen Journalisten forderte natürlich den Widerspruch der Bomberpiloten heraus, die schon seit Jahren auch mit dem Elmsfeuer ihre Erfahrungen gesammelt hatten.

Die Bomberbesatzungen einer anderen Staffel behaupteten, für kurze Zeit von bis zu fünfzehn formationslos operierenden Leuchtkugeln verfolgt worden zu sein. Entsprechend den deutlich erkennbaren Geschwindigkeitsveränderungen der Objekte habe das von ihnen ausgesandte Licht mal schneller, mal langsamer pulsiert. Diese Kugeln seien den Kampfflugzeugen mitunter so nahe gekommen, daß sie beinahe deren Tragflügel gestreift hätten. Die Besatzungen einiger Maschinen berichteten übereinstimmend von intensiven Hitzeschüben, die beim Näherkommen der Leuchterscheinungen zu spüren gewesen seien. Trotz eindeutiger optischer Wahrnehmung sprach auch in diesem Fall das Bordradar nicht an.

Im Jahre 1947 tauchten grün leuchtende Feuerbälle erstmals über amerikanischem Staatsgebiet auf. Die basketballgroßen Objekte – sie operierten in Flughöhen zwischen wenigen Metern und 15 Kilometern – schienen sich vorwiegend für militärische Anlagen – Atomwaffenproduktions- und -lagerstätten – zu interessieren. Hauptziel war Los Alamos, New Mexico, wo man seit Kriegsende mit Hochdruck an der Entwicklung einer Wasserstoffbombe arbeitete. Ende der vierziger Jahre wurden ähnliche Leuchtobjekte, mehr in Form grüner Lichtblitze, nahe der Atomanlage von Hanford, Washington, und über der streng geheimen Kernwaffenproduktionsstätte *Sandia Base* bei Albuquerque, New Mexico, beobachtet.

Dr. Lincoln La Paz, Direktor des Meteoriteninstituts an der Universität von New Mexico, der sich über viele Jahre intensiv mit dem »Feuerball«-Phänomen beschäftigt und selbst solche Objekte beobachtet hatte, bestritt nachdrücklich, daß es sich hierbei um Meteoriten handele.

Farbige Blitze und Feuerkugeln wurden auch über dem Kernwaffenlager Killeen Base, Texas, sowie in weiten Teilen von New Mexico sogar in Bodennähe gesehen. Am 27. April 1949 gegen 21.20 Uhr Ortszeit beobachteten

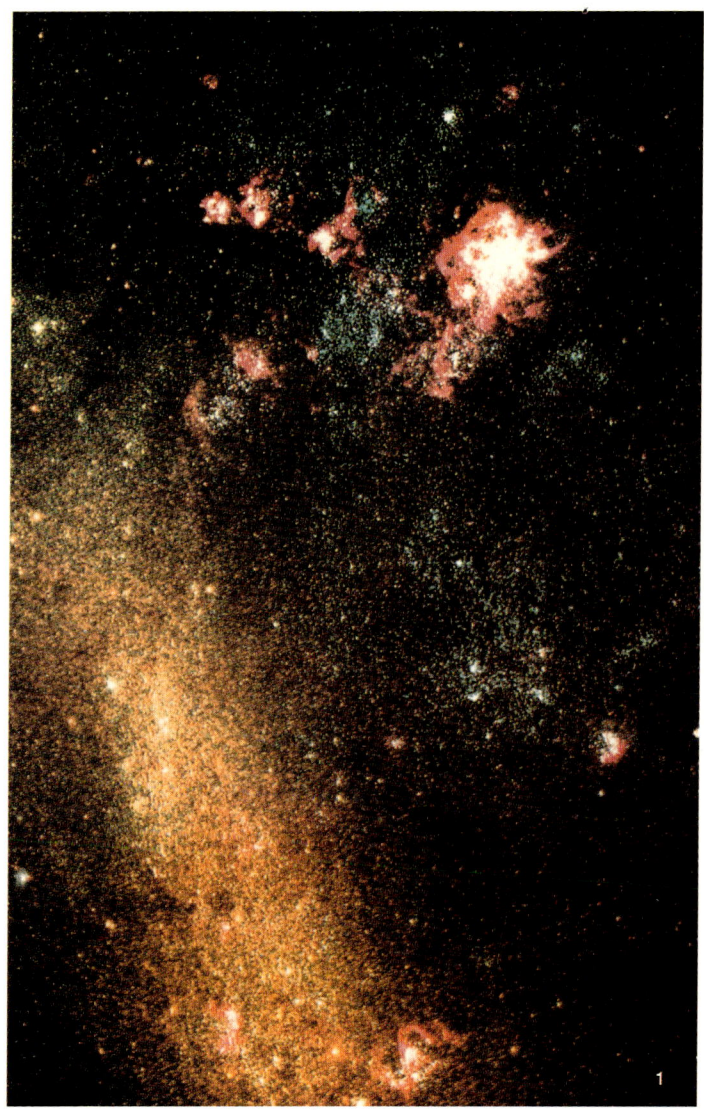

1 Das Licht der großen Magellanschen Wolke erreicht uns erst nach 150 000 Jahren. Es verließ diesen Sternhaufen zur Zeit des späten Paläolithikums, dem Zeitalter der Urkulturen.

2 Hessischer Rundfunk, Fernsehen, III. Programm, Sendung »bücher, bücher«. Der Moderator Dr. Schoeller präsentiert am 16.10.1992 die beiden Bestseller »Zeittunnel« und »Transwelt« des Autors Ernst Meckelburg.

3 »Der letzte Countdown« mit Kirk Douglas und Martin Sheen – ein spannender Science-fiction-Abenteuerfilm hart am Rande der Realität (Unschärfen technisch bedingt). Am 6. Dezember 1980 wird der amerikanische Flugzeugträger »USS Nimitz« mit seiner 6000-Mann-Besatzung durch einen »Zeitwirbel« ins Jahr 1941 versetzt. Er taucht 200 Meilen westlich von Pearl Harbor auf, 16 Stunden vor dem japanischen Überfall. Soll man eingreifen?

4 (rechte Seite oben) Die »USS Nimitz« wird vom Zeitwirbel förmlich »angesaugt« und in die Vergangenheit geschleudert – eine unwirkliche Szene.

5a, b *Motive aus dem Science-fiction-Film »Das Philadelphia-Experiment« von John Carpenter. 1943 führte die US-Navy angeblich eine Reihe von Gravitationsfeld-Experimenten durch. Dabei soll der Zerstörer »USS Eldrige« durch eine Panne zeitweilig aus unserem Raumzeit-Kontinuum verschwunden sein. Hier das Schiff beim Verschwinden aus unserer Realität, bei dem ein Teil der Besatzung in die Vergangenheit versetzt, wahnsinnig bzw. getötet wurde. Ergebnisse des Experimentes wurden nie veröffentlicht.*

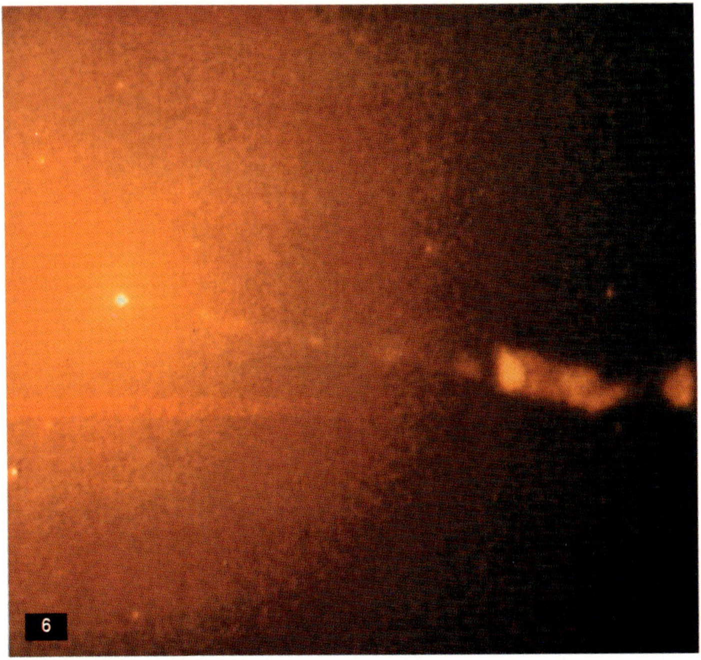

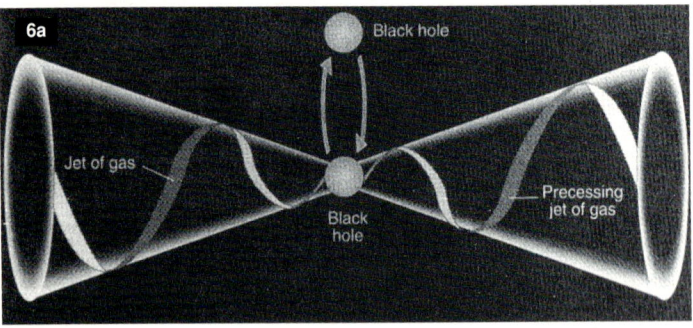

Labels visible in figure 6a:

Black hole

Jet of gas

Precessing jet of gas

Black hole

6 *Quasi-Infrarotaufnahme vom Zentrum und Plasmastrahl des Sternhaufens M 87,*
die etwa 50 Millionen Lichtjahre von uns entfernt sind. Im Zentrum von M 87 vermu-
ten Wissenschaftler neuerdings zwei schwarze Löcher, die einander umkreisen (vgl.
Zeichnung 6a).

7 *Der in den USA tätige israe-*
lische Physikprofessor Yakir
Aharonov (University of South
Carolina) hält Zeitreisen in ei-
ner kugelförmigen »Hülle« –
einem »Quanten-Zeittranslati-
onssystem« – für denkbar.

8 *Der amerikanische Physik-*
professor Richard Gott (Prin-
ceton University) vertritt die
Theorie, daß sich Zeitreisen
mittels sogenannter »kosmi-
scher Schnüre« realisieren
lassen.

9 *Professor Yakir Aharonovs »Ballon«-Zeitreisemodell: Eine Zeitmaschine wird in einer massiven kugelförmigen Hülle eingeschlossen, deren Durchmesser sich beliebig verkleinern oder vergrößern läßt, was einer Veränderung des Gravitationspotentials gleichkommt. Auf diese Weise sollen gewisse Zeitspannen übersprungen und die »Ballon«-Insassen in die Vergangenheit oder Zukunft versetzt werden.*

10 *Professor Richard Gotts Zeitreisemodell: Zwei »kosmische Schnüre« – entartete Raumzeit aus langen dünnen Energiebündeln –, die aneinander vorbeisausen, bewirken bei Kontakt Raumzeit-Verzerrungen. Zeit-»Raketen« könnten sich an solche Raumzeit-Kurzschlüsse anhängen, die bei gegenseitiger Annäherung der Schnüre entstehen. Sie würden den Energiestrang, der sich vom Berührungspunkt entfernt, übernehmen und z. B. in die Vergangenheit zurückstürzen.*

11 Nichtmeteorologische, sich fortbewegende Leuchterscheinungen über den Kanari-schen Inseln. Das Objekt wurde am 5. März 1979 gegen 19.30 Uhr Ortszeit von Gil-berto Naranjo, einem Techniker der spanischen TV-Station Izana, aufgenommen. Sichtbarer Nebeneffekt einer Transprojektion aus der Zukunft entsprechend Illobrand v. Ludwigers Projektor-Theorie?

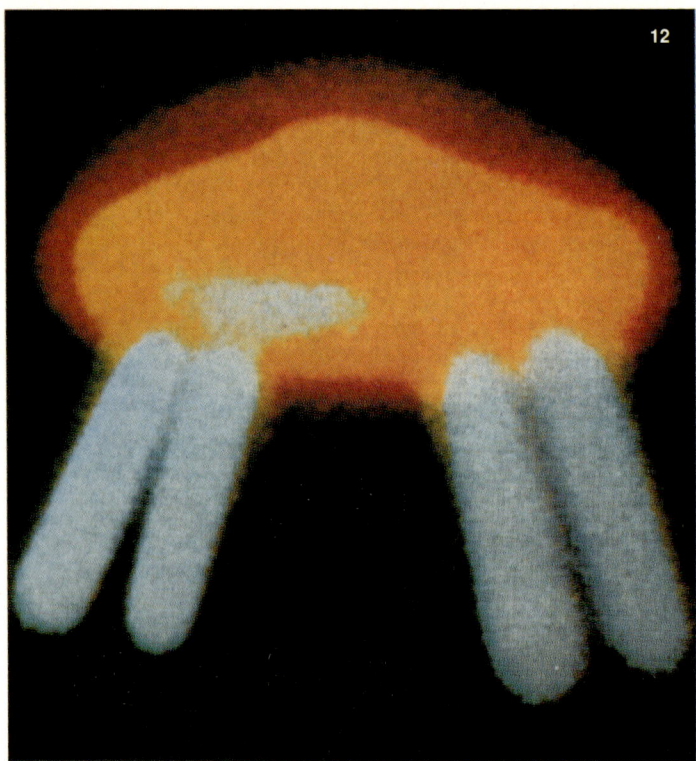

12 *Ein am 23. März 1974 über Albiosc (Frankreich) fotografiertes Ufo emittierte gleich vier »Solid Lights«. Wissenschaftler vermuten, daß solche Erscheinungen beim Bündeln und Manipulieren von Gravitationswellen zustandekommen, wie sie wahrscheinlich für zeitüberbrückende Projektionen benötigt werden.*

Wachsoldaten der Killeen Base aus etwa drei Meter Entfernung eine violette Lichtkugel mit einem Durchmesser von nur drei Zentimetern. Nach etwa einer Minute flog das merkwürdige Mini-Ding davon, wobei es ständig an- und ausging.

Nur wenige Minuten später sahen andere Wachsoldaten in drei Kilometer Entfernung ein ähnliches Objekt mit einem Durchmesser zwischen fünf und zehn Zentimetern. Es enthielt einen »metallischen« Kegel, dessen Spitze nach hinten wies. Hierzu heißt es bei I. v. Ludwiger: »Zunächst befand es sich etwa zwei Meter über dem Boden in etwa 200 Meter Abstand. Als es mit zehn bis zwölf Stundenkilometern bis auf 50 Meter herangeflogen war, verschwand es plötzlich. Die Soldaten hatten sich kaum von ihrem Schrecken erholt, als zwölf Minuten danach ein anderes kleines Objekt auftauchte. Etwa 30 Meter entfernt befand sich ein etwa fünf Zentimeter großes weißes Licht zwei Meter über dem Boden, dessen Quelle aus- und anging, und das einen Zickzackkurs flog. Gegen 21.39 Uhr zeigte es sich nochmals für 20 bis 30 Sekunden.«

I. v. Ludwiger, der sich in mehreren hochinteressanten Publikationen eingehend mit nichtidentifizierten Feuerkugeln, Lichtbällen und, im Zusammenhang hiermit, auch mit dem Kugelblitz-Phänomen befaßt, weist anhand zahlreicher, einwandfrei bestätigter Fälle nach, daß in den USA Militäranlagen von solchen Mini-»Ufos« gezielt angeflogen wurden.

Natürlich ließ es die amerikanische Luftwaffe nicht mit der bloßen Registrierung dieses Phänomens bewenden. Im Zuge einer großangelegten Verbundaktion versuchte das Air Force Office of Special Investigation (Luftwaffenamt für spezielle Untersuchungen) mittels visueller, spektrographischer und elektronischer Einrichtungen (Radar) den Ursachen der Lichtkugel-»Invasion« auf die Spur zu kommen. Das Ergebnis der Untersuchung wurde nie bekannt. Dafür liegen aber genügend Berichte von anderer Seite vor, die darauf schließen lassen, daß die unerklärlichen Lichtobjekte über ein gewisses Maß an »Intelligenz« verfügen.

Flugplatz Fargo, Nord-Dakota (USA), 1. Oktober 1948, später Nachmittag. Leutnant G. F. Gorman von der North Dakota National Guard setzt mit seiner *Mustang F-51* zur Landung an. Da, plötzlich bemerkt er, daß ihm eine grellweiße Lichtkugel folgt. Die von einem Halo umgebene Kugel in der Größe eines Medizinballs pulsiert in regelmäßigen Abständen.

Dreißig Minuten lang versucht Gorman der Lichtkugel zu folgen, sie zu »stellen«. Vergeblich. Zwei Personen an Bord einer anderen Maschine und zwei Männer im Kontrollturm verfolgen aufmerksam das Katz- und Mausspiel, bestätigen später Gormans Angaben.

Unaufhaltsam klettert das Objekt nach oben, gefolgt von der F-51, bis deren Steigkapazität erschöpft ist. Es scheint, als wüßte es, daß Gorman am Ende ist, daß er aufgeben muß. Ein vertikaler Sprung noch, dann verschwindet die Lichtkugel mit Höchstgeschwindigkeit.

Später gab Gorman zu Protokoll, er habe aufgrund der fast akrobatischen Flugmanöver den Eindruck gewonnen, daß das Objekt intelligent reagierte. Es habe eindeutig den Trägheitsgesetzen gehorcht und sei bei hoher Geschwindigkeit scharfe Kurven geflogen – Reaktionen wie sie z. B. von Kugelblitzen nicht zu erwarten seien.

A. Sirisena berichtet über eine ungewöhnliche bodennahe Lichterscheinung in dem englischen Städtchen Shuttlewood. Am 22. Januar 1919 bemerkten einige Personen, die sich gegen 23.10 Uhr in ihrem Garten aufhielten, eine tennisballgroße Lichtkugel, die bewegungslos etwa 150 Zentimeter über dem Boden hing. Von ihr ging eine Helligkeit aus, die der einer Sturmlaterne entsprach. Als einer der Anwesenden, ein gewisser Harrison, einen Stock ergreifen wollte, um das Objekt zu berühren, setzte dieses sich sofort nach oben ab, so, als ob es dessen Absicht erraten hätte.

Während der folgenden halben Stunde brillierte die Lichtkugel mit zahlreichen, allem Anschein nach intelligent gelenkten Manövern. Ihre Helligkeit steigerte sich bisweilen um das Zwanzigfache, um dann wieder die ursprüngliche Lichtstärke zu erreichen. Besonders interessant war Harrisons Feststellung daß er den Boden unmittelbar hinter der Kugel nicht erkennen konnte. Beim Höherschweben des Objekts war auch der dahinter befindliche Maschenzaun nicht zu sehen. Irgend etwas Fremdes muß die Kugel umhüllt haben. Vielleicht war es ein für uns unsichtbares Feld höherdimensionaler Ordnung, eine Direktverbindung zu einer anderen Realität oder auch eine Sonde von jenseits unserer Raumzeit – wer immer sie geschickt haben mag. Die Möglichkeit, daß es sich im vorliegenden Fall um einen besonders »gewieften« Kugelblitz gehandelt haben könnte, darf nicht übersehen werden. Wissenschaftler schließen heute nicht mehr aus, daß Kugelblitze über eine Art »animalische Intelligenz« verfügen, die sie zu einer Primitiv-Kommunikation mit Menschen befähigt.

Da nach Auffassung des Hirnphysiologen und Nobelpreisträgers (1963) Sir John C. Eccles unser Bewußtsein autonom, d. h. nicht Teil unserer vierdimensionalen Materie/Energie-Welt, sondern dieser übergeordnet ist, wäre eine solche »Kommunikation« durchaus denkbar. Nur wissen wir dadurch immer noch nicht, um was es sich bei Kugelblitzen tatsächlich handelt, und dies trotz der mehr als ein Dutzend Theorien, die zu diesem Phänomen aufgestellt wurden, trotz der zahllosen Experimente zur Erzeugung künstlicher »Feuerbälle« unter Laborbedingungen.

J. Haddington und andere englische Kornkreisforscher wollen sogar Zusammenhänge zwischen gewissen nächtlichen Leuchterscheinungen und der Entstehung von Piktogrammen in Englands Getreidefeldern erkannt haben. Während einer Nachtwache am 8. Juni 1990 am Wansdyke (alte römische Befestigung) bei Silbury Hill sah die von Haddington geführte Gruppe über einem nahegelegenen Feld plötzlich kleine Lichter auftauchen. Sie blinkten in verschiedenen Farben und boten den Beobachtern ein unwirkliches Schauspiel. An der betreffenden Stelle ließ sich damals jedoch keine neue Formation nachweisen.

Soweit es sich bei all diesen Kleinstobjekten um nächtliche Leuchterscheinungen handelt, sind natürliche Ursachen – Kugelblitze, Plasmawirbel, brennende Gaskugeln (Sumpfgas), tektonisch bedingte Erdlichter, atmosphärische MASER oder sonstige, bislang unerforschte Naturphänomene – nicht auszuschließen. Spätestens seit dem Auftauchen massiv wirkender, scheiben- oder kugelförmiger Mini-Objekte, sehen wir uns jedoch einer veränderten Situation gegenüber.

Der rührige englische Naturwissenschaftler und Systemanalytiker George Wingfield berichtet in dem unlängst von Jürgen Krönig herausgegebenen Buch »Spuren im Korn« über die Sichtung solcher Objekte in unmittelbarer Nähe englischer Kornkreisformationen. So konnten die Grafen von Dürckheim, die sich im August 1991 in der sogenannten »Ameisenformation« bei Manton aufhielten, ein kleines diskusförmiges, offensichtlich beleuchtetes Objekt mit einem Durchmesser von etwa 15 Zentimetern filmen, als sich dieses langsam über einen der Formationskreise hinwegbewegte. Das aus etwa 180 Meter Entfernung gefilmte Objekt –

die Szene ist in dem kommerziell erhältlichen Streifen »Zeichen im Korn« zu sehen – verschwand mehrfach im Getreide, um kurz darauf wieder aufzutauchen. Wingfield findet für den »offenbar gesteuerten und zielgerichteten Flug« keine konventionell-wissenschaftliche Erklärung.

Ein ähnliches Objekt wurde, so der Autor, bereits im Juli 1990 von den Engländern Stephen und Jan Alexander bei Milk Hill gefilmt, als es über einem dortigen Piktogramm herumkurvte. Aus der Ufo-Literatur sind zahlreiche Fälle bekannt, in denen sich Mini-Flugkörper bis auf wenige Meter Militär- und Verkehrsflugzeugen näherten. Insider bezeichnen sie mitunter als »telemetrische Scheiben«, ohne hiermit etwas Verbindliches über deren Herkunft auszusagen. Es soll Fälle gegeben haben, in denen solch fliegende Winzlinge sogar in Wohnräumen gesichtet wurden.

Ein Don Tuersley aus Otterbourne, Grafschaft Hampshire (England), will an einem Januarabend 1977 beim Fernsehen in Anwesenheit seiner Frau und erwachsenen Tochter ein solches Mini-Ufo – einen »Ufoball« – in seinem Wohnzimmer beobachtet haben. Die winzige Kugel – kleiner als ein Tennisball – schwebte etwa 20 Zentimeter über dem Fußboden langsam in Richtung des vor dem Fenster stehenden Fernsehapparates. Tuersley: »Sie sah auf den ersten Blick wie eine Löwenzahnblüte aus, wies aber keine strukturellen Details auf. Trotz ihres verschwommen-grauen Farbtones hob sie sich deutlich gegen den Hintergrund ab. Das Ding bewegte sich, von rechts kommend, schräg unter dem Fernsehtisch hindurch, über den Teppich und verschwand unter dem großen Wohnzimmertisch vor dem anderen Fenster. Der Vorgang hatte ganze zehn bis zwölf Sekunden gedauert. Ich schaute meine Tochter an, die neben mir saß und immer noch gebannt in Richtung des gerade verschwundenen Objekts starrte. Ich fragte sie, was sie gerade gesehen habe, und sie antwortete prompt: ›Einen Ball, etwas verschwommen, wie eine große Löwenzahnblüte.‹«

Tuersleys Frau, die während der ganzen Zeit mit ihrem Strickzeug beschäftigt war, hatte von alledem nichts bemerkt.

Hätte es sich bei diesem Objekt um einen Kugelblitz oder eine Plasmakugel gehandelt, wäre mit Sicherheit der Fernsehempfang gestört oder ganz unterbrochen worden. Dieser aber war nach Tuersleys Angaben zu keiner Zeit beeinträchtigt.

Die Phänomenologie der kleinen Lichtkugeln, Feuerbälle, der »telemetrischen Scheiben« und »Ufoballs« deckt sich in vielem mit dem Verhalten klassischer Ufos, vor allem, was deren nichtphysikalische (paranormale und paraphysikalische) »Fähigkeiten« anbelangt. Wir werden den hier geschilderten Verhaltensmustern noch des öfteren begegnen. Möglicherweise liegt dem gesamten Ufo-Spektrum ein und dasselbe Prinzip zugrunde. Wenden wir uns aber zunächst einmal von der antiquierten Vorstellung ab, Ufos seien extraterrestrische Raumschiffe, die unserem Planeten Dauerbesuche abstatten. Befassen wir uns unvoreingenommen mit einer auf den ersten Blick phantastisch erscheinenden Spekulation, die irgendwann einmal zur harten Realität werden könnte, die es vielleicht schon längst ist: *Ufos sind Zeitmaschinen,* gesteuert von Temponauten aus der irdischen Zukunft, unseren Nachnachfahren, die eigentlich noch gar nicht geboren sind. Akausaler Wahnsinn, hirnverbrannte Ideen ausgeflippter Wissenschaftler, die nicht mehr zwischen gestern, heute und morgen zu unterscheiden wissen?

Die Chancen, daß Zeitreisen irgendwann einmal realisiert werden, stehen gut, vielleicht besser, als wir alle denken. Es gibt sie schon, die theoretischen Planspiele zur Schaffung neuer Realitäten. Nicht so sehr in den Köpfen cleverer Science-fiction-Autoren, mehr in den »Virtuellen Universen« eines Harry Rheingold, in den Hochburgen der modernen Astrophysik, den Cyberspace-Labors des Ames Research Center der NASA und im IBM-Forschungszentrum von Yorktown Heights (New York), wo mit Quanten-Computern an der Simulation von Denkprozessen gearbeitet wird. Die Zukunft ist *jetzt*. Der Paradigmenwechsel findet *heute* schon statt.

IV

Konfrontation mit der Zukunft

Ein Mann gerät rein zufällig in die Grauzonen einer fremden Realität, er wird mit Situationen konfrontiert, die er nie für möglich gehalten hätte. Nennen wir ihn ganz einfach Claude Duval.

Dr. Claude Duval (heute 63) ist Mediziner, praktischer Arzt in einem französischen Provinzstädtchen. Seine wahre Identität muß verschwiegen werden, um ihm und seiner Familie wirtschaftliche und gesellschaftliche Nachteile zu ersparen, die er bei Bekanntwerden seiner Erlebnisse zu erwarten hätte.

2. November 1968, gegen 4 Uhr früh. Duval wird jäh aus dem Schlaf gerissen. Das Baby nebenan ist aufgewacht und schreit aus Leibeskräften. Vielleicht ist es durstig. Duval steht auf, beruhigt den Kleinen und gibt ihm zu trinken. Durch die Rolläden des nach Westen gelegenen Fensters dringen merkwürdige Lichtblitze, die seine Neugierde erregen.

Da sein Haus an einem Hang gelegen ist, vermag er weite Teile der Landschaft ungehindert zu überblicken. Duval zieht die Rolläden hoch und öffnet das große Fenster direkt vor der Terrasse. Dann sieht er »sie«: zwei diskusförmige, völlig identische Objekte in horizontaler Position mit silbrigweißen, antennenbestückten Kuppeln und hellrot leuchtenden Unterteilen. Ufos wie aus dem Bilderbuch.

Duval betritt den Balkon. Anhand markanter Gegenstände im Gelände schätzt er ihre Durchmesser auf 60 Meter, ihre Dicke auf etwa 15 Meter und ihre Entfernung auf gut 200

Meter. Periodisch aufblitzende, zylindrische Lichtbündel beleuchten die unter beiden Scheiben wabernden »Nebel«. Eine unwirklich anmutende Szene, wie aus einem Science-fiction-Film.

Allmählich kommen die Objekte einander näher, bis sich ihre »Antennen« berühren. Funken sprühen. Dann verschmelzen beide miteinander, bilden einen einzigen Diskus.

Unaufhaltsam nähert sich das eben entstandene Einzelobjekt Duvals Haus und kippt dabei in die Vertikale. Plötzlich sendet es einen grellen Strahl aus, der den Arzt der Länge nach erfaßt. Duval vernimmt gerade noch einen lauten Knall, dann ist das Ufo mit einem Mal verschwunden, so, als habe es sich unvermittelt in Luft aufgelöst. Es hinterläßt einen dünnen Nebelschleier, der rasch vom Wind weggetrieben wird. Das Spektakel hatte ganze zehn Minuten gedauert.

Duval ist geschockt. Er geht ins Haus zurück, um seiner Frau über das soeben Erlebte zu berichten. Dabei macht er eine geradezu ungeheuerliche Feststellung. Eine Kriegsverletzung, die er sich zehn Jahre zuvor während seines Militärdienstes in Algerien bei einer Minenexplosion zugezogen hatte – ein schweres Hüftleiden und Probleme mit der rechten Hand –, sowie eine erst drei Tage alte Schnittwunde, sind plötzlich verschwunden. Sie sollten von da an nie wieder in Erscheinung treten.

Erstaunlicher aber waren Dr. Duvals Erlebnisse nach dem nächtlichen Zwischenfall. Sein Haus war häufig irgendwelchen Poltergeistaktivitäten und Störungen im elektrischen Leitungsnetz ausgesetzt – Vorkommnisse, denen er zunächst keine besondere Bedeutung beimaß.

Monate vergingen. Eines Tages erhielt Duval den Anruf eines Fremden, der ihn wegen der Vorfälle in seinem Haus sprechen wollte. Erstaunt darüber, daß eine wildfremde Person über sein wohlgehütetes Geheimnis Bescheid wußte, *setzte er sich in seinen Wagen und fuhr darauf los. Irgend etwas schien ihn an die richtige Stelle zu »dirigieren«.*

Neben einem funkelnagelneuen Citroën CX sah er ihn, den »Fremden«, der ihm gar nicht einmal so fremdartig vorkam: eine stattliche Erscheinung, auffällig blaue Augen und braune Haare. Er war »normal« gekleidet – einer jener Alltagstypen ohne besondere Merkmale, denen man in jedem Supermarkt und Büro täglich zu Hunderten begegnet.

Der Mann ließ Duval wissen, daß er die Vorfälle in dessen Haus und die hiermit verbundenen Unannehmlichkeiten zutiefst bedaure. Er entschuldigte sich und versprach ihm, während weiterer Treffen alles erklären zu wollen.

Duval will nach eigenen Angaben während der nachfolgenden Zusammenkünfte viel über Psi-Phänomene und deren Auslöser, über Teleportationstechniken – das auf paraphysikalischem Wege erfolgende Versetzen eines Menschen oder Objekts an einen anderen Ort – sowie über Zeitreisen erfahren haben. Dabei sammelte er angeblich auch Erfahrungen mit sogenannten »alternativen Landschaften«, mit »Straßen, die es in Wirklichkeit gar nicht gibt«, und er erlebte selbst Teleportationen über weite Strecken, die kaum Zeit in Anspruch nahmen. Seine Schilderungen erinnern seltsamerweise an unsere heutigen »Cyberspace«-Techniken, nur daß diese zur damaligen Zeit noch gar kein Thema waren.

Wenn Dr. Duvals Behauptungen stimmen sollten, könnte dies bedeuten, daß er seinerzeit mit Entitäten konfrontiert war, die das, was wir unter Zeit und Realität verstehen, meisterhaft zu manipulieren vermögen. Viele seiner Erlebnisse lassen darauf schließen, daß im Jahre 1968 und danach Menschen aus einer anderen, »parallel zu uns« existierenden Realität mit Duval Experimente durchgeführt haben. Doch: Welchen Realitätsstatus darf man solchen »Erlebnissen« zugestehen? Was überhaupt ist dann Realität, wenn Mediziner und Naturwissenschaftler nicht einmal das Abstraktum »Bewußtsein« eindeutig und für jeden verständlich zu definieren vermögen?

Mit Duvals Fall hatten sich damals kompetente Fachwissenschaftler – je ein Psychologe, Psychiater und Astrophysiker – diskret beschäftigt. Hinweise darauf, daß er nur halluziniert oder gar alles frei erfunden hatte, gab es nicht. Überdies konnte seine Frau den größten Teil des späteren »unglaublichen« Geschehens bestätigen, da sie hiervon unmittelbar betroffen war. Die Duval-Affäre stimmt nachdenklich. Dies um so mehr, als zahlreiche Physiktheoretiker und Astrophysiker in jüngster Zeit geltend machen, Zeitreisen lägen durchaus im Bereich des Realisierbaren. Einige von ihnen haben bereits nachvollziehbare Theorien entwickelt und plausible Zeitreise-Modelle vorgestellt.

1   Die Theoretiker

>»Die Zeit ist kein diskursiver oder allgemeiner Begriff,
sondern eine reine Form sinnlicher Anschauung.
Verschiedene Zeiten sind nur Teile eben derselben Zeit.«
>
> IMMANUEL KANT, *Kritik der reinen Vernunft*

Zeitmaschinen, Zeitreisende, Exkursionen in frühere Zeiten, die Erkundung der Vergangenheit vor Ort und zum Zeitpunkt längst Geschichte gewordener Erzeugnisse, beliebige physikalische Manipulationen der Zeit – kann und darf es so etwas geben? Wo bleibt da die Kausalität, die logische Abfolge allen Geschehens? Stellt die romanhafte Idee von Zeitreisen à la H. G. Wells nicht unser Weltbild auf den Kopf? Ist der Ablauf der Zeit und die Unwiederbringlichkeit jeder verstrichenen Sekunde nicht ein ehernes Naturgesetz und seine Infragestellung absurd und müßig?
Keineswegs. Denn: »Die heute in der Physik übliche Vorstellung vom absoluten Ablauf der Zeit läßt sich nicht länger aufrechterhalten.« Das verkündete Albert Einstein bereits 1905 in seiner Abhandlung über die Spezielle Relativitätstheorie. Und man kann davon ausgehen, daß nach der Erforschung des erdnahen Weltraumes mittels bemannter und unbemannter Raumfahrzeuge der wißbegierige Mensch als nächstes die Zeitbarriere zu überwinden versuchen wird. Ist dies erst einmal gelungen, so könnten die

Temponauten der Zukunft mit ihren Zeitmaschinen durch die Raumzeit reisen und sich damit einen uralten Menschheitstraum erfüllen. Für sie gäbe es zwischen dem Entstehen und Vergehen des Universums praktisch keine zeitlichen Beschränkungen. Göttern gleich würden sie, aus ihrer Realzeit kommend, überall aus dem zeitlichen Nichts auftauchen, den Menschen der jeweiligen Zeitepoche immer neue Rätsel aufgeben.

Vielleicht beobachten sie uns schon lange, schon immer. Vielleicht sind sie imstande, an jedem gewünschten Datum der Geschichte anzuhalten, um vor Ort und Zeit die Entwicklung der Menschheit genau zu studieren. Und vielleicht haben wir Heutigen, hatten die Menschen früherer Zeiten schon Kunde von ihnen, ohne es zu wissen.

Reine Spekulation? Gewiß nicht. Physiktheoretiker haben festgestellt, daß die Zeit, entgegen früheren Vorstellungen, »elastisch und durchlässig« ist, energetische Eigenschaften besitzt und manipuliert werden kann. Daher arbeiten Wissenschaftler in aller Welt schon seit Jahren an der Entwicklung unkonventioneller Transportsysteme für raumzeitliche Versetzungen, an der technischen Realisierung »physikalischer« Psi-Phänomene (Psychokinese) wie Teleportationen und Apporten. Sie alle sind anderen, vieldimensionalen Realitäten auf der Spur und werden dabei auch mit der Aufhellung des Ufo-Rätsels konfrontiert.

Die amerikanischen Astrophysiker Kip S. Thorne und Ulvi Yurtsever vom California Institute of Technology (CalTech) in Pasadena und Michael Morris von der University of Wisconsin haben mit ihrer geradezu sensationellen Publikation *Wormholes, Time Machines, and the Weak Energy Condition* (Wurmlöcher, Zeitmaschinen und die schwache Energiekondition) in dem angesehenen Physik-Fachjournal *Physical Review Letters* vom 16. September 1988 festgestellt, daß sich Zeitreisen entsprechend Albert Einsteins genialen Theorien von der Relativität der Zeit sowie der Beeinflussung der Raumzeit durch Gravitationskräfte (Verwerfungen) grundsätzlich realisieren lassen. Sie haben die Durchführbarkeit solcher *Zeitsprünge* ohne Verletzung der Kausalität theoretisch nachgewiesen und erste Modelle zu deren Verwirklichung konzipiert. Ihren Vorstellungen zufolge dürfte es künftigen Hochzivilisationen möglich sein, Öffnungen in der Raumzeit – sogenannte »Wurmlöcher« – zu nutzen und diese normalerweise blitzschnell kollabierenden Winzlinge durch Stabilisation in *Zeitmaschinen* oder *Zeittunnels* umzuwandeln.

Eine Analogie bietet sich an, die das Wurmloch-Zeitreisemodell für jeden von uns verständlich macht. Wenn ein Wurm auf der Oberfläche eines Apfels eine bestimmte Stelle auf der entgegengesetzten Seite desselben schneller erreichen will, wird er den kürzesten Weg über das Apfelinnere wählen. Einfacher ausgedrückt: Er frißt sich bis zur gegenüberliegenden Seite durch und spart somit an Wegstrecke auf der Apfeloberfläche.

Dieser Vergleich hinkt insofern, als das Apfelinnere dem eingangs beschriebenen *Hyperraum* entsprechen soll – ein Gebilde, innerhalb dessen unsere vierdimensionale Raumzeit-Welt zu einem nulldimensionalen Punkt zusammenschnurrt. Damit soll gesagt werden: Eine echte Zeitmaschine, die den hauchdünnen Hyperraum durchbricht, gelangt praktisch in *Nullzeit* an ihr Ziel, d. h. in vergangene oder auch zukünftige Zeitperioden, die parallel zu unserer Realzeit existieren. Das kann überall da passieren, wo unter Einwirkung gravitativer Kräfte eine Verwerfung der Raumzeit stattgefunden hat und »Wurmlöcher« entstanden sind.

Thorne, Yurtsever und Morris haben auch bereits eine vage Vorstellung vom Ablauf einer »Wurmloch«-Zeitreise: Ein

Ende des zuvor stabilisierten und zum Einschleusen einer Zeitmaschine »gedehnten« Wurmlochs bleibt am Startpunkt fixiert, wohingegen das andere Wurmlochende auf nahezu Lichtgeschwindigkeit beschleunigt wird. Dringt die Zeitmaschine in das stationäre Ende des Wurmlochs ein, wird sie nach einer blitzschnellen »Rundreise« am bewegten Wurmlochende zu einem Zeitpunkt *vor dem Start* herauskommen und diesen sogar noch beobachten können. Zwischen beiden Wurmlochenden gibt es einen relativen Zeitunterschied, indem die Zeit, gemäß dem sogenannten *Zwillingsparadoxon,* für das bewegte Ende langsamer als am Startpunkt verläuft. Bei dem *Zwillingsparadoxon* handelt es sich um ein Phänomen, das beim relativistischen Raumflug (ab etwa 90 Prozent der Lichtgeschwindigkeit) auftritt. Ein mit dieser Geschwindigkeit in die Weiten des Alls entschwindender Astronaut altert, je nach Beschleunigung, wesentlich langsamer als auf der Erde zurückbleibende Personen. Der relativistische Raumflug ist jedoch keine echte Zeitreise mit sofortiger Rückversetzung in die eigene Realzeit.

Über die praktische Realisierung von Zeitreisen herrscht derzeit noch Ungewißheit. Grundsätzlich sind zwei unterschiedliche Techniken denkbar. Eine Konzeption sieht tunnelartige, stationäre *Transmitter* vor, in die sich, ähnlich wie in der amerikanischen Science-fiction-Serie »Time Tunnel« von Irwin Allen, die Zeitreisenden hineinbegeben und entsprechend dem zuvor geschilderten Beschleunigungsprinzip spontan in irgendwelche vergangene oder zukünftige Zeitperioden geschleust werden. Vom Monitorraum aus würde man versuchen, die Situation der Zeitreisenden vor Ort und Zeit so gut wie möglich unter Kontrolle zu halten, um Anachronismen und Paradoxa tunlichst zu vermeiden. Diese Art der Zeitreise könnte wegen der räumlichen Unbeweglichkeit des Systems für die Temponauten unter Umständen schlimme Folgen haben, z. B. wenn diese sich unvermittelt einer unvorhersehbaren, d. h. geschichtlich nicht überlieferten Kampfhandlung oder, bei »Landungen« in frühen Epochen der Erdgeschichte, irgendwelchen Kataklysmen gegenübersehen würden. Da sich die Erde, genau wie alle anderen Himmelskörper, gleichermaßen durch Raum und Zeit bewegt, könnte es auch vorkommen, daß sich Zeitreisende plötzlich im Zentrum eines Planeten oder ungeschützt irgendwo im All materialisieren. Zu ähnlichen Überraschungen und Verwicklungen dürfte es womöglich auch bei Versetzungen in zukünftige Realitäten kommen. Es ist anzunehmen, daß, zur Vermeidung solcher Risiken, zumindest in der Anfangsphase der Zeitreisetechnik, mobile Systeme bevorzugt werden, Vehikel, die im Weltraum oder, wie Flugzeuge, in der Erdatmosphäre operieren. Letztlich werden wohl beide Techniken zum Einsatz kommen.

In diesem Zusammenhang gewinnt ein Bericht des russischen Meteorologen und Arktispiloten Juri Leonidowitsch Bortnikow an Bedeutung, der vor einigen Jahren bei einer seiner Exkursionen in die Arktis mit einer höchst merkwürdigen Erscheinung konfrontiert wurde. Bortnikow: »Irgend etwas wälzte sich plötzlich von der rechten Seite durch die Wolken heran. Ich sah in der dichten Bewölkung etwas, das einem Schacht oder Krater ähnlich sah.«

Der Meteorologe konnte die Erscheinung in großer Höhe mehrfach fotografieren. Seine Kollegen fanden für dieses Phänomen keine Erklärung oder hüllten sich in Schweigen.

War Bortnikow rein zufällig auf eine künstliche »Öffnung« im Raumzeit-Gefüge gestoßen, ein »Tor« zu einer anderen Realität? Was wäre wohl geschehen, wenn er sich diesem Gebilde bis auf wenige Kilometer genähert hätte?

Der geniale österreichische Buchautor G. Steinhäuser (†) beschäftigte sich bereits seit Anfang der siebziger Jahre mit der Energieversorgung von über den Hyperraum operierenden Zeitreise-Vehikeln. Er gelangte zu der überraschenden Feststellung, daß zum Durchbrechen des Hyperraums – für Zeitreisen über dieses zeitneutrale Abstraktum – sechsdimensionale Energien erforderlich wären, und bewegte sich damals schon im Rahmen des von B. Heim und I. v. Ludwiger postulierten Weltmodells. Steinhäuser: »Sicher ist, daß eine Zeitmaschine kein Fahrzeug im üblichen Sinne wäre, denn sie bliebe ja konkret an Ort und Stelle stehen. Am ehesten vorstellbar ist, daß das Ding von einer ›Zeitblase‹ aus Zeitenergie umhüllt würde, die sich dann vorwärts und rückwärts im Zeitstrom bewegt.«

Erläuternd heißt es hier: »Seifenblasen erzeugt man, indem man ein Gemisch von Wasser und Seife durch die Zufuhr kinetischer Energie – das Blasen – in eine andere Form ›umstrukturiert‹, wobei die molekulare Verbindung gleich bleibt. Zeitblasen nun müßte man erzeugen können, indem man eine fünfdimensionale Struktur mittels 6D-Energie zum Aufblähen bringt.«

Wie nahe Steinhäuser mit seiner »Zeitblasen«-Konzeption an die aktuelle Zeitreise-Theorie des israelischen Physik-Professors Yakir Aharonov heranreicht, wird jedem verständlich, der sich etwas näher mit dessen »Ballon«-Modell befaßt, das auf Gravitationsmanipulationen beruht.

Grundsätzlich gibt es zwei Möglichkeiten, um sich selbst in der Zeit zu überholen, d. h. in die Vergangenheit zu reisen: Entweder man beschleunigt ein Raumfahrzeug mit Geschwindigkeiten knapp unterhalb der des Lichtes, was zwar einer Verlangsamung der Bordzeit, nicht aber einer echten Zeitreise mit sofortiger Rückkehrmöglichkeit in die Ausgangszeit entspricht, oder man läßt auf ein geschlossenes

System – bei Aharonov ein »Ballon« – starke Gravitationsfelder einwirken, was den gleichen Zeitverzögerungseffekt zur Folge hat.

Aharonov, der die Idee von einem kugeligen »Quanten-Zeittranslationssystem« erstmals 1990 in den *Physical Review Letters* einer staunenden Fachwelt unterbreitet hat, operiert just mit jenen Gravitationsfeldern, um die »Insassen« einer massiven, ballonartigen Kugel in die Vergangenheit oder Zukunft zu versetzen, indem er diese beliebig expandieren oder schrumpfen läßt.

Um dies zu verstehen, müssen wir uns ein wenig der Allgemeinen Relativitätstheorie zuwenden, die unter anderem besagt, daß Gravitation die Zeit verlangsamt. Zum besseren Verständnis auf irdische Verhältnisse übertragen: In einem Flugzeug ist die Gravitationskraft minimal schwächer als auf der Erde, so daß dort Uhren geringfügig schneller gehen als am Boden (der Effekt ist aber kaum meßbar und wird daher in der Praxis vernachlässigt).

Der Aharonov-Ballon übt, genau wie andere Massen, auf alles in seinem Inneren Befindliche eine gewisse Schwerkraft aus. Wird er größer, d. h. nimmt sein Volumen zu, wären seine Insassen einer geringeren gravitativen Beanspruchung ausgesetzt, weil der Ballon dann den Gravitationseffekt über ein größeres Volumen ausübt. Sobald aber der Ballon schrumpft – sein Volumen abnimmt –, würde seine Gravitation pro Volumeneinheit größer werden. Auf den Zeitverlauf übertragen: Die Zeit würde für die Insassen des expandierten Ballons etwas schneller, für die des geschrumpften Ballons hingegen etwas langsamer vergehen.

Normalerweise wäre der auf diese Weise erzielte Zeitverzögerungseffekt viel zu gering, um echte Zeitreisen durchführen zu können. Überträgt man dieses Prinzip jedoch auf quantenmechanische Ebene, sieht die Situation schon ganz anders aus. In diesem Zustand der sogenannten *Heisenbergschen Unbestimmtheitsrelation* würden die Teilchen des Ballons zur gleichen Zeit in allen Zuständen existieren. Anders ausgedrückt: In einem »quantenmechanischen Ballon« gäbe es alle möglichen Volumina – große und kleine – gleichzeitig, was besagt, daß auch die Balloninsassen in vielen geringfügig voneinander abweichenden Zeiten gleichzeitig existierten. Nach Aharonov ließen sich durch Überlagern der winzigen Zeitdifferenzen selbst riesige Zeiträume in Richtung Vergangenheit bzw. Zukunft überbrücken.

Überlappende Expansions- und Kontraktionsvorgänge des Ballons entsprächen dem Überlappen von Wellenbergen und -tälern. Mit einem »Superberg« würden, so Aharonov, die Balloninsassen in die Zukunft, mit einem »Supertal« in die Vergangenheit versetzt werden.

Das Zeitreisemodell des Kosmologen Richard Gott von der Princeton University sieht die Nutzung sogenannter »cosmic strings«, d. h. »kosmischer Schnüre« vor, dünne Energiestränge, die als Überbleibsel des Urknalls im Universum herumgeistern sollen. Kosmologen vermuten, daß diese Energiebündel extrem eng gepackt sind und daher über eine außerordentlich hohe Dichte verfügen. Man schätzt ihr Gewicht auf 6 Millionen Milliarden Tonnen pro Kubikzentimeter. Entsprechend Einsteins Allgemeiner Relativitätstheorie müßten derart schwere Massen zu Verzerrungen in der Raumzeit und damit zu »Kurzschlüssen« im Raum führen, die sich, nach Gotts Vorstellung, zu Zeitreisen in die Vergangenheit nutzen ließen. Sein Modell setzt die Existenz zweier unendlich langer, in entgegengesetzter Richtung mit Fast-Lichtgeschwindigkeit (99,999999992 Prozent der Lichtgeschwindigkeit von 300 000 Kilometern/Sekunde) aneinander vorbeirasender »kosmischer Schnüre« voraus. Eine von diesen bewegt sich beim Start in Richtung der Zeitmaschine (hier eine Rakete), die andere entfernt sich von ihr. Die Rakete nimmt zunächst Kurs entlang der ersten »Schnur« und nutzt deren »Kurzschluß«, um dann zur zweiten »Schnur« überzuwechseln und auf deren »Kurzschlußpfad« in die eigene Vergangenheit zurückzugleiten. Gott: »Das Bemerkenswerte an diesem Modell ist, daß man hiermit den ›Trick‹ zweimal anwenden kann, um genau zum Ausgangszeitpunkt zurückzukehren. Zeitreisenden, die sich auf diese Weise in ihre Realzeit zurückversetzen, müßte das Erlebte wie ein Traum erscheinen.«

Zeittheoretiker Gott glaubt, daß sich Energiebahnen finden ließen, die nahezu unendlich weit in die Vergangenheit zurückführen. Durch Wiederholen könnte man sich immer weiter in der Zeit zurückversetzen. Dieses Procedere hat jedoch einen Schönheitsfehler: Beim Abfahren solcher Schleifen würde man stets seinem Vorzeitreise-Selbst begegnen – ein Phänomen, daß auf die Dauer entnervend wirken müßte.

Soweit Gotts Theorie, die nach Ansicht namhafter Wissenschaftler keines der bekannten physikalischen Gesetze verletzt. Ob sie sich je realisieren läßt, bleibt dahingestellt, denn bislang betragen die Chancen, daß es jene »kosmischen Schnüre« tatsächlich gibt, lediglich 50 Prozent.

W. B. Bonnor von der School of Mathematical Sciences am Queen Mary and Westfield College, London, beruft sich in einem Leserbrief an die englische Wissenschaftszeitschrift *nature,* auf W. J. von Stockum, der schon 1937 die Möglichkeit angedeutet hat, unendlich lange rotierende Zylinder ließen sich aus kosmischem Staub künstlich herstellen. Da solche Gebilde auf ihrer Außenseite ein Gravitationsfeld aufweisen, würden sie sich ähnlich wie »kosmische Schnüre« verhalten, d. h. Zeitreisen ermöglichen.

Die Frage nach der technischen Realisierbarkeit von Zeitmaschinen verblaßt vor einem hiermit eng verbundenen Problem, das selbst wissenschaftlich argumentierenden Zeitreisetheoretikern immer wieder entgegengehalten wird. Gemeint sind die bei raumzeitlichen Exkursionen angeblich zu erwartenden Paradoxa und Anachronismen, d. h. Widersprüche in sich bzw. Umkehrung der zeitlichen Abfolge von Ereignissen (Akausalität) – Phänomene, die es nach den Lehren der klassischen Physik ganz einfach nicht geben darf. Ihre Anhänger wenden gegen die Durchführbarkeit von Zeitreisen stets einander ähnelnde Verhinderungsargumente ein. Der englische Physiker Dr. John Gribbin faßt sie unter dem Schlagwort »Großmütterchen-Paradox« zusammen und zitiert eines jener in vielen Varianten angebotenen Beispiele: »Jemand springt mit seiner Zeitmaschine ein paar Jahrzehnte in die Vergangenheit zurück, … nur um [zu seinem größten Entsetzen] festzustellen, daß diese bei der ›Landung‹ in der Vergangenheit seine eigene Großmutter zerquetscht hat, Jahre bevor seine Mutter geboren wurde. Da er dann ebenfalls nicht existieren würde, könnte er auch keine Zeitreise unternehmen, die zum unbeabsichtigten Tod seiner Großmutter führt. Infolgedessen wurden seine Mutter und danach auch er doch geboren … usw. – eine in sich geschlossene, unsinnige Kausalitätsschleife ohne Happy End.«

Science-fiction-Autoren haben es in ihren Romanen immer gut verstanden, den durch Anachronismen hervorgerufenen Widersprüchen in sich geschickt auszuweichen. Obwohl sich die Kausalitätsproblematik in der Praxis natürlich ganz anders stellt – nicht durch irgendwelche billige Tricks umgangen werden kann –, sind heute schon viele Naturwissenschaftler mehr denn je davon überzeugt, daß akausal ausgelöste Paradoxa erst gar nicht entstehen können.

Nach der von den Princeton-Physikern Professor John A. Wheeler und Hugh Everett postulierten »Branching Universe Theory« (Theorie des sich ständig verzweigenden Universums) würden, seit Anbeginn der Welt, durch Verzweigen zahllose neue »Kopien« unseres Universums entstehen – »Ausweich-Bahnhöfe« zum Ver- und Abschieben realitätsfremder Ereignisse, die dem Schicksalsverlauf entgegenstehen. Keine Chance für Paradoxa. Eine Welt, in der Großmütterchen von der Zeitmaschine erdrückt wird, wäre, so Gribbin, nicht die gleiche wie die, in der die Mutter des Zeitreisenden geboren wurde. Sie läge nur »nebenan«. Eine geradezu ungeheuerliche, provozierende Behauptung, die einer allgemeinverständlichen Erläuterung bedarf. Stellen wir uns ein weitverzweigtes Schienennetz vor. Die Gleise, d. h. alle zukünftigen Möglichkeiten, sind fest installiert. Würde jemand die Zukunft vor dem herannahenden »Zeitzug« erreichen, müßte man annehmen, daß diese Person die Weichen beliebig verstellen und so das Ziel – den Eintritt eines bestimmten Ereignisses – vorherbestimmen könnte. Dem aber ist nicht ganz so. Die Intervention des in der Zeit Vorauseilenden (des Zeitfahrers) gelänge nur in *Übereinstimmung mit den realen Absichten »zukünftiger Nachfahren«*. Einfacher gesagt: In der Zukunft ließe sich von Zeitreisenden nur das verändern, was deren Vorfahren ohnehin zu verändern gedachten. Die künstlich vorgenommene »Weichenstellung« wäre demnach eigentlich gar keine. Sie hätte auf die Willensentscheidung früherer Generationen keinerlei Einfluß. Und dennoch könnte oder müßte sie unter Umständen sogar erforderlich sein.
Möglicherweise gehören die scheinbar freien oder Willensentscheidungen und entsprechende »Manipulationen« in der Zukunft sogar zusammen. Vielleicht kommt es durch deren Zusammenwirken erst zum schicksalhaften Ereignis-

eintritt. Beide würden dann einander »auspendeln«. Für das Ausbleiben von Paradoxa bei Zeitreisen gibt es auch eine ganz einfache Erklärung. Die »Ereignisspuren« der Vergangenheit sind in das »Zeitterrain« so fest eingebrannt, daß die »Landung« einer Zeitmaschine *nur in ihnen* möglich ist. Damit wäre die Ankunft der Zeitreisenden und deren Aktionen in der Vergangenheit im historischen Ablauf fest integriert (eingeplant), d. h. sie befänden sich innerhalb der geschlossenen Kausalschleife des Schicksals. Die Zeitreisenden *müßten* sogar in der Vergangenheit auftauchen, um die geschichtlichen Fakten so zu gestalten, wie sie nun einmal »sind«, und wenn es auch nur zur Bestätigung eines Ereignisses wäre.

All dies würde an der Gesamtsumme des schicksalhaften Geschehens nichts ändern. Letztlich bliebe die Kausalität gewahrt, wenn auch die Beziehung zwischen Ursache und Wirkung nicht immer linear verlaufen würde. Kurzum: Die Summe der Ursachen entspräche stets der Summe aller Wirkungen, unabhängig von der zeitlichen Abfolge. Von einer höherdimensionalen Warte aus betrachtet, spielt diese ohnehin keine Rolle. Hier herrscht so etwas wie »Transkausalität«.

Fassen wir zusammen: Physiktheoretiker haben anhand schlüssiger, kalkulatorisch abgesicherter Gedankenexperimente nachgewiesen, daß Zeitreisen durchaus realisierbar sind, und dies, ohne gefährliche Paradoxa und Anachronismen heraufzubeschwören. Einige von ihnen teilen mit dem Autor die Auffassung, daß es sich bei Ufos um Zeitmaschinen aus der Zukunft handelt, um komplexe *Projektoren*, mit denen sich spätere Zivilisationen in alle Geschichtsperioden hineinzu-»beamen« vermögen.

Es gilt jetzt, dies anhand mannigfacher Indizien – auffällige Verhaltensmerkmale von Ufos und konventionell-physikalisch unerklärliche Begleiterscheinungen – zu verifizieren, um eine Grundlage für noch exaktere Zeitreisetheorien zu entwickeln.

2   Zeitsprünge mit Nebeneffekten

> »Die physikalische Realität der Ufos
> ist über jeden Zweifel erhaben. Offensichtlich
> benutzen sie als Antrieb eine Kraft, die mit
> Gravitationsfeldern zusammenhängt.«
>
> DR. JAMES HARDER,
> Dozent an der Universität von Kalifornien

Wir haben bereits festgestellt, daß zwischen Gravitation und Zeit ein kausaler Zusammenhang besteht. So verlangsamen starke Gravitationsfelder zeitliche Abläufe, was letztlich Rückversetzungen in der Zeit dienen könnte. Daher lassen sich immer dann, wenn beim Auftauchen von Ufos gravitativ bedingte physikalische Anomalien auftreten, zeitverändernde Manipulationen nicht ausschließen.

Die Skala der durch Gravitation direkt oder indirekt verursachten Sekundärphänomene ist lang. Sie reicht von handfesten physikalischen und physischen bis hin zu psychischen und paranormalen Manifestationen.

Zu den im Zusammenhang mit Ufo-Sichtungen visuell und haptisch wahrgenommenen Effekten gehören vor allem die an Ufo-»Landestellen« beobachteten Bodenspuren – meist kreisrunde Vertiefungen oder Brandflecken in Feldern und auf Wiesen –, auf Personen und Objekte ausgeübte ungewöhnliche Drücke ohne erkennbare natürliche Ursachen, Hitzeentwicklung in Abwesenheit heißer Luft oder Gase und andere Anomalien.

Häufig gehen Ufo-Nahsichtungen mit Störungen in der Stromversorgung, dem Stillstand von Kraftfahrzeugen (Unterbrechung des elektrischen Zündsystems), dem Ausfall des Telefon- und Funkbetriebs, des Radio- und Fernsehempfangs, der Beeinträchtigung von Herzschrittmachern sowie der Absorption von Schallwellen einher. Ufos vermögen zudem Personen und Objekte im Freien anzuheben (levitieren), Lichtstrahlen unterschiedlicher Länge zu emittieren oder gar zu krümmen – ein besonders auffälliges Indiz für gravitative Manipulationen –, molekulare Bindekräfte zu verändern (vgl. »Kornkreisphänomen«) und feste Körper transparent erscheinen zu lassen. Über welch gewaltige Energien Ufos verfügen mögen, zeigt ein Fall, der sich während des Koreakrieges (1950–1953) vor den Küstengewässern nahe dem südkoreanischen Binn zugetragen haben soll.

Es war an einem jener tristen Herbsttage im Jahre 1952. Für die Männer der dort stationierten Flugabwehrbatterie begann er mit der gewohnten Routine ... Funktionskontrollen, Bereitschaftsübungen, warten und abermals warten ... Die mit Hawk-Raketen ausgerüstete Flugabwehreinheit mußte stets auf Feuerüberfälle der Nordkoreaner gefaßt sein. Gegen 10 Uhr Ortszeit erschien auf den Radarschirmen der Basis das Signal eines unbekannten Flugobjekts, das sich ihr mit hoher Geschwindigkeit näherte. Bei einer Entfernung von 200 Metern bekam man endlich Sichtkontakt. Aus der über dem Meer schwebenden Dunstglokke schälten sich die Umrisse einer glühenden metallischen Scheibe, deren Durchmesser auf etwa 30 Meter geschätzt wurde. Um den Scheibenrand bewegten sich im Gegenuhrzeigersinn rot und grün pulsierende Lichter.

Für die wachhabenden Männer der Einheit, deren Nerven durch das ewige Warten aufs Äußerste gespannt waren, ein wahrhaft gespenstischer Anblick. Plötzlich hielt das seltsame

Vehikel mitten im Flug inne. Es hatte sich bis auf weniger als 200 Meter der Flakstellung genähert, und seine Positionslichter blinkten jetzt in rascher Folge. Der Flugzeugerkennungsdienst stellte lapidar fest, daß es sich bei diesem Objekt weder um ein konventionelles Flugzeug noch um einen neuartigen Raketentyp handele. Die Ratlosigkeit der Batterieleitung währte nur wenige Sekunden. Ein Objekt ohne Erkennungszeichen, das im Operationsgebiet von Binn eine derart bedrohliche Position bezog, löste damals fast automatisch Rotalarm aus.

Der Kommandant ordnete sofort Gefechtsbereitschaft an, und die D-Batterie feuerte ihre erste Hawk-Rakete auf den »Eindringling«. Sie sollte nicht weit kommen. Vor den Augen einer maßlos verblüfften Bedienungsmannschaft wurde sie von einem grell-weißen Lichtblitz getroffen und augenblicklich zerstört. Ein zweiter »Blitz« sollte den Gefechtsstand der D-Batterie treffen und diesen samt Inventar zusammenschmelzen. Daraufhin entfernte sich das Objekt mit unglaublicher Geschwindigkeit aus dem Bereich der Raketenstellung. Sekunden später war es auch vom Radarschirm verschwunden.

Der angerichtete Schaden ging in die Millionen. Dank der Fernbedienung hatte es bei dem Zwischenfall weder Tote noch Verletzte gegeben. Tags darauf vergatterte der Kommandant Offiziere und Mannschaften zur strikten Geheimhaltung. Doch schon bald stellte es sich heraus, daß Ereignisse dieser Relevanz nicht zu verheimlichen waren.

Gravitationswellenimpulse – um solche könnte es sich im Binn-Zwischenfall gehandelt haben – dürften auch für zahlreiche physische Störungen verantwortlich sein, die mitunter nach Ufo-Sichtkontakten auftreten. Hier wird unter anderem über Hautrötungen, partielle Verbrennungen, geschwollene Augen, temporäre Blindheit, Übelkeit, Kopfschmerzen, Kreislaufstörungen sowie über vorübergehende Lähmungserscheinungen an Armen und Beinen, andererseits aber auch über das plötzliche, unerklärliche Verschwinden selbst chronischer Krankheiten und spontane Heilungen frischer Wunden berichtet (vgl. Fall Duval, Kapitel IV/Einleitung).

Die bei Annäherung an Ufos als besonders bedrohlich empfundenen Hitzewellen lassen sich womöglich ebenfalls auf gravitativ ausgelöste elektromagnetische Strahlung – vorwiegend im Infrarot-, Ultraviolett- und Röntgenstrahlenbereich – zurückführen.

In der Nacht vom 5. November 1957 gegen 2 Uhr wurden zwei Wachsoldaten der an der brasilianischen Ostküste gelegenen Armeegarnison Itaipu auf einen »Stern« aufmerksam, der sich mit großer Geschwindigkeit dem Fort näherte. Als sich das orangefarben glühende Objekt direkt über ihnen befand, stoppte es jäh ab, um im Sinkflug auf etwa 50 Meter niederzugehen, wo es zunächst eine Minute regungslos verharrte. Dann brach die Hölle los. Die beiden Wachsoldaten wurden von einem unerträglichen Hitzeschwall erfaßt, der sie beinahe um den Verstand brachte. Begleitet wurde die Attacke von einem nervtötenden Summton, der ständig an Intensität zunahm. Die Soldaten hatten das Gefühl, in ihren Uniformen verbrennen zu müssen. Panik kam auf. Während einer der Soldaten kollabierte, gelang es seinem Kameraden zu flüchten und die Garnison zu alarmieren. Zu allem Unglück brachen dann noch die Stromversorgung, das Notstromaggregat und das Telefonnetz zusammen, so daß die Geschütze gar nicht erst besetzt werden konnten. Der »Spuk« sollte ganze drei Minuten dauern. Dann entfernte sich das aggressive Ufo mit hoher Geschwindigkeit.

Unmittelbar nach dem Überfall wurden die beiden Wachsoldaten ins Lazarett gebracht, wo man feststellte, daß sie Verbrennungen ersten und zweiten Grades erlitten hatten.

Am 1. Juli 1954 ortete die Radarleitstelle der Griffiss Airbase ein unbekanntes Flugobjekt über New York. Sofort wurde ein Abfangjäger vom Typ F-94 hochgeschickt, der sich dem Objekt im Steilflug rasch näherte. Auf Sichtweite herangekommen, herrschten im Cockpit mit einem Mal unerträgliche Temperaturen. Der Pilot und sein Radarbeobachter rangen förmlich nach Luft. Sie glaubten, im nächsten Augenblick ohnmächtig zu werden. Automatisch betätigten sie die Auslöser ihrer Schleudersitze. Der Zwischenfall sollte schlimme Folgen haben. Die F-94 stürzte über Walesville ab und durchbohrte ein Wohnhaus. Dabei kam eine vierköpfige Familie ums Leben, fünf Personen wurden zum Teil schwer verletzt. Als die Angehörigen der Opfer Näheres über den Hergang des tragischen Geschehens wissen wollten, waren der Pilot und sein Begleiter sofort aussagebereit, um den wahren Sachverhalt offenzulegen. Die amerikanische Luftwaffe wußte dies geschickt zu verhindern, indem sie den Zwischenfall als »geheim« klassifizierte. Damit hatte man die Piloten mundtot gemacht.

Ähnliches war in den fünfziger Jahren dem uruguayischen Piloten und Ausbilder Carlos Alejo Rodriguez widerfahren, als dieser sich mit seiner Maschine der Marineflugbasis Curbelo näherte. Er sah sich plötzlich einem diskusförmigen Objekt mit einem Durchmesser von etwa 20 Metern gegenüber, das in einiger Entfernung über einer bestimmten Stelle verharrte. Neugierig näherte sich Rodriguez dem Ding, als ihm auf halbem Wege eine schier unerträgliche Hitzewelle entgegenschlug, die ihn zu ersticken drohte. Hastig drehte er ab, woraufhin sich die Kabinentemperatur wieder normalisierte.

Die RAND Corporation – einer der bedeutendsten »Denktanks« der amerikanischen Luftwaffe – beschäftigte sich lange Zeit mit den hier geschilderten Ufo-Phänomenen. Eine im Jahre 1953 unter der Kennzeichnung *RAND DOCUMENT* veröffentlichte Analyse bestätigt (sehr zum Leidwesen der US-Luftwaffe) ausdrücklich die Existenz von Ufos sowie die mit deren Aktivitäten einhergehenden Begleitphänomene. Hierzu gehören natürlich auch die bei Ufo-Nahbegegnungen festgestellten psychischen Anomalien wie Verwirrungszustände, Erinnerungsverluste, mentale Blokkaden, Wahnvorstellungen und das vorübergehende Wahrnehmen alternativer Realitäten.

Hiermit eng verbunden sind paranormale und paraphysikalische Phänomene, die durch Ufos direkt oder indirekt ausgelöst werden: Psychokinese, psychokinetisch verursachte Brände, spontane, unerklärliche Heilungen, Schwebezustände, Wahrnehmung von Erscheinungen, Materialisationen und Dematerialisationen sowie die Beherrschung paranormaler Fähigkeiten nach Ufo-Begegnungen.

I. v. Ludwiger und andere Verfechter einer in transdimensionale Bereiche übergreifenden Physik halten es für denkbar, daß Ufos in der Lage sein könnten, eigene Gravitationsfelder zu erzeugen, mit denen sie die irdische Gravitation kompensieren. So ließen sich Gravitationswellen möglicherweise mittels starker variabler Magnetfelder oder durch einen noch unbekannten physikalischen Prozeß (v. Ludwiger: »vielleicht durch Umwandlung elektromagnetischer Strahlung bzw. Abspaltung [sic] aus bestimmten Elementen«) generieren, die wiederum entsprechend starke Magnetfelder induzieren.

Gravitationswellengeneratoren aber dürften nicht nur für Operationen im erdnahen Weltraum und in der Atmosphäre, sondern auch – und dies hauptsächlich – zur Erzeugung zeitüberbrückender Zustände eingesetzt werden.

Im Rahmen seines 6D-Weltmodells, das zwei sogenannte »Transkoordinaten« – eine entelechiale und eine äonische Dimension (vgl. Kapitel II/4) – enthält, bezeichnet B. Heim Gravitationswellen oder -strahlen als »Aktivitätsströme« aus eben diesen höherdimensionalen Bereichen.

I. v. Ludwiger: »Wenn Gravitationsstrahlung in unseren dreidimensionalen Raum eindringt, reagiert jene intensiv mit Materie, d. h. man würde das Auftreten von Gravitationsstrahlungsquellen als helle Zone – wie ein Kugelblitz – erkennen.« Es wäre dies ein visuell wahrnehmbarer »Reibungsbereich« – eine Schnittstelle zwischen unserer 4D-Welt und dem Hyperraum. Sicher keine Fiktion wie in dem Science-fiction-Reißer »Das Philadelphia-Experiment«, sondern eine physikalische Realität mit allen sich hieraus ergebenden Konsequenzen.

Ufo-Nahsichtungen führen, nach Angaben zuverlässiger Zeugen, mitunter zum Levitieren von Personen und Objekten. Ihr Eigengewicht verringert sich vorübergehend, was einer Gravitationsmanipulation gleichkommt. Zahlreiche Beispiele belegen dies.

Am 3. Februar 1977 fuhr Sandra Cashel aus West Virginia mit ihrem Wagen eine kleine Anhöhe hinauf, als es in ihrem Autoradio plötzlich verdächtig knackte. Gleichzeitig schwebte von links ein greller orangefarbener Lichtball heran, der die Fahrbahn versperrte. Zu Tode erschrocken, steuerte die Frau ihren Wagen die Böschung hinunter, um nicht mit dem Objekt zu kollidieren. Sie hatte nur noch einen Gedanken: den Wagen so schnell wie möglich zu verlassen. Doch dazu sollte es erst gar nicht kommen. Trotz größter Anstrengungen konnte sie ihre Glieder nicht mehr bewegen. Ihr war, als »stecke sie in einer breiigen Zementbrühe«.

Als sie kurz nach oben blickte, sah sie einen haubenförmigen Flugkörper, der gerade zur Landung ansetzte. Er gab einen schrillen, fremdartigen Ton von sich, der ihren Wagen zum Vibrieren brachte. Plötzlich löste sich von der Unterseite des Ufos ein weißer »Lichtstrahl«, der das Auto erfaßte und sachte über die Straße hob, wo es schließlich unbeschädigt auf dem Boden aufsetzte.

Eine etwas unsanftere Levitation erlebte Fay Knowles, die mit ihren beiden Söhnen Sean und Patrick auf der Nullabor-Ebene, etwa 1200 Kilometer östlich von Perth (Westaustralien), unterwegs war. Die Frau mußte blitzschnell einem größeren, helleuchtenden Objekt ausweichen, das sich mitten auf der Landstraße niedergelassen hatte. Sie hielt kurz an, um sich das seltsame Vehikel aus der Nähe anzusehen. Dann aber bekam sie es doch mit der Angst zu tun. Sie startete unverzüglich und entfernte sich mit hoher Geschwindigkeit – das eierbecherförmige Objekt im Gefolge. Als es über ihr schwebte, begann das Auto plötzlich vom Boden abzuheben. Nachdem das Ufo den frei in der Luft hängenden Wagen heftig durchgeschüttelt, ihn innen wie außen mit schwarzer »Asche« verunreinigt und sein Dach beschädigt hatte, ließ es ihn derart hart auf dem Boden aufprallen, daß einer der Reifen platzte. Die Knowles' waren noch einmal mit dem Schrecken davongekommen.

Damals wollen in dieser Region ein Lkw-Fahrer und die Besatzungen einiger Garnelenfangboote ähnliche Beobachtungen gemacht haben. Frau Knowles und die anderen Zeugen wußten einhellig zu berichten, daß während der jeweiligen Zwischenfälle die Stimmen sämtlicher Anwesenden seltsam verzerrt geklungen hatten – wahrscheinlich ein Nebeneffekt der gravitativen Manipulation.

Gelegentlich wird auch über nach unten gerichtete gravitative Wirbelfelder berichtet, die Abstoßeffekte zur Folge haben. So geschehen im amerikanischen Bundesstaat Louisiana. Am 21. Januar 1977 wurden zwei Fischer im Dike-Kanal, St. Bernhard Parish, von einem Ufo verfolgt, das bis auf etwa 20 Meter herunterkam, ohne dabei irgendwelche Geräusche zu verursachen. Es strahlte enorme Wärme ab. Das Boot der beiden Männer wurde trotz laufenden Motors von einer unbekannten Kraft festgehalten. Einer der Zeugen sprach von »starken Gravitationskräften«, die auf sie eingewirkt hätten.

Der unbekannte Flugkörper soll einen Durchmesser von drei bis fünf Metern besessen haben. Er glich einer runden glühenden Scheibe, deren Äußeres aus vielen kleinen Facetten zusammengesetzt war. Nachdem sich die Leuchtmasse entfernt hatte, machte das Boot – vom Fesselfeld befreit – einen Satz nach vorn, wobei einer der Fischer gegen den Motor, der andere zu Boden geschleudert wurde.

Wenn man davon ausgeht, daß Ufos, wie zuvor angedeutet, Gravitationsfelder erzeugen, wäre es sicher nicht unberechtigt, anzunehmen, daß diese wiederum elektromagnetische Felder (vor allem im Bereich der Mikrowellen- und IR-Strahlen) generieren, die zu allerlei Wechselwirkungen mit ihrer Umgebung führen. Die so ausgelösten starken gepulsten Magnetfelder könnten z. B. die Motorhauben von Kraftfahrzeugen durchdringen und die Zündkreise unterbrechen, Rundfunk- und Fernsehempfang stören, die Stromversorgung ganzer Gemeinden lahmlegen und Luftmoleküle zum Leuchten bringen – alles Phänomene, die im Zusammenhang mit Ufo-Aktivitäten schon tausendfach beobachtet wurden.

Am Abend des 27. April 1967 blieben in der Nähe von Texas Creek, Colorado, drei hintereinander fahrende Wagen gleichzeitig stehen. Ihre Motoren und Scheinwerfer waren mit einem Schlag ausgefallen. Als sich die Fahrer umschauten, entdeckten sie in geringer Entfernung einen eiförmigen

Flugkörper, der dort gelandet war. Beherzt ging einer der Männer auf das ungewöhnliche Objekt zu, aus dem plötzlich ein greller Lichtstrahl hervorschoß. Der Mann war auf der Stelle bewegungsunfähig. Erst als sich das Ufo-»Ei« entfernt hatte, verschwand die Starre, funktionierten die Motoren und Scheinwerfer der Autos wieder einwandfrei.

Über einen ähnlichen Fall, der sich am Abend des 31. Juli 1969 an einem S-Bahn-Übergang im Moskauer Kontsewsk-Viertel zugetragen haben soll, berichtet L. I. Kuprianowitsch. Einige Autos warteten vor geschlossener Schranke auf das Passieren der S-Bahn. Als sie schließlich geöffnet wurde, sprangen die Motoren nicht an. Passanten machten die verblüfften Autofahrer auf zwei diskusförmige Objekte aufmerksam, die im gleichen Augenblick die Bahnlinie überquerten. Erst nachdem die Flugkörper verschwunden waren, konnten die Fahrer ihre Wagen starten.

Daß Ufos mit ihren allem Anschein nach gravitativ manipulierten Lichtbündeln viel Schlimmeres anzurichten vermögen, verdeutlicht ein Fall, der sich nach einem Bericht von Professor Felipe Machado Carrion im Februar 1946 in dem kleinen brasilianischen Dorf Aracariguama im Staate Sao Paulo zugetragen haben soll.

Ein Mann namens João Prestes kam in der Dämmerung vom Angeln nach Hause. Da er keinen Schlüssel besaß und seine Frau nicht zu Hause war, mußte er durchs Fenster klettern, wobei er von einem Lichtblitz getroffen wurde, der aus dem Nichts zu kommen schien. Zutiefst erschrocken rannte Prestes zum nahegelegenen Haus seiner Schwester, wo man feststellte, daß sich die Haut seines Gesichtes und seiner Arme rasch zu verändern begann. Auf ihr bildeten sich Blasen, die schnell aufplatzten und weit auseinanderklaffende Wunden hinterließen. Schließlich sackten die Arm- und Gesichtsmuskeln des Bedauernswerten zusammen.

Der Mann schien keine Schmerzen zu empfinden, gab aber unverständliche Kehllaute von sich. Herbeigeeilte Nachbarn mußten zu ihrem Entsetzen mitansehen, wie sich Prestes Gesicht aufzulösen begann. Seine Nase glitt nach unten, seine Lippen fielen ab und legten die Zähne frei – ein schrecklicher Anblick. Prestes Augen traten aus den Höhlen und rollten zu Boden. Er schmolz förmlich dahin.

Geistesgegenwärtig luden ihn die Nachbarn in ein Auto, um ihn auf dem schnellsten Weg zum Krankenhaus zu transportieren. Umsonst. Bei ihrer Ankunft war der Ärmste bereits tot. Eine erst viel später durchgeführte Obduktion führte zu keinem Ergebnis. Bliebe noch anzumerken, daß die dortige Bevölkerung zur Zeit des tragischen Geschehens zahlreiche seltsame Lichter am nächtlichen Himmel beobachtet hatte. Sollte das Lichtbündel, das Prestes seinerzeit so unglücklich getroffen hatte, starke Mikrowellen- und UV-Strahlung freigesetzt haben, wäre der anschließende Auflösungsprozeß durchaus verständlich.

Wie bereits angedeutet, dürften künstlich erzeugte Gravitationsfelder neben physischen Störungen auch psychosomatische und paranormale Effekte auslösen. Freiwerdende Gravitationsstrahlung könnte in unserer Welt ganz unterschiedliche Wahrnehmungen auslösen:

– Aus dem Nichts tauchen leuchtende Gebilde auf, wie wir sie von Ufos her kennen – Objekte, die durchsichtig sind, mitunter aber auch visuell dichter erscheinen.

– In Form, Länge, Richtung und Dauer (Verlauf) offenbar gravitativ manipulierbare »Lichtstäbe« (sogenannte »solid lights«) erscheinen. Sie können sich duplizieren und wieder zusammenwachsen, physikalisch wirksam werden, um im nächsten Augenblick diffuse Formen anzunehmen oder völlig zu verschwinden.

– Diesen Gebilden können fiktive Gestalten (Roboter,

Zwerge, Riesen, Raumfahrer usw.) entspringen, die sich, wollte man sie berühren, in Luft auflösen, da es sich hierbei offenbar um Phantome, um »Projektionen« aus anderen Existenzbereichen handelt, die dort allerdings genauso real sind, wie wir in unserer Welt.

Die bekannte russische Testpilotin Dr.-Ing. Marina Popowitsch warnt in ihrem Buch *UFO Glasnost* nachhaltig vor dem unachtsamen Betreten von Ufo-Landeplätzen. Sie und andere Wissenschaftler sind ebenfalls davon überzeugt, daß Ufos gravitative Aktivitäten entfalten, die als Nebenwirkung am Landeort Störungen der räumlich-zeitlichen Abläufe im Vektorfeld der Erde zur Folge haben. Wörtlich: »Das Bioenergiesystem eines Menschen, der sich an solchen Stellen aufhält, kann so stark beeinflußt werden, daß das Gehirn des Betreffenden Schaden davonträgt. Vor allem müßte vermieden werden, daß Kinder, deren Psyche noch nicht ausgeprägt und noch instabil ist, sich dort aufhalten.«

Das vorübergehende Abhandenkommen des Zeitsinns – ein Gefühl absoluter Zeitlosigkeit – dürfte ein weiteres Indiz für die von Ufos ausgehenden Gravitationsimpulse sein. An Fallbeispielen mangelt es nicht.

Im Dezember 1972 beobachteten zwei Mädchen nahe der finnischen Ortschaft Pulkinnan ein beleuchtetes eiförmiges Flugobjekt. Als dieses plötzlich einen roten Lichtstrahl losschickte, wurden die beiden vollkörperlich paralysiert. Sie konnten nicht atmen, hören und sprechen. Unter Aufbietung all ihrer Kräfte gelang es ihnen schließlich, sich aus dem Bann des Lähmungsstrahls zu befreien. Später behaupteten sie, daß ihnen in dem »Fesselfeld« jegliches Zeitempfinden abhanden gekommen war.

Ähnlich erging es so manchen Piloten von Militärmaschinen, die zur Verfolgung von Ufos eingesetzt waren und bereits Feuerbereitschaft gemeldet hatten. Sie klagten nicht nur über den Verlust ihres Zeitempfindens, sondern wähnten sich mitunter auch in völlig fremden Realitäten, in Gegenden, die nicht mit den beim Briefing festgelegten Orientierungsmarken übereinstimmen.

Aus Geheimberichten, die ein junger amerikanischer Trainee in den vierziger Jahren im US-Luftwaffenstützpunkt Wethersfield (GB) einsehen konnte, war zu erfahren, daß sich Fälle von Realitätsverlusten öfters ereigneten. Piloten, die Ufos verfolgten, sahen sich plötzlich in Scheinlandschaften versetzt (vgl. Fall Dr. Duval, Kapitel IV). In einem Fall, der beinahe tragisch geendet hätte, glaubte ein Flugzeugführer auf dem vorgegebenen Kurs zur Basis zurückzukehren, flog aber in die entgegengesetzte Richtung, die zum offenen Meer hin führte.

Bei einem anderen Einsatz gegen radargeortete Ufos kehrten alle ausgesandten Maschinen befehlswidrig und ohne erkennbare Ursache auf einmal zur Basis zurück. Ärzte sprachen damals von kollektiver Amnesie. Wodurch diese letztlich ausgelöst wurde, vermochte keiner der »Medizinmänner« zu sagen. Die Piloten selbst waren ratlos. Totales Blackout. In diesem Zusammenhang sind zahlreiche Fälle bekannt geworden, in denen Piloten im Einsatz gegen Ufos schwere psychische Schäden davongetragen haben und ihren Dienst quittieren mußten.

Neuerdings wird vermutet, daß starke gravitative Einflüsse – spürbare Schwerkraftschwankungen, wie sie von Ufos auszugehen scheinen – durchaus halluzinatorische Erlebnisse, Amnesien und Persönlichkeitsveränderungen hervorrufen können. Die enge Verbundenheit zwischen Gravitationsfeldern und psychischen oder Bewußtseinsstrukturen ist nach dem 6D-Weltmodell von B. Heim (vgl. Kapitel II/ 4) nur allzu verständlich. In ihm stellen Gravitationswellen

Kondensationen von 5- und 6-dimensionalen Strukturen dar, die, wie bereits erwähnt, feinstofflicher, psychischer Natur sind.

Mehr noch: In der Umgebung von Gravitationswellengeneratoren müßte es, nach v. Ludwiger, zwangsläufig zu Manifestationen kommen, die es nach dem Zweiten Hauptsatz der Thermodynamik gar nicht geben darf, so unter anderem zu paraphysikalischen Phänomenen wie z. B. Levitationen (Gravitationsveränderungen) von Personen und Objekten, zu Teleportationen, Apporten usw.

Der verstorbene amerikanische Parapsychologe D. Scott Rogo meinte einmal, daß Ufos möglicherweise »Geräte zur Beeinflussung des menschlichen Bewußtseins seien, Projektoren, die uns scheinbar reale, dreidimensional wirkende Szenen vermitteln«. Diese Theorie suggeriert eine Art kosmisches Erziehungsprogramm. Könnte es nicht eher so sein, daß sich »Fremde« aus unserer eigenen Zukunft auf gravitativem Wege in die Vergangenheit projizieren, um dort die irdische Entwicklung zu studieren und festzustellen, was über die Jahrhunderte falsch gelaufen ist, was ihr eigenes Schicksal beeinflußt hat?

3 Die lautlose Invasion – Projektionen aus der Zukunft

C. G. Jung (1875–1961) lag mit seiner Vermutung, Ufos seien so etwas wie »psychologische Projektionen«, gar nicht einmal so sehr daneben. Indem er sie mit seinem vielbeachteten Buch »Ein moderner Mythus – Von Dingen, die am Himmel gesehen werden« seiner Archetypen-Theorie zuzuordnen versuchte und Ufos mit »kollektiven Visionen«

verglich, schloß er jedoch etwaige physikalische Ursachen von vornherein aus. Diese Unterlassung sollte ihm nicht zum Vorwurf gemacht werden, zumal vieles, was heute als gesichertes Wissen gilt, zu seiner Zeit als unzulässige Spekulation abgeschmettert worden wäre.

Daß es sich bei Ufos im engeren Sinne und den durch sie ausgelösten Manifestationen kaum um »außerirdische Raumfahrzeuge«, sondern mehr um komplexe *Projektionen* aus der Zukunft bzw. aus mit uns simultan existierenden Welten – gemeint sind Paralleluniversen – handelt, wird immer wahrscheinlicher. In zahllosen Fällen konnte der – von uns aus betrachtet – immaterielle Charakter jener Objekte und der sie begleitenden Entitäten eindeutig nachgewiesen werden. Ufos wären demnach nichts weiter als in unsere 4D-Welt hineinprojizierte Hologramme – Phantome unterschiedlicher Materialität. Solche Projektionen könnten womöglich nach der zuvor angedeuteten *Transmitter-Zeitreisetechnik* (vgl. Kapitel IV/1) erfolgen, nur daß hierbei die Zeitreisenden am Zielort nicht vollkörperlich, sondern als aktionsfähige »Doubles« ihrer Selbst anwesend wären. Parapsychologen würden dies wahrscheinlich als eine technisierte *Bilokation* bezeichnen.

Am 25. März 1942 befindet sich Lt. Roman Sobinski von der 301. Bomberstaffel der Royal Air Force nach einer nächtlichen Attacke gegen Essen auf dem Rückflug Richtung England. Über der Zuidersee (Holland) taucht mit einem Mal ein orange glühender Diskus auf, der sich Sobinskis Maschine rasch bis auf 200 Meter nähert. Der Heckschütze erhält sofort Feuerbefehl. Ein wahrer Salvenhagel überschüttet den vermeintlichen Gegner. Obwohl die fliegende Scheibe gleich mehrfach getroffen wird, bleibt der Beschuß wirkungslos. Insgesamt fünf Minuten folgt sie dem unbeirrt dahinfliegenden Bomber, um dann gewissermaßen »aus dem Stand heraus« zu beschleunigen, mit einer wahnwitzigen Geschwindigkeit davonzuschießen.

Projizierte Objekte wären, ähnlich Schatten, gänzlich unzerstörbar. Sie könnten sich gefahrlos jeder Kampfhandlung aussetzen, ohne darin verwickelt und vernichtet zu werden. Sie wären als 3D-Phantome anwesend und doch nicht »da«.

Szenenwechsel. »Unverwundbarkeit« könnte ein interessantes Indiz für die Anwesenheit immaterieller Objekte sein, so wie im Fall des Amerikaners Stephan Pulanski, der am 25. Oktober 1973 gegen 21 Uhr nahe Greensburg, Pennsylvania, die Landung einer rot leuchtenden, halbkugelförmigen »Blase« mit einem Durchmesser von ungefähr 30 Metern beobachtet haben will. Mit einem Gewehr bewaffnet, näherte er sich vorsichtig dem unförmigen Objekt, dem plötzlich zwei große Wesen entstiegen, deren Gang an den aufrechtgehender Bären erinnerte. Offenbar ohne sich über etwaige Folgen seines Handelns bewußt zu sein, schoß Pulanski mehrmals auf die sich ihm nähernden Entitäten. Beide schienen »getroffen«, aber unverletzt zu sein. Sie wankten ein wenig und flüchteten spornstreichs in den angrenzenden Wald. Im gleichen Augenblick sackte die »Blase« in sich zusammen. Sie hinterließ einen helleuchtenden runden Fleck, der aufgrund seiner Größe auch von weitem gut zu erkennen war. Pulanski beschloß, die Polizei zu benachrichtigen.

Als er gegen 22 Uhr in Begleitung des Sheriffs den Ort des sonderbaren Geschehens erneut aufsuchte, war der Leuchtkreis immer noch gut zu erkennen. Da der Sheriff mangels weiterer Spuren die nächtliche Suche einstellte, begab sich der stark verunsicherte Pulanski gegen 2 Uhr früh nochmals zur bewußten Stelle. Diesmal begleiteten ihn gleich mehrere Personen, die ihm bei der Aufklärung des Vorfalls behilflich sein wollten. Vor Ort drehte der erschöpfte Pulanski plötzlich durch. Er atmete schwer, schlug wild um sich und schrie hysterisch: »Geh weg! ... Es ist hier ... Geh zurück!« Seine Begleiter mußten ihn nach Hause fahren.

Später erinnerte sich Pulanski, in Trance »einen Mann in schwarzer Robe« gesehen zu haben, hinter dem alles zu brennen schien. Vor ihm seien die beiden Kreaturen aufgetaucht, die er zuvor beschossen hatte. Sie hätten ihn voller Haß angestarrt, so als ob sie ihm nach dem Leben trachteten.

Der amerikanische Buchautor Leonard H. Stringfield berichtet über mehrere solcher Begegnungen mit Phantomwesen, die offenbar einer anderen Realität entstammen. So will eine Mrs. Lister 1964 – damals 18jährig und noch nicht verheiratet – mit ihrem Freund vom Auto aus eine Gestalt beobachtet haben, die über die Felder ihrer Mutter dahineilte und dabei ungehindert mehrere Stränge Stacheldraht passierte. Es war, als ob der Draht für das Wesen überhaupt nicht existierte.

Zahlreiche gut dokumentierte Fälle lassen erkennen, daß diesen Projektionen offenbar ein holographisches Prinzip innewohnt, daß hier eine Technik ausgeübt wird, die der unsrigen haushoch überlegen ist.

Wir befinden uns in der ehemaligen Sowjetunion und schreiben das Jahr 1975. In der Nacht vom 15. oder 16. Juni ist Leutnant V. G. Palzew nach Borisoglewsk (zwischen Woronesch und Saratow) unterwegs, um dort seinen erkrankten Sohn zu besuchen. Auf einer einsamen Landstraße hält er nach einer Mitfahrgelegenheit Ausschau, als ihm zwischen den Bäumen ein Licht auffällt, das von einem angrenzenden Feld zu kommen scheint. In der Hoffnung, dort jemanden zu finden, der ihn wenigstens ein paar Kilometer mitnehmen kann, geht er auf die Lichtquelle zu, in der er beim Näherkommen eine über dem Boden schwebende Scheibe mit Kuppel erkennt. Aus einer Entfernung von 50 Metern sieht er im Inneren des erleuchteten Objekts drei menschliche Gestalten. Sie bewegen sich nicht – ein gespenstischer Anblick.

Palzews Neugierde ist geweckt. Als er sich dem schwebenden Objekt bis auf etwa 30 Meter nähert, verspürt er plötzlich eine Kraft, die ihn wie ein »unsichtbares Netz« zurückhält. Er versucht mit aller Kraft, das Hindernis zu überwinden, und fällt dabei in eine Art Volltrance. Als er wieder zu sich kommt, stellt er verwundert fest, daß seine Position nicht mehr die gleiche ist wie zuvor. Seine Schirmmütze und Aktentasche liegen neben ihm. Die Tasche, die zuvor ganz neu gewesen war, sieht jetzt völlig abgenutzt und alt aus.

Das diskusförmige Objekt schwebt immer noch über der gleichen Stelle. Palzew versucht abermals, sich der Scheibe zu nähern, um mit den Insassen Kontakt aufzunehmen. Er geht immer schneller, kommt aber dem Objekt um keinen Zentimeter näher. Ein Windstoß erfaßt die Scheibe und läßt ihre Konturen wellenförmige Bewegungen vollführen. Wörtlich: »Wie ein Segeltuch im Wind.« Eine unwirkliche Situation, die nur dadurch unterbrochen wird, daß sich dem maßlos verblüfften Palzew ein Motorradfahrer nähert, der ihn dann ein Stück Wegs mitnimmt.

Schließt man einmal aus, daß Palzew halluzinierte – seine »gealterte« Aktentasche spricht eigentlich dagegen –, so läßt sein vergeblicher Annäherungsversuch nur einen Schluß zu: er war vorübergehend mit einer holographischen Projektion konfrontiert – einem andersdimensionalen, immateriellen Objekt, unerreichbar für uns Menschen. Eine entsprechende Projektionsvorrichtung wäre nachgerade ideal, um raumzeitliche Abstände und Dimensionen zu überwinden. So, wie man sich heute schon visuell und mit seinem Bewußtsein in einer künstlich geschaffenen Computerrealität – dem Cyberspace – bewegen kann, dürfte es später einmal möglich sein, Menschen, geklonte Wesen, Cyborgs, Roboter und Gerät in andere Zeiten oder Parallelwelten zu projizieren.

Transjizieren wäre wohl der bessere Ausdruck, da das Einblenden in die andere Realität zwangsläufig über den Hyperraum stattfinden würde. Und dies alles könnte vom »Lehnstuhl«, d. h. vom Labor aus erfolgen. *Transjektoren* würden via Hyperraum das komplette Szenarium z. B. in die Vergangenheit »beamen« und dort von jedem und allem handlungs- bzw. einsatzfähige »Doubles« – lebensecht wirkende Phantombilder – erzeugen, denen sie, je nach Erfordernis, unterschiedliche Dichtigkeitsgrade verleihen: von »unscharf-verschwommen« über »bildhaft-klar umrissen« bis hin zu »spurenhinterlassend-massiv«. Ein wesentlicher Vorteil solcher Transjektionen bestünde darin, daß sie weder an das Trägheitsprinzip noch an die Lichtgeschwindigkeit gebunden wären.

Die transjizierten Zeitreisenden würden sich, obwohl sie aus der Zukunft stammten, »vor Ort«, also in ihrer Vergangenheit, genauso real fühlen wie zu Hause im Labor.

Es ließe sich einwenden, daß solche Doppelexistenzen beim »Original« leicht schizophrene Zustände heraufbeschwören könnten. Dies muß nicht sein. Bei Astralkörperaustritten (AKE-Zustände) ist die Situation vergleichsweise ähnlich. Das Bewußtsein des Ausgetretenen vermag, ohne die physisch anwesende Person zu gefährden, mühelos zwischen dem materiellen und feinstofflichen Körper hin- und herzupendeln.

Es wurden auch bereits Spekulationen darüber angestellt, wie solche Hyperraum-Projektionen zustande kommen könnten. Sie wären auf jeden Fall kaum mit raumzeitlichen »Flügen«, sondern – nach den Vorstellungen von B. Heim und I. v. Ludwiger – mehr mit komplexen »Drehungen« in übergeordneten Weltdimensionen zu vergleichen.

Der amerikanische Physiker Thomas E. Bearden, ein ehemaliger Spezialist für Luftabwehrsysteme, hat für Dreh- oder Kippbewegungen über den Hyperraum die Bezeichnung »Orthorotation« gewählt. Sie beschreibt das Hineinstimulieren eines Objekts von einer bestimmten Realität in eine andere und erklärt in diesem Zusammenhang auch paraphysikalische Phänomene wie Apporte und Teleportationen, bei denen plötzlich Dinge aus dem Nichts auftauchen bzw. wieder in diesem verschwinden. I. v. Ludwiger hält es für denkbar, daß sich zeit- und dimensionsüberbrückende »Projektionen« später einmal über sogenannte *Syntropoden-Brücken* realisieren lassen. Es handelt sich hierbei um hypothetische Informationskanäle aus Transbereichen, über die, bei ähnlichen psychischen Strukturen, Informationen in Form psychischer Muster ausgetauscht werden könnten. Kontaktfreudige Hochzivilisationen müßten demnach Syntropoden-Brücken zu geeigneten Zielorten hin zu errichten versuchen, wo es zu psychischen »Musterresonanzen« kommt.

Nach v. Ludwiger, der zwischen 1984 und 1990 die hier erwähnte Projektor-Theorie entwickelt hat, setzt die Realisierung derselben die »Produktion und völlige Beherrschung von Aktivitätenströmen« voraus, bei denen es sich, wie im vorausgegangenen Kapitel dargelegt, nicht etwa um Energien, sondern um Gravitationswellen handelt. Sie wirken nach v. Ludwiger so, als ob »ein energetischer Umwandlungsprozeß in der Zeit rückwärts laufen würde«.

Eines der eigenartigsten Phänomene, die im Zusammenhang mit Ufos immer wieder beobachtet werden, ist das der »Solid Lights« (wörtlich: Massiv-Lichter). Diese anomale Lichterscheinung gleicht in der Regel einem kompakten leuchtenden Zylinder oder Kegel. Sie verfügt über zahlreiche ungewöhnliche physikalische Eigenschaften. »Solid Lights« können Objekte levitieren (anheben) oder niederdrücken, Lähmungen und Verletzungen hervorrufen, d. h. physikalisch wirksam werden. Da es sich hierbei offenbar um die für uns sichtbare Komponente der Syntropoden-Brücken handelt, mit denen Versetzungen in parallel existierende Zeitperioden und Realitäten möglich sind, wollen wir uns zunächst etwas ausführlicher mit deren Eigenarten befassen.

4   »Solid Lights« –
Instrumentarium der Zeitlosen?

Gewöhnliches Licht pflanzt sich mit einer Geschwindigkeit von knapp 300 000 Kilometern pro Sekunde geradlinig fort und behält diese unvermindert bei, so lange es auf kein Hindernis trifft. Als sichtbare Komponente des elektromagnetischen Wellenspektrums wird es nur durch Schwere- oder Gravitationsfelder von seinem geradlinigen Verlauf abgelenkt. Entsprechend Albert Einsteins Relativitätstheorie erfolgt die Ablenkung des Lichtes in der Nähe großer Massen (z. B. an Himmelskörpern) durch Gravitationsanziehung der Lichtquanten (Photonen). Die Akteure des Ufo-Szenariums aber scheinen das, was Einstein in kosmischen Größenordnungen stattfinden läßt, auf engstem Raum realisieren zu können: die Erzeugung starker Gravitationsfelder, mit denen man selbst Lichtstrahlen ablenken und anderweitig manipulieren kann.

Am Verhalten von Lichtstrahlen lassen sich die gravitativ

verursachten »Verzerrungen« in der Umgebung von Ufos gut studieren. So konnte der amerikanische Geistliche Gregory Miller aus Norwood, Ohio, am 23. Oktober 1949 ein unbekanntes Flugobjekt filmen, das in den Lichtkegel eines Scheinwerfers geraten war. Das von der Kohlenbogenlampe ausgestrahlte Licht wurde in unmittelbarer Nähe des Ufos durch ein unsichtbares Feld um nahezu 40 Winkelgrad abgelenkt.

Am späten Abend des 12. August 1972 machten Jugendliche im französischen Taizé (nahe Cluny) eine ähnliche Beobachtung. In diesem Fall handelte es sich um einen zigarrenförmigen Flugkörper, der gleich mehrere Lichtstrahlen aussandte und offenbar zum Landen ansetzte. Fest entschlossen, der Sache auf den Grund zu gehen, suchten die jungen Leute mit einer Taschenlampe die nähere Umgebung ab, in der sie das Objekt vermuteten. An einer hohen Hecke wurden sie fündig. Hinter ihr verbarg sich ein den Umrissen nach ovales Gebilde, das von der Straße aus nur vage zu erkennen war. Als sie es mit der Taschenlampe anzuleuchten versuchten, wurde der Lichtstrahl in einer Entfernung von fünf Metern senkrecht nach oben abgelenkt. Verblüffung. Die Jugendlichen wiederholten das Experiment. Immer und immer wieder wurde der Lichtstrahl an einer bestimmten Stelle »umgebogen«, wodurch ein Teil der Hecke, hinter der sich das rätselhafte Objekt verbarg, unsichtbar blieb. Irgendeine Kraft mußte den Strahl »gezähmt«, ihn aus seiner Geradlinigkeit herausbugsiert haben.

In der Nacht zum 5. August 1966 fuhr Ron Sullivan mit seinem Wagen auf einer Landstraße bei Bourkes Flat im australischen Bundesstaat Victoria. Als sich ihm von rechts ein scheibenförmiger Flugkörper mit einem farbig schillernden Kegel näherte, wurden plötzlich die Lichter beider Autoscheinwerfer nach rechts abgelenkt, wodurch Sullivan beinahe die Kontrolle über seinen Wagen verlor. Die Liste solcher Licht-Manipulationen ließe sich beliebig erweitern.

Am interessantesten aber sind all die Fälle, in denen Ufos direkt »entartetes Licht«, sogenannte »Solid Lights«, abstrahlen, was nach Meinung einschlägig befaßter Physiktheoretiker auf die perfekte Beherrschung gravitativer Felder schließen läßt.

Jene kompakt erscheinenden zylindrischen oder konischen Lichtgebilde werden von ihren Verursachern bisweilen gekrümmt, zu Licht-»Kelchen« aufgeweitet bzw. teleskopartig aus- und eingefahren, um die Topographie von Landschaften systematisch abzutasten oder, wie abgehackt, irgendwo mitten in der Luft zu enden.

Dr. W. Bucher, ein Schweizer Physiker, der das »Solid Light«-Phänomen gründlich untersucht hat, vermutet, daß es sich hierbei um Gebilde handelt, bei denen in jedem Abschnitt das ausgesandte Licht durch einen zunächst unbekannten Prozeß an Ort und Stelle erzeugt wird. Nach seinen Feststellungen wurden bisher Strahlenlängen zwischen zwei Metern und 30 Kilometern sowie Durchmesser zwischen 30 Zentimetern und drei Metern ermittelt. In wenigen Fällen sollen die »Solid Lights«, ohne Schwächung ihrer Intensität, sogar Mauern und andere feste Objekte durchdrungen haben.

Am 28. und 29. Oktober sowie am 17. November 1973 erlebten die Bewohner von Traunstein (Bayern) ein ungewöhnliches Lichtspektakel. Am nächtlichen Himmel zeigte sich ein leuchtendes Objekt, aus dem ein orange-gelber Licht-»Kelch« hervorkam, der langsam anwuchs und sich dabei nach außen bog. In einer bestimmten Höhe hielt der Strahl inne. Die Peripherie des oberen Randes verfärbte sich grün, d. h. ein grüner Lichtschleier legte sich um den oberen Sektor des Kelches, woraufhin dieser verschwand. Im Abstand von wenigen Sekunden wiederholte sich die Prozedur, die insgesamt mehrere Stunden dauerte.

Gelegentlich wurde die Vermutung geäußert, daß es sich bei den »Solid Lights« um modifizierte Elektronen- oder Partikelstrahlen (z. B. Protonenströme) handelt, was jedoch wegen der bereits erwähnten physikalischen Besonderheiten dieses Phänomens, aber auch wegen dessen physischen, psychischen, psychosomatischen und paranormalen Nebenwirkungen mit hoher Wahrscheinlichkeit auszuschließen ist.

Typisch für die Einwirkung der »Solid Lights« auf Menschen ist – wie schon mehrfach angedeutet – deren verändertes Zeitgefühl, ganz gleich, ob man einschlägige Erlebnisse subjektiv oder objektiv wertet. Ein Fall, der sich vor mehr als 35 Jahren in Algerien abgespielt hat, macht deutlich, daß durch »Solid Lights« ausgelöste Zeitneutralisationseffekte auf nur eine Person beschränkt sein können. Sie spielen sich ausschließlich im autonomen Bewußtsein des Betroffenen ab, was einmal mehr die engen Zusammenhänge zwischen diesem und der Zeit erkennen läßt.

Ein französischer Legionär, der im Wüstencamp Bouahmama südlich der algerischen Stadt Constantine stationiert war, wurde im März 1958 auf nächtlicher Freiwache von einem riesigen Ufo überrascht, das aus geringer Höhe einen intensiven smaragdgrünen Lichtstrahl auf ihn richtete. Anstatt sofort Alarm zu schlagen, starrte er wie gebannt nach oben. Das sich ihm darbietende Lichterspektakel versetzte ihn in einen euphorischen, tranceartigen Zustand, in dem er erwiesenermaßen fast eine Stunde lang verharrte.

Unmittelbar nach dem Verschwinden des Objekts kam der Legionär wieder zu sich. Immer noch benommen und, in einem Anflug von Traurigkeit, griff er zum Telefon, um seine Vorgesetzten über den Vorfall zu unterrichten. Erst als der Mann nach wiederholter Befragung bei seiner Darstellung blieb, wurde er vom Kommandanten des Camps dem Pariser Militärhospital Val-de-Grâce zur Beobachtung überstellt, wo man ihn eine Woche lang gründlich untersuchte. Die Ärzte bescheinigten ihm eine hervorragende körperliche und geistige Verfassung, woraufhin er seinen Dienst wieder aufnehmen konnte.

Als Joël Mesnard, ein französischer Ufo-Forscher, den inzwischen pensionierten Legionär im Jahre 1976 nach dessen Erlebnis in der algerischen Wüste etwas eingehender befragte, erzählte ihm dieser, er habe unter dem Einfluß des grünen Lichtstrahls das Gefühl gehabt, daß die Zeit für ihn langsamer ablaufe. Wörtlich: »Mir war, als befände ich mich in einer anderen Welt.« Auszuschließen ist das nicht. Die zeitverzögernde Wirkung gravitativer Felder schafft neue Wirklichkeiten.

In jüngster Zeit wird darüber spekuliert, ob nicht auch die weltweit zu beobachtenden Piktogramme in Getreidefeldern durch jene »Lichtrüssel« verursacht werden. Die durch »Solid Lights« ausgelösten physikalischen und psychischen Effekte stimmen in vielem mit dem überein, was Wissenschaftler in Kornkreisen und komplexen Piktogrammen an Anomalien ermittelt haben. Und an diesen Feststellungen vermögen auch die aus England gemeldeten primitiven Kornkreis-Fälschungen und die hiermit zusammenhängenden Desinformationskampagnen seitens der britischen Abwehr nichts zu ändern.

Man braucht sich nur einmal zu vergegenwärtigen, unter welch schwierigen Bedingungen viele der äußerst komplexen Piktogramme zustandegekommen sind. Eines dieser Gebilde – eine Fünferformation mit Pfeil – entstand unmittelbar vor dem Landsitz des britischen Premiers in Chequers,

Grafschaft Buckinghamshire. Ein geradezu unglaublicher Vorfall. Die Sicherheitsmaßnahmen sind dort besonders streng. Polizeihubschrauber und Streifenwagen überwachen die Umgebung rund um die Uhr. Kein Unbefugter kann sich dem freistehenden Gebäude unbemerkt nähern. Jedwede Aktivitäten werden sofort registriert. Für die Auslöser der »Solid Lights« wäre die Herstellung einer solchen Fünferformation allerdings nur eine Sache von wenigen Sekunden. Niemand würde etwas bemerken. Plötzlich wären sie da. Der Naturwissenschaftler und Systemanalytiker George Wingfield berichtet in dem hervorragend dokumentierenden Buch *Spuren im Korn* über erste sechsblättrige Blumenformationen, die ein gewisser Nick Riley im Morgengrauen des 6. April 1991 in der Nähe von Cheesefoot Head entdeckt hatte. Wegen ihres bizarren Aussehens hielt man sie anfänglich für Fälschungen. Dann aber stellte es sich heraus, daß Riley sie noch taubedeckt vorgefunden hatte. Es waren auch keine Fußspuren zu erkennen, die zu den Formationen hinführen. Manipulation ausgeschlossen. Abgesehen davon, daß zur nächtlichen Herstellung komplexer Formationen hoher Präzision Flutlicht und Maschinen notwendig gewesen wären – meist waren nicht einmal Fußspuren vorhanden –, deuten auch andere, biologische Anomalien auf »externe Verursacher« hin.

Der englische Biophysiker Dr. W. C. Levengood, eine Kapazität auf dem Gebiet der Pflanzenentwicklung, untersuchte zahlreiche Pflanzenproben aus den 1991 entstandenen Formationen und stellte dabei unter anderem fest, daß deren Halmknoten aufgebläht, d. h. wesentlich größer als die der Kontrollproben waren. Außerdem fand er in den Zellwänden der Proben kleine Löcher, die zu ausgeprägten trapezartigen Formen angeschwollen waren. Dies könnte, so Levengood, durch eine Energie verursacht worden sein, die das Wasser in den Zellen extrem rasch erhitzt habe. Möglicherweise wurde diese Anomalie durch kurzzeitiges Einwirken von Mikrowellen, Röntgenstrahlen oder negativen Ionen verursacht, die, wie schon angedeutet (vgl. Kapitel IV/2), bei der Erzeugung von Gravitationswellen als Sekundäreffekte auftreten können.

Den oft kunstvoll angelegten, komplexen Piktogrammen scheint ein intelligentes Verursacherprinzip innezuwohnen. Noch weiß bis zur Stunde niemand zu sagen, was sich hinter all dem mysteriösen Geschehen verbirgt, wer die Auslöser dieser monströsen Open-air-Manifestationen sind und was sie, wenn überhaupt, hiermit bezwecken.

Sind wir Zeugen eines gigantischen transdimensionalen SETI-Programms von Wesenheiten aus parallelen Welten? Oder versuchen unsere mutierten Nachfahren aus fernster Zukunft durch Kryptogramme, die sie in unsere Zeitepoche »transjizieren«, auf sich aufmerksam zu machen? Noch darf spekuliert werden.

V

Öffnungen zur Anderen Realität

17. Februar 1975. Irgendwo in Südkalifornien. Peter Guttilla verspürt einen unwiderstehlichen Drang, sich an seine Schreibmaschine zu setzen und draufloszuhämmern. Nichts Ungewöhnliches. Als Journalist gehört Schreiben zur täglichen Routine.

Doch diesmal ist alles ganz anders. Irgend jemand, irgend etwas scheint sich ihm mitteilen zu wollen. Sein Unbewußtes nimmt fremde (vorgeformte) Gedanken auf. Sie dringen mit aller Macht in sein Bewußtsein vor. Fast automatisch berühren seine Finger die Tasten der Schreibmaschine. Staccato. Er fühlt sich wie in Trance. Aus Gedanken werden zu Papier gebrachte Worte, Halbsätze, stenogrammartige Statements. Sie lesen sich wie Befehle, erscheinen zunächst zusammenhanglos, unverständlich. Das Tempo der sich ihm aufdrängenden »Botschaft« ist atemberaubend. Guttilla hat Mühe zu folgen: »Komm zum ›Mountain of Crystal‹ im Big Valley. Wüste nahe der Lichterstadt ›Valley of Fire‹. Viele Lichter, aber nicht in der Nähe der Häuser. Breites Tal am Eingang der Höhle. 35 Meilen nördlich von Palmdale [etwa 50 Kilometer oberhalb von Los Angeles]. Auf der Kammlinie nördlich des Eingangs. Nahe der ›Alten Stadt‹ liegt die Ortschaft Mojave. Fahre auf dem Highway bis nach Trona. 15 Meilen weiter. Stop. Nimm den alten Weg von Mojave in Richtung Great Valley ... Merk Dir ... ›Valley of Fire‹ genannt, weil es dort funkelnde Kristalle gibt. Nicht wegen der Wärme. Dies ist ein Teil des Great Valley ... Mojave liegt südlich ... Benutze

die alte Fährte, wo das große Rohr liegt ... Dort mußt Du
der Spur folgen, bis Du die ›Alte Stadt‹ erreichst. Geh nach
Garlock ... Dort findest Du einen alten Weg, der nach Nor-
den führt ... Achte auf die alten Löcher... Folge dem Weg
bis nach ›Iron Mountain‹.«
Guttilla findet keine Sekunde Zeit nachzulesen, was er da
geschrieben hat. Er kann nicht einmal über den Inhalt der
Niederschrift nachdenken. Viele Stunden sitzt er so da, tippt
etwas in die Maschine, was keinen Sinn macht. Er schreibt
und schreibt – unaufhörlich. Mitternacht ist schon längst
vorbei. Endlich versiegt der Informationskanal.
Das Kryptogramm umfaßt insgesamt 19 Seiten. In ihm ist
von einer »Lichterstadt«, dem »Valley of Fire« die Rede, wo
geheimnisvolle Kristalle zu finden seien, mit denen man »in
das Innere der verschiedensten Zeitfalten« schauen könne.
Aber noch ergeben diese »Anweisungen« keinen Sinn.
Der Zufall (soll man es so nennen?) führt sie zusammen: Pe-
ter Guttilla und den vielseitig engagierten Piloten Ed Partin,
der über Kontakte zur parapsychologischen Sektion der
Duke University, Durham (North Carolina), verfügt. An-
hand einer Flugkarte engen die beiden Männer den Suchbe-
reich ein. Partin ist von der Idee besessen, »Crystal Moun-
tain« zu finden, packt Frau und Sohn in seinen Wagen, fährt
die in der »Botschaft« genannten Zielobjekte an und erreicht
schließlich die alte Goldgräbersiedlung Garlock.
Ein Indianerjunge, der dort aufgewachsen ist, erzählt ihm, er
habe von seinem Großvater erfahren, daß ein Teil des heuti-
gen Freemont Valley früher »Valley of Fire« genannt wurde,
weil das dort gefundene Salz im Schein der Mittagssonne
feurig glitzert. Sein Urgroßvater habe auch einen »Crystal
Mountain« gekannt, dessen genaue Lage ihm aber entfallen
sei. Zum Abschied deutet der Junge instinktiv in die Rich-
tung, wo El Paso liegt.

Partin setzt seine Fahrt unbeirrt fort. Er will »Crystal Mountain« finden. Und wieder erweist sich Guttillas Kryptogramm als zutreffend:

»Schau nach Norden zu den Bergen ... Dort ist ›Crystal Mountain‹ ... ›Gopher Hill‹ [Nagetier-Hügel] genannt ... Bezeichnung stammt von den Bergleuten ... viele Nager ... schießen mit kleinkalibrigen Gewehren auf sie, nur zum Spaß ... Sie wissen nichts über das Kraftfeld ... Viele von ihnen werden krank, wenn sie auf dem Hügel schlafen ... Sie wissen nicht warum ... Sie übernahmen die Schwingungen des Kraftfeldes ... Diese Knotenpunkte interagieren manchmal mit physischen Kräften, was Krankheiten hervorrufen kann ... Das Geheimnis des Überlebens in magnetischen Zonen besteht darin, den Strom durch den Körper zu leiten, bis er auf das Nervensystem einen Druck ausübt ... Das kann aufgrund von Spannungen Halluzinationen und Ängste zur Folge haben.«

Verfolgt man die von Guttilla »gechannelten« Informationen weiter, erkennt man mit einem Mal deren tieferen Sinn:

»Beschaffe reinen Kristall und gebrauche ihn wie angegeben. Kein Spiel, sondern seriöse Praxis zur Beseitigung des ›Zeitblocks‹. Seine Struktur ist denkbar unkompliziert, doch die höchst überflüssige Denkroutine des Menschen verhindert die einfachsten Methoden, sie zu begreifen ... Am ›Mountain of Crystal‹ wirkt die Kraft eines Knotenpunkts. Dort ereignen sich mitunter mysteriöse Dinge, die die Menschen Eurer Zeit maßlos verblüffen ... Spuren lebender Dinge [sic!] werden erkennbar ... Man bezeichnet sie als Erscheinungen ... Mobilisiere so viele Leute wie notwendig ... Kannst es versuchen und aufzeichnen, wahrscheinlich ohne Erfolg ... Es gibt dort unterirdische Aktivitäten ... Sind auf ›alte Löcher‹ zurückzuführen, die im Verlauf vulkanischer Eruptionen durch die enorme Hitze verursacht wurden ...«

Partin und Guttilla stellen ein kleines Expeditionsteam zu-
sammen, das Anfang Januar 1976 aufbricht, um »Gopher
Hill« zu erkunden. Sorgfältig werden versteckte Hinweise in
der »Botschaft« mit den in einer topographischen Karte des
Gebietes aufgeführten Örtlichkeiten verglichen. Und man
wird fündig:
»Ihr sucht ›Crystal Mountain‹ ... wurde ›Gopher Hill‹ ge-
nannt, ist in der Karte jedoch als ›Iron Mountain‹ verzeich-
net ... Nehmt Euch vor Löchern in acht ... Sucht alten
schmutzigen Weg, folgt diesem etwa zwei Meilen in Rich-
tung des Hügels ... Ihr werdet das alte Haus sehen, das To-
comsa bewohnte ... Dieser Mann war ein Indianer ... Frü-
her war er Medizinmann ... Hatte die Aufgabe, die Zeitfalte
zu durchstoßen ... Er war unwissend, kannte aber das Ge-
heimnis des Beobachtens der Zeitfalte ... Dortige Siedler
fürchteten ihn ... Garlock ... das war der spätere Name der
›Alten Stadt‹ ... Dies ist der richtige Ort ... Von da aus fin-
det den Weg nach Norden ... Nehmt Euch vor den alten Lö-
chern in acht ... Es gibt viele von ihnen ... Besteigt den ›Iron
Mountain‹ ... Das ist nahe der [bewußten] Stelle ... Laßt
Euch von ASW [außersinnliche Wahrnehmung] leiten ... Al-
ter Indianer lebte in dem Haus ... Nur Ruinen sind übrigge-
blieben ... In der Nähe des Hauses hatte er einen rituellen
Kreis ... Bestand aus einem Quarzkristall ... Er ›meißelte‹
ihn zu einer Form ... Er benutzte Feuer und sang, um ein
Feld aufzubauen ... Hatte viele ›Gesichte‹, und jedes von ih-
nen zeigte in Bildern das Schicksal des Landes, seiner Be-
wohner und des Weißen Mannes ... Er sagte, das, was mit
dem Weißen Mann geschah, war das Schrecklichste von al-
lem ... Der Rote Mann [Indianer] würde nur aussterben, der
Weiße Mann hingegen leiden ... erdulden, mehr als er soll-
te ... Alter Indianer nahm sein Geheimnis mit ins Grab ...
im ›Crystal Mountain‹.«

Das Team vertieft sich in Geschichtsbücher und findet heraus, daß die »Alte Stadt« später tatsächlich Garlock hieß. Im späten 18. Jahrhundert wurde sie in »Cow Wells« umbenannt. Wenn auch ein »Iron Mountain« nicht gefunden wird, so doch ein »Iron Canyon«, der etwa eine Meile nordwestlich der ersten Suchstelle liegt. Von da aus führt ein schmaler Weg in die Berge, vorbei an vielen verlassenen Schächten und Senkgruben, an Ruinen indianischer Kultstätten, hin zu einer Stelle, die »goler« heißt. Guttilla hatte das Wort »gopher« an mehreren Stellen seines Manuskripts korrekt wiedergegeben, an anderen hingegen die Schreibweise »gofer« benutzt. Irrte er gleich zweimal, und war vielleicht die kartographische Bezeichnung »goler« die Richtige?

In der Guttilla übermittelten Botschaft war stets von einem naturbelassenen Kristall die Rede, der unter geeigneten Bedingungen die Zeitfalte sichtbar machen würde:

»Setze die Energie Deines Bewußtseins ein, um diese Kraft zu stimulieren ... Gedankenkraft entsteht durch ASW ... Er ist ein gewöhnlicher Kristall ... Verändere keinesfalls sein Gefüge [kein künstliches Bearbeiten] ... Versuche nicht, ihn zu analysieren ... Die psychische Kraft vermag die Zeitfalte zu durchdringen ... durch den Kristall ... die Krümmung der Zeit ... Wir befinden uns fast immer in einem ›Schwebezustand‹ [hiermit wird evtl. das aus der Quantenphysik bekannte Unbestimmtheitsprinzip ausgedrückt] ... Dieser Zustand ist für Euch unverständlich ... Benutze den Kristall, und du wirst sehen ... Mit ›sehen‹ meinen wir, daß Du die Kraft erlangen wirst, um die Zeitfalte zu durchbrechen ... Sei nicht erschrocken, wenn du Unangenehmes siehst ... denn, in all den vielen Zeitschichten findest Du Bilder, die Dich erfreuen, erschrecken und vielleicht auch Krankheiten auslösen ... Aber sie beschreiben die Vielfalt der göttlichen Kraft ...«

1 Zeittunnel

Ende der achtziger Jahre strahlte die kommerzielle britische Fernsehstation *Sky Channel* die bereits zitierte 30teilige TV-Serie *The Time Tunnel* (Der Zeittunnel) aus, ein Science-fiction-»Dauerbrenner«, mit dem der bekannte amerikanische Produzent Irwin Allen erstmals eine moderne Variante der Zeitreisetechnik präsentierte.

Die zwei Protagonisten der Handlung – James Darren und Robert Colbert – waren als eine Art menschliche »Versuchskaninchen« in ein Zeitreiseexperiment der US-Regierung verwickelt, das, unter strengsten Sicherheitsvorkehrungen, von militärischen Stellen an einem geheimgehaltenen Ort durchgeführt wurde. Bei der in dieser spannenden Serie vorgestellten »Zeitmaschine« handelte es sich im Prinzip um einen spiralförmigen Tunnel, in den sich die in der Zeit zu versetzenden Personen hineinbegeben mußten, um dann vollkörperlich in vergangene bzw. zukünftige Zeitperioden transportiert zu werden. Das Schicksal der beiden Zeitversetzten – der Handlungsverlauf – wurde an Monitoren ständig überwacht, um im Fall einer echten Bedrohung von der Realzeit aus zumindest indirekt eingreifen zu können.

Aufgrund einer Panne im Betriebssystem war es den Operateuren der Anlage allerdings nicht möglich, die beiden in ihre Realzeit, d. h. ins Labor zurückzuholen, weswegen man sie in extremen Situationen – nach Beendigung eines schicksalhaften Eingriffs – sofort in eine andere Zeitepoche transferierte. Die beiden Zeitreisenden wider Willen verbrachten insgesamt mehr Zeit in der Vergangenheit als in der Zukunft, wo sie historisch relevanten Ereignissen, so unter anderem den Eroberungszügen des Spaniers Fernando Cortez, Marco Polos Kampf gegen Kublai Chan, dem Untergang der *Titanic* und der Schlacht um Pearl Harbor beiwohnten. Der Clou: Die Zeitversetzten waren in jeder Handlung fest eingebunden, gewissermaßen Teil jenes offenbar vorprogrammierten Geschehens.

In dieser faszinierenden Science-fiction-Serie erfolgte der Transport bzw. die »Projektion« von Personen und Objekten in vergangene oder zukünftige Zeiten fiktiv mit Hilfe einer tunnelartigen »Schleuse«. Die Laborszenen waren zum besseren Verständnis komplexer technischer Vorgänge bewußt einfach aufgebaut.

In Wirklichkeit dürfte das Einschleusen von irgendwelchen Dingen in alternative Zeiten (Realitäten) wesentlich komplizierter sein. Gehen wir einmal davon aus, es gäbe [in der Zukunft] bereits solche »Projektoren«, dann wäre es durchaus denkbar, daß sich unter Nutzung der zuvor beschriebenen Syntropodenbrücken – hypothetische Informationskanäle – sogar komplexe mobile Zeitmaschinen, d. h. Ufos, in die Vergangenheit oder Zukunft einschleusen lassen. Und jene realistisch dreidimensional-materiell wirkenden Ufo-Projektionen könnten ihrerseits wiederum »Solid Light«-Kanäle errichten, um Objekte in ihre Realzeit (in die Zukunft) zu holen, sie dort zu untersuchen oder zu manipulieren und auf gleichem Wege wieder zurückzubefördern. Die »Ufos« wären dann nur Relaisstationen, die »vor Ort« selektieren, was erkundet, untersucht und/oder beeinflußt werden soll. Vielleicht lassen sich auf diese Weise sogenannte Abduktionen – zeitlich begrenzte »Entführungen« von Personen durch Ufo-Entitäten – noch am ehesten erklären.

Die hier erörterte Theorie könnte einen Fall, der sich im Jahre 1963 auf einer abgelegenen Farm nahe Trancas, Provinz Tucuman (Argentinien), zugetragen haben soll, in einem völlig neuen Licht erscheinen lassen.

In den Abendstunden des 21. Oktober wurden von der Farm der Familie Moreno aus seltsame Lichtstrahlen beobachtet, denen man jedoch zunächst keine besondere Bedeutung beimaß. Gegen 19 Uhr fiel das farmeigene Stromaggregat aus, und die alten Morenos begaben sich zu Bett. Nur die Töchter Yolié und Yolanda saßen noch beisammen, als das 15jährige Dienstmädchen Dora ins Zimmer stürzte, um die beiden Frauen auf die jetzt näher kommenden »Lichter« aufmerksam zu machen, vor denen sie sich fürchtete. Die Schwestern beschlossen daher, nach draußen zu gehen und sich die Lichterscheinung aus der Nähe anzusehen.

In einer Entfernung von etwa 150 Metern führte eine Bahnlinie vorbei, über der zwei grelle Lichter schwebten, die durch ein leuchtendes tunnelartiges Gebilde miteinander verbunden waren. In dieser Licht-»Röhre« bewegten sich etwa 40 Gestalten geschäftig hin und her.

Mit Taschenlampe und Revolver bewaffnet näherten sich die Moreno-Töchter und Dora von der Rückseite des Hauses her dem Bahndamm. Als vor ihnen ein grüner Lichtstrahl aufblitzte, richtete Yolié ihre Taschenlampe auf den Verursacher. Sechs kleine Luken leuchteten auf und ließen, nur wenige Meter entfernt, ein scheibenförmiges Objekt mit einem Durchmesser von etwa neun Metern erkennen. Das Oberteil des frei in der Luft schwebenden Diskus besaß eine Kuppel, wohingegen die untere Hälfte von weißem

Nebel verdeckt war. Möglicherweise hatte sich das Objekt noch nicht vollständig in unserer 4D-Welt materialisiert.

Im Inneren der Maschine erkannten die drei Frauen ein »farbiges Band«, das, wie die Luken, mit einem Mal zu rotieren begann. Ein leiser Summton war zu vernehmen. Der Nebel verdichtete sich zusehends, und es roch unangenehm nach Schwefeldioxid. Aus dem Objekt zuckten plötzlich Flammenzungen, deren Wucht die Frauen zu Boden schleuderte und Dora im Gesicht sowie an Armen und Beinen starke Verbrennungen zufügte. Daraufhin flüchteten diese sich ins Wohnhaus.

Die aus dem ersten Schlummer aufgeschreckten Eltern der Mädchen konnten vom Wohnzimmerfenster aus beobachten, wie der Diskus eine Licht-»Röhre« mit einem Durchmesser von schätzungsweise drei Metern »ausfuhr« und mit dieser sorgfältig ihr Haus abtastete, das dadurch taghell erleuchtet wurde. Um richtiges Licht dürfte es sich hierbei allerdings kaum gehandelt haben, eher um eine entartete Variante – ein Leuchteffekt, dem gravitative Wirkfaktoren zugrunde liegen.

Inzwischen hatten sich entlang der Bahnlinie fünf weitere, allerdings kleinere Objekte dieser Art postiert, von denen eines zwei Lichtstrahlen ausfuhr, die sich langsam auf den 180 Meter entfernten Traktorschuppen zubewegten. Die perfekt zylindrischen Licht-»Röhren« benötigten für diese Entfernung einige Minuten (!). Sie stoppten zwei Meter vor dem Schuppen und verharrten dort volle 40 Minuten.

Yolié, die sich erneut nach draußen begeben hatte, hielt unüberlegt ihren Arm in einen der Strahlen. Sie verspürte lediglich Wärme. Der Strahl durchdrang sowohl ihren Arm, als auch den vor ihr befindlichen Zaun, so als ob beide gar nicht vorhanden wären. Dieses unglaubliche Phänomen läßt eigentlich nur eine Schlußfolgerung zu: Hier kamen

»Solid Lights«, die sichtbaren Komponenten höherdimensionaler Syntropodenbrücken, zum Einsatz. Offenbar hatte sich wieder einmal ein Zeit-»Fenster« geöffnet, eine günstige Gelegenheit geboten, die die »Zeitlosen« für ihre Expeditionen in die Vergangenheit zu nutzen wußten.

In der Zeit vom Juni bis zum Oktober 1977 erlebten Bewohner der brasilianischen Inseln Colares und Mosqueiro am Strand von Baía do Sol eine regelrechte Ufo-Invasion mit schlimmen Folgen. Die Sichtungswelle begann im Juni nahe Cape Gurupi, nördlich der Stadt Vizeu, und erstreckte sich entlang der Küstenlinie östlich in Richtung São Luís sowie westlich nach Belém. Das allabendliche Auftauchen der kastenförmigen Flugobjekte – man nannte sie *chupas* – löste bei den Bewohnern der dortigen Gegend Angst und Schrecken aus, und viele verließen ihre Häuser, um anderorts Schutz zu suchen. Mit ihren mächtigen Strahlbündeln hatten sie wiederholt Menschen, die sich im Freien aufhielten, schwer verletzt und sogar getötet. Augenzeugen wollen beobachtet haben, wie Expeditionsteams der brasilianischen Armee die Objekte in Aktion filmten. Eine Gruppe hatte sich am Strand, die andere an einer Straße weiter oben niedergelassen. Unter ihnen befanden sich, mit modernsten Untersuchungsgeräten ausgerüstet, Physiker, Mediziner, Chemiker und Biologen.

Die aggressiven Ufos erschienen jeden Abend pünktlich zur gleichen Zeit, um in niedriger Höhe über den Inseln zu kreisen, über Häusern zu schweben und mit intensiven Strahlen deren Inneres zu erkunden. Sie kamen nie allein, sondern befanden sich stets in Begleitung kleinerer Flugobjekte, deren komplexe Formen allen Gesetzen der Aerodynamik Hohn sprachen. Gerade dies zeigt einmal mehr, daß es sich bei Ufos nicht so sehr um Flugobjekte im herkömmlichen Sinne, sondern um gravitativ verursachte Erschei-

nungen handelt, die keiner aerodynamischen Formgebung
bedürfen und die auch Materie zu durchdringen vermögen.

Der französische Astrophysiker Dr. Jacques Vallée, der die
hier aufgeführten Ereignisse vor Ort recherchierte und sich
mit vielen der Betroffenen selbst unterhielt, resümiert: »Die
Beweise, die den Weltmächten jetzt vorliegen, sind so stich-
haltig, haben für zukünftige militärische Systeme derart
verheerende Folgen, daß man sie bewußt unter Verschluß
hält. Man überläßt daher die Untersuchung [des Phäno-
mens] nur hochspezialisierten Teams mit streng voneinander getrennten Zuständigkeitsbereichen. Meiner Meinung
nach ist die Tätigkeit dieser Teams zum Scheitern verur-
teilt ... und dies trotz der ihnen zur Verfügung stehenden
Mittel, trotz der absurden Desinformationskampagnen, die
der Geheimhaltung dienen sollen. Das Ufo-Phänomen läßt
sich nicht scheibchenweise analysieren. Es ist global in seiner Ausdehnung und berührt alle Wissensgebiete gleichermaßen: angefangen von der Folklore bis hin zur Astrophysik, von der Ethnologie bis zur Mikrowellentechnik und
von der Teilchenphysik bis zur Parapsychologie.«

2   Tore der Götter

In der Mythologie der Kulturvölker haben sie ihren festen
Platz: die Fremden aus dem All, die »Götter« aus himmli-
schen Gefilden. Sie waren alles in einem – Kulturbringer,
Religionsstifter und »Sponsoren« des wissenschaftlich-
technologischen Fortschritts. Überall in der Vergangenheit,
in den Relikten untergegangener Zivilisationen begegnen
wir ihnen, den Zeugnissen vor- und frühgeschichtlicher
Entwicklungshilfe, gewährt von High-tech-»Göttern«, die
mit ihren Eingriffen im wahrsten Sinne des Wortes »Ge-

schichte machten«. Ihre Aktivitäten waren offenbar global und allumfassend.

Unsere Altvorderen verewigten ihr Tun in nicht zu übersehenden steinernen Monumenten – primitiven Nachbildungen von Geräten und Anlagen technisch weit fortgeschrittener Superzivilisationen, die auch die Fähigkeit des Projizierens in fernste Vergangenheiten unseres Planeten besessen haben mußten (und diese sicher auch heute noch besitzen). Und so wurden wahrscheinlich auch jene Projektoren oder Transmitter, die die Zeitlosen vor Jahrtausenden an bestimmten Orten der Erde als Relaisstationen installiert hatten, später, als sie schon längst zur Legende geworden waren, in Stein »nachgebaut«, womöglich in der naiven Hoffnung, es den Göttern von ehedem gleichtun zu können.

Im Hochland zwischen Bolivien und Peru – der Meseta – liegt in 4000 Meter Höhe, unweit des höchstgelegenen Sees der Erde, des Titicacasees, die geheimnisumwitterte Stadt Tiahuanaco. Der mit den Überlieferungen seines Volkes wohlvertraute Inkaprinz Checko soll nach der Eroberung des Landes durch die Spanier dem Vizekönig Toledo gegenüber erklärt haben, daß die Bauwerke dieser Stadt schon immer dagewesen wären, was besagt, daß sich ihre Ursprünge im Dunkel der Frühgeschichte verlieren. Die Ruinen der aus gewaltigen, oft Hunderte von Tonnen schweren Steinblöcken fugenlos gefügten Tempel und Mauern von Tiahuanaco enthalten denn auch nichts Nennenswertes, was auf deren Alter und Erbauer schließen ließe. Es liegen lediglich Schätzungen vor, die das Alter der Tempelstadt auf zwischen 6000 und nahezu 15 000 Jahre beziffern.

Als das mithin rätselhafteste Monument von Tiahuanaco gilt das »Sonnentor«, ein drei Meter hoher und vier Meter breiter Monolith, in den mit erstaunlicher Präzision eine Öffnung, etwa zwei Meter hoch und 80 Zentimeter breit, eingelassen ist. Im Querteil darüber sind in mehreren Reihen quadratische Figuren eingemeißelt, unter anderem das Bildnis einer unbekannten Gottheit mit einem sonnenartigen Kranz um den Kopf, das dem Tor später seinen Namen gab.

Der etwa zehn Tonnen wiegende kompakte Steinblock stammt, wie auch das Material für die meisten anderen Bauten der Stadt, aus Steinbrüchen jenseits des Titicacasees. Wie die tonnenschweren Steinbrocken an die Baustellen gelangten, ist, selbst wenn die Menschen der damaligen Zeit schon Rollen und Räder besessen haben sollten, absolut schleierhaft.

Unerklärlich, wie so ziemlich alles in Tiahuanaco, ist die Bedeutung des »Sonnentores«. Es steht in einem Geviert der Tempelanlage völlig isoliert und damit offenbar ohne jeglichen Zusammenhang mit den übrigen Bauwerken, diente also keinesfalls als gebäudebezogener Ein- und Ausgang. Als früher Triumphbogen dürfte sich das »Sonnentor« wohl kaum geeignet haben. Seine Benutzer hätten sich höchst unpraktisch, d. h. im Gänsemarsch, durch die enge Pforte hindurchquälen müssen. Dabei wäre es für die rührigen Steinmetze von damals sicher ein Leichtes gewesen, einen breiteren und höheren Durchlaß zu schaffen. Das aber war allem Anschein nach gar nicht deren Absicht. Lassen wir daher einmal unserer Phantasie freien Lauf: Könnte es nicht sein, daß dieses Tor eine »Nachempfindung« dessen darstellt, was die Erbauer von Tiahuanaco den »Göttern« abgeschaut hatten: ein »Projektor«, mit dem sich die Fremden bei Bedarf unmittelbar in ihre Realzeit, in ihre zeitlich parallele Realität versetzten?

Schon vor Jahrzehnten machte der Ethnologe Wendell Bennett in einem Brunnenschacht der Stadt eine merkwürdige Entdeckung. Er fand dort zwei unterschiedlich hohe Steinskulpturen, die bärtige Männer von offenbar europäischem Gesichtsschnitt zeigen. Den Sagen der dort ansässigen Indios zufolge, handelt es sich bei diesen Figuren um Abbildungen der früheren »Götter« und Gründer von Tiahuanaco, Wesen aus dem »All«, die dort gelandet seien und ein neues Menschengeschlecht erschaffen hätten. Ihnen zu Ehren habe man eine Tempelanlage und das Sonnentor errichtet. Irgendwie scheinen die Gegebenheiten einander zu ergänzen, Sinn zu machen.

Das Sonnentor ist jedenfalls viele tausend Jahre alt, wahrscheinlich älter noch als die von ihm durch einen riesigen Ozean getrennt errichteten Tempelbauten von Luxor und Karnak in Ägypten. Es ist kaum anzunehmen, daß diese Bauwerke vom selben Architekten entworfen und gebaut wurden. Und dennoch weisen auch sie dem Sonnentor entsprechende ungewöhnliche Merkmale auf. Ihre Öffnungen – Tore, Türen, Fenster und Durchgänge – sind extrem eng und stehen in einem ausgeprägten Mißverhältnis zum massiv-wuchtigen Gesamtaufbau. Hatten die altägyptischen Baumeister ähnliche »Vorlagen« wie die Erbauer des Sonnentores?

Tore und torähnliche Öffnungen galten schon immer als etwas Besonders, Heiliges oder Geheimnisvolles, da sie vorzugsweise von »Göttern« benutzt wurden. In der Bibel werden sie mitunter als von »Rauch« erfüllt beschrieben. Gemeint ist wohl mehr ein Wallen und Wabern, so etwa, wenn sich – nach heutigen Theorien – irgendwo in unserer Welt unvermittelt ein »Fenster« zum Hyperraum, ein Durchgang hin zu anderen Zeiten und Realitäten auftut.

Jene steinernen Imitat-Transmitter in Südamerika und Ägypten könnten genau das symbolisieren, was damals vielleicht Stand der Technik war. In den von Zeit-Fremden installierten Hyperraum-Transmittern müßte es enge Schleusen zur Konzentration starker Gravitationsfelder gegeben haben, die mittels Aktivitätenströmen sogenannte Syntropodenbrücken (vgl. Kapitel IV/3) zwischen dem Damals und der Ausgangszeit der Zeitlosen herstellten. Die beim Projektionsvorgang Anwesenden müßten den Transmittereingang (und auch -ausgang) als eine ins Bodenlose verlaufende Öffnung mit neblig-wabernden Randzonen wahrgenommen haben. Wer den Transmittereingang betrat, war mit einemmal verschwunden, wie weggefegt. Beim Rücktransport geschah das Gleiche in umgekehrter Folge.

Die »Transjektionstechnik« der »Götter« muß die Menschen der damaligen Zeit stark beeindruckt, sie zu Nachbildungen jener unheimlich anmutenden Transmitter veranlaßt haben. Während das Sonnentor von Tiahuanaco zumindest äußerlich den Projektoren der Zeitlosen entsprochen haben dürfte – nichts davor und nichts dahinter –, hat man sich hierzu im alten Ägypten schon etwas mehr einfallen lassen. Vor den Toren dortiger Tempel erstrecken sich ganze Alleen von Sphinxen, hocken gefährlich aussehende Wächter – Aufpasser, die jeden Unbefugten zur Umkehr zwingen sollten. »Off limits« für Einheimische, um den »Götter«-Frieden nicht zu stören, um durch äußere Einflüsse verursachte Paradoxa erst gar nicht entstehen zu lassen. Denn: die kann und darf es im Konzept der Zeitreisenden einfach nicht geben.

Es ist gut möglich, daß dadurch bei den Einheimischen im Laufe der Zeit eine Art »Torangst« entstand, die im Unbewußten des Menschen bis zum heutigen Tag erhalten geblieben ist. Und dies wiederum könnte auch Ursache für die in allen Teilen der Welt anzutreffende Tür- und Schwellenmagie sein. Die Türschwelle galt bei den alten Germanen als heilig, und in vielen Gegenden Bayerns und Österreichs schreiben die Bauern zur Jahreswende auch heute noch die Initialen der heiligen Drei Könige mit Kreide auf die Querbalken der Haus- und Stalltüren. Sie wollen mit dieser Handlung deren Schutz für Haus und Hof erbitten. Ein alter Brauch, dessen tieferer Sinn uns ganz und gar entfallen ist.

Türen und Tore werden auch im Alten Testament als »Schnittstellen« zu anderen Seinsbereichen erwähnt. Als Moses nach dem Auszug aus Ägypten die erste heilige Stiftshütte errichtet hatte, da »sah alles Volk die Wolkensäule in der Hütte Tür stehen, und standen sie auf und neigten sich, ein jeglicher in seiner Hütte Tür« (II Moses 33,10). Bei Ezechiel heißt es: »Und der Fürst soll unter die Halle des Tores treten und bei den Pfosten am Tor stehenbleiben – er soll aber auf der Schwelle des Tores anbeten ...« (Ezechiel 46,2–3).

Es ist schon erstaunlich, wie diese altjüdischen Überlieferungen in einer Tür-Analogie des Physiktheoretikers John L. Friedman von der Wisconsin University, Milwaukee, zumindest symbolhaft ihre Entsprechung finden. Um die zuvor (Kapitel IV/1) angedeutete und in meinem Buch *Zeittunnel* näher erläuterte Zeitreisetheorie der drei amerikanischen Astrophysiker Michael Morris, Kip S. Thorne und Ulvi Yurtsever für jeden verständlich zu machen, wählte Professor Friedman ein bildhaftes Beispiel aus dem Sciencefiction-Roman *Der Löwe, die Hexe und der Kleiderschrank* von C. S. Lewis. In dieser Analogie erfüllt ein Kleiderschrank die Funktion eines Transmitters, einer Schleuse zwischen zwei unterschiedlichen Welten: »Die Wände des Kleiderschranks scheinen, von jeder der beiden Welten aus gesehen, einen kleinen Raum zu umschließen, aber von jeder Seite aus erstreckt sich ein unterschiedliches Universum ... Der Schrank ist demnach ein »Wurmloch« – ein topologischer Tunnel –, der zwei Universen oder zwei entfernte Regionen ein und desselben Universums miteinander verbindet.«

Nach diesem Streifzug in Zeiten, zu denen die Zeitlosen noch »Götter« genannt wurden, gilt es, nach weiteren Beweisen für die Existenz von natürlichen und künstlichen Öffnungen zu anderen Realitäten zu suchen. Es scheint, als habe sich die Taktik der Zeit- und Dimensionsspringer in unseren Tagen grundlegend geändert. Die High-tech-»Götter« sind vorsichtiger geworden. Mobilität ist angesagt.

3   Kurzgeschlossen –
Schnittstellen der Dimensionen

Der französische Astrophysiker und Computerspezialist Dr. Jacques Vallée sieht sich durch die ungewöhnlichen, d. h. den Gesetzmäßigkeiten der klassischen Physik widersprechenden Verhaltensmuster der Ufos in seiner Auffassung bestätigt, daß es sich hierbei mehr um »Fenster« zu anderen Realitäten handelt, als um 3D-Objekte entsprechend unserer Definition. Nach der zuvor erörterten Projektionstheorie wären sie jedoch mehr als das: nämlich Transportmechanismen und Manipulatoren zugleich – Instrumentarien zur Herstellung von Kontakten zwischen unterschiedlichen Realitäten, egal, ob diese von Intelligenzen aus der irdischen bzw. andersplanetarischen Zukunft oder von Entitäten aus parallelen Welten in Anspruch genommen werden. Im Endeffekt laufen die Aktivitäten der »Fremde« stets auf Raumzeit-Manipulationen hinaus.

Von Wesenheiten aus solchen Transbereichen benutzte

»Fenster« und »Tore« müßten sich heute, einer veränderten technologischen, militärischen und soziologischen Situation angepaßt, anders als in grauer Vorzeit darbieten: als mobile High-tech-Einrichtungen, d. h. als »Ufos« der verschiedensten Art, oder als »Naturphänomene« – Nebel-Effekte beim dimensionalen Transit, wirbel- und trichterförmige Gebilde, »Löcher« im Himmel, Leuchterscheinungen usw.

Schwach ausgebildete Syntropodenrüssel dürften lediglich der Observierung dienen und auch uns gelegentlich Einblicke in Transbereiche bescheren, wohingegen ausgeprägte Kontakt-Brücken echte Transit-»Fenster« zwischen unserer Realität und anderen Zeitperioden bzw. Existenzebenen wären.

Flugkapitän Alexander Raab von der Austrian Airlines AUA befand sich am 18. März 1972 mit seiner DC-9 auf einem Linienflug von Wien nach Frankfurt, als er gegen 19 Uhr Ortszeit im Luftraum über Linz (Oberösterreich) in ungefähr 10 000 Meter Höhe – 4000 Meter über sich – etwas erblickte, das ihm den Atem verschlug: einen überdimensionalen »Kreisel« oder »Trichter«, der mit hoher Geschwindigkeit die DC-9 überholte und mit einer weitausholenden Kurve in südlicher Richtung verschwand. Das rot und bläulich bis weiß leuchtende Objekt hatte an seiner Spitze einen grellen Punkt, der in Flugrichtung wies. Nachdem es die Maschine des maßlos erstaunten Flugkapitäns überholt hatte, konnte dieser von rückwärts in die Öffnung des »Trichters« schauen. Er schien hohl zu sein, ins Endlose zu verlaufen.

Interessant ist, daß bereits fünf Minuten vor Auftauchen des Objekts die Magnetkompasse der DC-9 verrückt gespielt hatten. War man einem Meteor begegnet? Das erscheint höchst unwahrscheinlich, denn Meteore beschreiben keine Kurven, leuchten nicht gleichzeitig in unterschiedlichen Farben und verursachen auch keine Kompaßmißweisungen.

Vor einiger Zeit informierte mich der bekannte amerikanische Psychiater und Parapsychologe Dr. Berthold Schwarz aus Vero Beach (Florida) über einen interessanten Sichtungsfall, der sich in einer Augustnacht 1968 in den Catskill Mountains (Staat New York) zugetragen haben soll. Hier hatte ein alleinstehender Farmer von seinem Anwesen aus etwas beobachtet, das eines dieser »Fenster«-Phänomene gewesen sein könnte: »Ich hörte einen schrillen Ton, so ähnlich, wie wenn ein Dynamo jault. Ich konnte mich nicht bewegen. Auch der Hund stand bewegungslos da ... Dann verlor ich jegliches Zeitgefühl – es hätten Sekunden, fünf oder zehn Minuten sein können ... Plötzlich verstummte das Geräusch, und ich konnte mich wieder von der Stelle rühren ... Über der Scheune bemerkte ich zwei ›Löcher‹ im Himmel, so weiß wie Schnee. Mir war, als würde ich in offene Tonnen hineinschauen. Sie waren vollkommen rund, hatten die Größe von Autoreifen und standen [von ihm aus gesehen] etwa einen Meter voneinander entfernt. Sie verharrten dort ungefähr 10 bis 15 Minuten, um dann plötzlich zu verschwinden ... Das Stromnetz, Radio und Uhr waren in ihrer Funktion nicht beeinträchtigt. Lediglich das Telefon ging nicht, arbeitete am nächsten Tag aber wieder einwandfrei.«

Über solche »Fenster« wurde in den letzten Jahren immer wieder berichtet. So machten zwei Fischer aus dem malerischen Badeort Carteret an der Westküste der Normandie (Frankreich) am 2. Dezember 1973 eine ungewöhnliche Beobachtung, die ebenfalls auf ein Transit-»Fenster« hindeuten könnte.

G. Jean und dessen Sohn Noël waren gegen 5 Uhr früh

zum Strand gegangen, um bei Ebbe ihre Netze einzuholen. Schon von weitem sahen sie über der Stelle, wo sie die Netze ausgelegt hatten, ein grellgelb leuchtendes Gebilde – eine Art »Fenster«, von dem aus ein kegelförmiger Lichtstrahl nach unten gerichtet war. Jean-Junior wollte sich die seltsame Leuchterscheinung aus der Nähe ansehen, wurde aber von seinem Vater zurückgehalten, weil ihm die Sache nicht geheuer vorkam. Er hatte offenbar Angst, in ein geheimes militärisches Projekt verwickelt zu werden.

Als das Licht mit einem Mal erlosch, schwebte an der gleichen Stelle ein blaugrünes, fußballgroßes Objekt – ein »Ufo« –, das dann kurz vor 6 Uhr davonschoß, ohne irgendwelche Spuren zu hinterlassen.

Etwa um 6.10 Uhr fing die 38 Kilometer entfernte Radarstation Mauperthuis ein »Echo« auf, das aus südwestlicher Richtung kam und sich rasch auf das weiter nördlich gelegene Cherbourg zubewegte. Es war genau der Kurs, den das Objekt eingeschlagen hatte.

Magdalena del Amo-Freixedo berichtete unlängst über die bizarre »Fenster«-Erfahrung eines Puertoricaners namens Cayín Rodríguez im Jahre 1957. Der damals 67jährige Rodríguez ging an einem Sommerabend gegen 21 Uhr allein außerhalb seines Dorfes spazieren, als er vor sich eine Gruppe »Kinder« sah, deren Alter er auf fünf bis sechs Jahre schätzte. Das Merkwürdige an ihnen war, daß sie alle auffallend große Köpfe besaßen und weiße Overalls trugen.

Rodríguez, der beim Anblick der Kleinen ein ungutes Gefühl hatte, wechselte vorsichtshalber die Straßenseite. Beim Weitergehen erblickte er vor sich etwas, das er mit dem Vokabular eines einfachen Menschen als »ein Loch in der Luft mit blauen und gelben Lichtern« beschrieb. Wörtlich: »Hinter dem Loch gab es keine Straße mehr, sondern etwas völlig anderes … Da war eine andere Gegend mit seltsamen Dingen.«

Cayín Rodríguez – ein ungebildeter, unkomplizierter Mann – dürfte bis zu dieser Begegnung kaum etwas von Ufos und schon gar nicht von Öffnungen zu anderen Seinsbereichen gehört haben. Hatte auch er sich hart am Rande einer Schnittstelle zwischen unserer und einer parallelen Welt befunden – eine, in der die allgemeine Entwicklung anders verlief?

Bei Tag manifestieren sich solche »Öffnungen« mehr in Form von Wirbeln und nebligen Gebilden, denen mitunter seltsame Objekte entweichen. Ein Vorfall steht für viele andere dieser Art.

Zwei amerikanische Geologen beobachteten im Jahre 1968 an der Küste des in der Antarktis gelegenen Knox-Landes von ihrem Raupenfahrzeug aus in einiger Entfernung einen massiv erscheinenden Wirbel, der ihre Neugierde erweckte. Beim Näherkommen stellten sie fest, daß der Wirbel nicht aus Schneeflocken bestand, sondern von »warmem, weichem Dampf« verursacht wurde, der einen penetranten Geruch hinterließ.

Allmählich löste sich die Dampfwolke auf und ließ ein etwa zwei Meter hohes, gläsern aussehendes, kuppelartiges Objekt mit einem Durchmesser von acht Meter erkennen. Einer der Geologen lief auf das Ding zu, weil er ein unbekanntes unterirdisches Phänomen vor sich zu haben glaubte. Dann sah er sie: zwei runde gelbliche »Gestalten«, nicht größer als ein Meter, die wie »schlecht aufgeblasene Luftballone« aussahen und unbeholfen über das Eis torkelten bzw. Drehbewegungen vollführten. Als schließlich eines der Ballon-Wesen platzte, gerieten die Männer vollends in Panik und nahmen Reißaus. Im Schutz ihres Raupenfahrzeugs sahen sie, wie sich die »gläserne Kuppel« zurückbildete, wie sie wieder die Form eines weißen Wirbels und dann die einer »Wolke« annahm, die sich vor ihren Augen auflöste. Eine gescheiterte Projektion – ein Test, durchgeführt in einer Gegend, in der die Zeit-Fremden allein zu sein glaubten?

Dem Auftauchen von Objekten aus anderszeitlichen Realitäten in unserer 4D-Welt geht häufig das Erscheinen ungewöhnlicher Nebelbänke, Wolken und Dampfschwaden voraus. Das mag manchen wundern, ihn glauben lassen, Opfer einer Halluzination zu sein. Dieses Phänomen erscheint weniger mysteriös, wenn man sich der einfachen Tatsache bewußt wird, daß Nebel stets dann entstehen, wenn sich warme, feuchte Luft mit trockener Kaltluft vermischt.

Öffnet sich irgendwo in unserer Welt vorübergehend ein Zeit-»Tor« oder -»Fenster«, so müßte es auch hier aufgrund allgemein gültiger physikalischer Gesetzmäßigkeiten zur Bildung von Nebel, Dampfwolken und dergleichen kommen, wenn in beiden unterschiedliche meteorologische Bedingungen herrschen, was nicht zuletzt vom Materialisationsgrad der projizierten Objekte abhängt.

Mitarbeiter großer internationaler Ufo-Organisationen, die sich seit Jahrzehnten mit der Auswertung von Sichtungen unbekannter Flugobjekte und hiermit zusammenhängender, ungewöhnlicher Manifestationen befassen, wollen festgestellt haben, daß es überall auf der Erde Gebiete gibt, in denen Ufos, paranormale Erscheinungen und Psi-Phänomene besonders häufig auftreten, zuweilen sogar im Verbund. In England sind dies vor allem die Grafschaften Sussex, Kent und historisch relevante Gegenden, wo während der letzten Jahre auch massiert Piktogramme und spektakuläre Formationen in Getreidefeldern beobachtet wurden.

Zu den amerikanischen »Fenster«-Regionen gehören die Mississippi- und Ohiotäler, Teile von Arizona und West

Virginia. In Südamerika liegen die Schwerpunkte in Brasilien, Argentinien und Mexiko.

Wie es zur Entstehung dieser Transit-Zonen kommt, entzieht sich unserer Kenntnis. Möglicherweise hängt dies mit irgendwelchen Unregelmäßigkeiten planetarer Gravitationsfelder zusammen. Aus der Funktechnik wissen wir, daß in Jahren starker Sonnenfleckentätigkeit mitunter enorme Überreichweiten erzielt werden. Funker sprechen dann von »skips«, die sich auftun, »Sprungfenster«, durch die sich selbst mit CB-Funkgeräten kontinentale Abstände überbrücken lassen. Analog hierzu könnten sich unter bestimmten gravitativ günstigen Bedingungen auch »Fenster« zu anderen Seinsbereichen öffnen, die man für »Transjektionen«, wie zuvor dargelegt, nutzen kann.

VI

Die Zeitlosen

Die klassische extraterrestrische Hypothese (kurz: ETH) – Ufos sind Raumfahrzeuge und Sonden aus anderen Sonnensystemen – ist im Laufe der Jahrzehnte immer brüchiger geworden. Sie enthält zu viele Ungereimtheiten und Widersprüche. Dennoch bedienen sich ihrer auch heute noch einige Autoren, um ihrem Leserpublikum »leichte Kost« zu bieten, wohl wissend, daß die Ursachen für das komplexe, bizarre Geschehen viel tiefer liegen. Sie übersehen dabei den historischen Aspekt des Ufo-Phänomens und offerieren keine Erklärung für die seit Jahrhunderten und länger anhaltenden, massierten Besuche einer Zivilisation, deren Technik erwiesenermaßen der unsrigen haushoch überlegen ist. Die naive Annahme, daß die »Fremden« hier »Sozialarbeit« oder ähnliches leisten, um uns in ihrem Sinne zu erziehen oder zu »dressieren« (vielleicht mit dem frommen Hintergedanken, uns einmal als friedliche Rasse in eine hypothetische kosmische Völkergemeinschaft aufzunehmen), erscheint nachgerade hirnrissig. Die Fakten sprechen für sich und gegen die idealisierte ETH: aggressive und kriegerische Auseinandersetzungen nehmen an Brutalität zu, die systematisch betriebene Umweltzerstörung hat globale Ausmaße angenommen. Die ultimate Katastrophe ist vorprogrammiert; es ist bereits fünf nach zwölf. Technische Hochzivilisationen vom Typ ETH hätten mit dem ihnen zur Verfügung stehenden Know-how und Potential schon längst eingreifen und die Völkergemeinschaft befrieden können. Warum aber sollten sie das tun, wo sie doch in ihrem eigenen Sonnensystem von unserem »Zeitlupen«-Untergang nicht einmal tangiert werden? Aus purer Menschlichkeit, wo sie doch gar keine »Menschen« sind? Oder sollten es doch Humanoide sein – vielleicht unsere eigenen Nachkommen, so wie sie möglicherweise einmal in 500, 1000 oder gar in 10 000 Jahren aussehen werden?

Am 12. Oktober 1963 ist der Lkw-Fahrer Eugenio Douglas bei strömendem Regen mit seinem kohlebeladenen Lastkraftwagen zwischen Monte Maiz und Isla Verde (Argentinien) unterwegs. Die Dämmerung bricht herein. Plötzlich sieht Douglas auf der Straße vor sich einen hellen Fleck. Er glaubt zunächst, daß es sich hierbei um ein entgegenkommendes Fahrzeug handelt, und bremst, um einen Zusammenstoß zu vermeiden. Das Licht wird immer greller. Ihm bleibt nichts anderes übrig, als an den Straßenrand zu fahren und anzuhalten. Als er aussteigt, verlöscht das Licht. An seiner Stelle bemerkt er jetzt ein kreisrundes, metallisch glänzendes Objekt, dessen Höhe er auf gut und gern zwölf Meter schätzt.

Eine Öffnung wird sichtbar. Licht entweicht und läßt Douglas drei riesengroße Gestalten erkennen, die wie Menschen aussehen. Sie tragen seltsame Kopfbedeckungen, an denen so etwas wie Antennen befestigt sind. Douglas überkommt unbändige Angst. Er weiß nicht, was die drei mit ihm vorhaben.

Mit einem Mal scheinen sie ihn bemerkt zu haben. Ein roter Lichtstrahl blitzt auf. Lebensgefahr. Sein Gesicht und seine Hände schmerzen. Douglas erwacht aus seiner Lethargie, greift instinktiv zum stets mitgeführten Revolver, feuert auf die Angreifer und flüchtet zu Fuß in Richtung Monte Maiz. Das ominöse Rotlicht verfolgt ihn bis zum nahegelegenen Ort, wo es sich mit dem Licht der Straßenlampen vermischt, violette und grüne Farbeffekte erzeugt. Dadurch wird auf

174

völlig unverständliche Weise ein übelriechendes, stechendes Gas freigesetzt.

Verzweifelt rennt Douglas zum nächstgelegenen Haus, klopft an die Tür und schreit ununterbrochen um Hilfe. Als die verschreckten Hausbewohner öffnen, verfärbt sich auch das Licht der dort wegen eines Todesfalles aufgestellten Kerzen violett und grün. Ein unangenehmer Geruch breitet sich aus. Er gleicht dem auf der Straße.

Eugenio Douglas wurde sofort zur Polizeiwache und dann zu einem Arzt gebracht. Dieser stellte Verbrennungen im Gesicht und an beiden Händen fest. Er wollte den Einfluß ultravioletter Strahlen nicht ausschließen. Woher diese gekommen sein sollten, wußte auch er nicht zu sagen. Am Ort des Geschehens fanden die Bewohner von Monte Maiz am nächsten Morgen unmittelbar neben dem geparkten Lastkraftwagen ungewöhnlich große Fußspuren. Mit einer Spannweite von 50 Zentimetern könnten sie durchaus von »Riesen« stammen, die Douglas so übel mitgespielt hatten.

Skeptiker mögen einwenden, daß der Lkw-Fahrer womöglich halluziniert oder, schlimmer noch, die ganze Geschichte in Absprache mit Dritten inszeniert habe, um, aus welchen Gründen auch immer, auf sich aufmerksam zu machen. Zugegeben: möglich ist alles, wären da nicht zahllose ähnliche unerklärliche Begegnungen der »dritten Art«, und nicht nur solche, in denen humanoide »Riesen« die Hauptrolle spielen. Wesen aus dem »Nichts« – Typen aus dem dimensionalen »Off« – treten in mannigfacher Gestalt in Erscheinung.

1   Typen aus dem »Off«

>»Setz dich hin vor die Tatsachen
>wie ein kleines Kind
>und sei bereit, alle vorgefaßten Meinungen aufzugeben,
>folge demütig der Natur,
>wohin und zu welchen Abgründen sie dich auch führen mag,
>denn sonst erfährst du nichts.«
>
>T. H. Huxley (1825–1895)

Seit einer Reihe von Jahren behaupten Menschen in aller Welt, Opfer sogenannter Abduktionen (engl. abductions), d. h. temporärer »Entführungen« durch Ufo-Insassen, zu sein. Und diese werden von bekannten amerikanischen Autoren wie Whitley Strieber (*Communion*) und Budd Hopkins (*Intruders* und *Missing Time*) unisono als kleinwüchsige, grauhäutige Wesen mit auffallend großen Köpfen und überdimensionalen schräggestellten Augen sowie anderen, von der menschlichen Physiognomie abweichenden Merkmalen beschrieben. Trotz dieser Unterschiede läßt sich das Gesamterscheinungsbild der »Grauen«, wie es von Kontaktlern in schöner Regelmäßigkeit skizziert wird, durchaus als humanoid oder menschenähnlich bezeichnen.

Aus äußerlichen Abweichungen gleich eine außerirdische Abkunft dieser Wesen herleiten zu wollen, ist aufgrund unseres heutigen Wissens über genetische Veränderungen aufgrund globaler Umweltkatastrophen und Kataklysmen sowie über künstliche Eingriffe in die Erbmasse (genetic engineering) und das Klonen geradezu grotesk.

Bei humanoiden Kreaturen könnte es sich ohne weiteres um eine mutierte Sorte Mensch aus der Zukunft handeln, auch um solche, die irgendwann einmal eine zerstörte Erde verlassen werden und von ihrem neuen Heimatplaneten aus, in der Zeit rückwärts reisend, die Bewohner der Erde zu unterschiedlichen früheren Zeitepochen besuchen.

Vielleicht haben wir es bei diesen uns abstrus erscheinenden Entitäten auch mit von »echten« Menschen der Zukunft geklonten Wesenheiten, Androiden und Cyborgs, d. h. perfekten Bio-Robotern mit Spezialaufgaben zu tun. Möglich wäre es auch, daß wir mitunter sogar Besuch von Intelligenzen aus mit unserem 4D-Universum koexistierenden Parallelwelten erhalten. Immerhin nimmt die Parallelwelt-Hypothese in der Neuen Physik einen hohen Stellenwert ein und wird von namhaften Physik-Theoretikern nachhaltig unterstützt.

Über Aussehen und Körpergröße der Ufo-Entitäten gibt es eine Fülle interessanter Publikationen und aufschlußreicher Statistiken. Aus einer früheren Aufstellung, die rund 1000 CE-III-Fälle (Begegnungen der III. Art) beinhaltet, lassen sich, was die Körpergröße anbelangt, mehrere Beschreibungsgruppen ableiten:

• Ufonauten, die wie Menschen aussehen und unterschiedlich gekleidet sind; Körpergröße 1,50 bis 1,80 Meter;

• Kleine Wesen; Körpergröße 0,90 bis 1,30 Meter;

• »Winzlinge«; Körpergröße zwischen mehreren Zentimetern und 0,5 Meter;

• »Riesen«; Körpergröße 2,50 bis 4,00 Meter;

● skurrile Wesen unterschiedlicher Größe und Konfiguration.

Die »Kleinen« scheinen unter den Ufonauten am häufigsten vertreten zu sein. Gary Wilcox – ihm gehörte seinerzeit eine 120 Hektar große Farm außerhalb von Newark Valley (New York) – will dieser Spezies am 24. April 1964 vormittags gegen 10 Uhr begegnet sein, als er seine Felder düngte.

Aus der Bodenluke eines knapp über der Erde schwebenden eiförmigen Ufos hüpften zwei Wesen heraus, die ihrem Äußeren nach wie Menschen aussahen, deren Körpergröße aber nur etwas mehr als ein Meter betrug. Wilcox behauptet, die »Kleinen« hätten von Kopf bis zu den Füßen in einem silbrigen Coverall gesteckt und Behälter mitgeführt, in denen sich offenbar Bodenproben befanden. Er habe sich mit den beiden unterhalten [seiner Schilderung nach offenbar mit einer Art »Translator«] und dabei erfahren, daß sie und ihre Maschine in Entfernungen von mehr als 30 Metern für uns Menschen normalerweise unsichtbar seien. Sie würden hauptsächlich bei Tage arbeiten, weil ihr Fahrzeug bei Nacht leuchte und sie dann eher zur orten wären.

Wie nicht anders zu erwarten war, begegnete man Wilcox' Geschichte zunächst mit Skepsis. Nur allzu rasch vergleicht man solche Schilderungen mit Märchen und Sagen, in denen das »Kleine Volk« eine dominierende Rolle spielt. Wer aber möchte solche Erzählungen schon ernst nehmen?

Vielleicht urteilte man im Fall Wilcox vorschnell, vielleicht tat man ihm unrecht. Alle, die ihn kannten, stellten ihm einen guten Leumund aus und bezeichneten ihn als einen wohlerzogenen, höflichen jungen Mann, der weder drogenabhängig noch alkoholsüchtig sei.

Wilcox suchte noch am gleichen Tag den Sheriff auf, um ihn von dem Vorfall in Kenntnis zu setzen. Am 1. Mai unterzeichnete er eine eidesstattliche Erklärung, mit der er die Richtigkeit seiner Aussagen ausdrücklich bestätigte.

Über noch kleinere Wesen in menschlicher Gestalt wird aus der ehemaligen Sowjetunion berichtet. Eine Ljubow Kahnskaja beschrieb einen solchen Sichtungsfall in der Zeitung *Wetschernim Club* vom 23. 12. 1989: »Igor Nikolajewitsch [sein Familienname wurde aus verständlichen Gründen nicht genannt] arbeitete in seinem Garten, als er einen ›metallischen‹ Knall hörte, der aus der Luft zu kommen schien. Daraufhin schaute er nach oben und sah in einer Entfernung von etwa 40 Metern einen blauen Streifen, der sich ihm langsam näherte ... Der Augenzeuge wurde unruhig und versteckte sich in einer Ecke des Treibhauses. Er bemerkte mit einem Mal, wie sich der blaue Streifen in ein menschliches Wesen verwandelte, das nur 30 Zentimeter groß war und einen wohlproportionierten Körper besaß ... Es handelte sich um einen ›Miniatur‹-Menschen. Und dieser ›Mensch‹ flog auf I. N. zu, begann in einer Höhe von zwei bis drei Metern über seinem Kopf zu schweben. Der Betreffende versicherte, daß sich der ›Miniatur‹-Mensch in dieser Position mit ihm telepathisch ›unterhalten‹ habe. Danach wäre das Wesen weggeflogen. Derzeit werden [in Rußland] mehr als 20 solcher Fälle untersucht.«

Besonders überzeugend sind Berichte über CE-III-Begegnungen mit Ufonauten, die mit dem Erscheinungsbild des heutigen Menschen völlig übereinstimmen, wie im Fall des Amerikaners Floyd Dillon.

Es war an einem Tag Ende April oder Anfang Mai 1928, als der junge Mann mit seinem Ford T geschäftlich unterwegs war. Nahe Yakima (Bundesstaat Washington) fiel ihm plötzlich ein Flugobjekt auf, das sich in einer Höhe von 20 Metern auf ihn zubewegte: ein olivfarbenes Sechseck mit einer gewölbten Kuppel, etwa sechs Meter breit und zwei

Meter hoch. In dem merkwürdigen Apparat war, so Dillon, ein metallrahmengefaßtes Fenster eingelassen, hinter dem er den Oberkörper eines Mannes – eines ganz normalen Menschen – in dunkelblauer Uniform erkannt haben will. Der Fremde schaute unentwegt in Richtung des maßlos verblüfften Dillon.

Die Begegnung war nur von kurzer Dauer. Das Sechseck begann zu rotieren. Es überquerte die Landstraße und entfernte sich anschließend mit »rasender Geschwindigkeit«.

Flugzeuge waren damals auch in den USA eher eine Seltenheit [abgesehen davon, daß sie nicht sekundenlang über ein und derselben Stelle schweben können], und Hubschrauber gab es schon gar nicht. Was also hatte Dillon nun wirklich gesehen? Etwa jemanden, der sich in der Zeit verirrt hatte?

Wohlgemerkt: Man schrieb das Jahr 1928; Ufos und CE-III-Begegnungen waren erst 20 Jahre später an der »Tagesordnung«.

23. Oktober 1954, nahe Tripolis/Libyen. Ein damals dort ansässiger italienischer Farmer sieht gegen 3 Uhr früh einen eiförmigen Flugkörper niedergehen. Das Ding setzt in horizontaler Position auf einem seiner Felder auf. Es ist so nahe, daß er jedes Detail gut erkennen kann. Später wird er der Presse das »komische« Vehikel genau beschreiben können.

Die obere Hälfte der Maschine ist transparent, die untere mit dem bereiften Fahrgestell scheint aus Metall zu bestehen. In dem etwa sechs Meter langen und drei Meter breiten Objekt erkennt der verdutzte Landwirt sechs in gelbe Overalls gekleidete Gestalten, die eine Art Atemschutzmaske tragen. Einer von ihnen nimmt die Maske ab, um in eine Röhre zu pusten. Sein Gesicht ist gut erkennbar. Es ist das eines ganz normalen Menschen.

Beispiele für Direktkontakte mit »nichtzeitgemäßen« Menschen, Fremden, die offenbar aus einer anderen Realität kommen, gibt es zur Genüge. Besonders interessant erscheint ein Fall, der sich im Winter 1936 in Detroit zugetragen haben soll. In dem Mittelklasse-Hotel »Uncle Sam« war ein vornehmer Herr abgestiegen, der vorgab, einen Autounfall gehabt zu haben. Der Mann wartete angeblich auf einen Freund, der ihm weiterhelfen sollte.

Spät abends läutete der Gast mehrmals nach der Bedienung, die aber anderweitig beschäftigt war. Schließlich trat der Mann aus seinem Zimmer und rief verärgert: »Ist denn das die Möglichkeit, hört denn da unten niemand die Klingel?« Das Serviermädchen entschuldigte sich, sie habe gerade Stammgäste zu bedienen. Alles, was der Fremde darauf antworten konnte, war: »Gut, aber wenigstens ...« Dann wurde es plötzlich stockdunkel. In diesem Augenblick stieß die Bedienung einen markerschütternden Schrei aus, denn der Mann, den sie sah, leuchtete im Dunkel intensiv blau. Der Fremde rannte die Treppe hinunter. Er raste quer durch die Empfangshalle und stürmte in die Nacht hinaus. Der Hotelbesitzer versuchte noch, ihn zurückzuhalten, erhielt aber einen elektrischen Schlag.

Als er später das Zimmer des seltsamen Mannes durchsuchte, fand er dort nur belangloses Zeug: Mantel, Anzug und Koffer. Dann aber entdeckte er einen Brief, den der Mann vor seinem Verschwinden begonnen hatte: »Lieber Harry, ich bin gestern hier angekommen, in der Hoffnung Dich anzutreffen. Es tut mir leid, Dich belästigen zu müssen, aber ich bitte Dich, sofort hierherzukommen, sobald Du wieder zurück bist. Vielleicht kannst Du mir helfen, *sonst muß ich für immer in einer Welt leben, die nicht die meine ist. Ich bin ...*«

Nach Angaben eines Gastes war der Fremde im Sommer des gleichen Jahres schon einmal in New York gesehen worden. Auch damals habe ihn schon eine unirdische blaue Aura umgeben.

In jener Dezembernacht aber verschwand er für immer. Ein Zeitreisender wider Willen? War er das Opfer eines Zeitreise-Experiments geworden? Hatte er den »Einstieg« in seine Realzeit nicht mehr geschafft, und mußte er von seinen »Zeitgenossen« mühsam aus dem Jahr 1936 geborgen werden?

Wem dies alles wie Science-fiction vorkommt, dem sei gesagt, daß sogenannte »Nahbegegnungen« nicht mit der Elle wissenschaftlichen Schubladendenkens gemessen werden kann. Der gewaltige technologische Abstand zwischen uns und hypothetischen zukünftigen und/oder parallel zu uns existierenden Hochzivilisationen dürfte jeden Vergleich mit unserem Stand der Technik, jeden Argumentationsversuch, schon im Ansatz illusorisch erscheinen lassen.

Die Zahl der Sichtungen Humanoider hat seit den fünfziger Jahren rapide zugenommen. Ted Bloecher und David Webb von der MUFON-Humanoid Study Group führen in ihrem EDV-Katalog HUMCAT aus dem Jahre 1978 schon mehr als 2000 Sichtungsmeldungen auf. In dieser Aufstellung überrascht der hohe Anteil an *völlig menschlich aussehenden Entitäten*. Hieraus leitet MUFON-Direktor I. v. Ludwiger vier Herkunftsmöglichkeiten ab, von denen die Hypothesen »Reisende aus der Zukunft« und »Projektionen von Hologrammen menschlicher Gestalten« besondere Aufmerksamkeit verdienen. I. v. Ludwiger zitiert in diesem Zusammenhang M. D. Swords: »Es ist beliebig unwahrscheinlich, daß sich auf irgendeinem Planeten einer fernen Sonne im Kosmos eine der unseren völlig identische Rasse entwickelt hat oder durch Kreuzung zwischen menschlichen und außerirdischen Wesen entstanden sein könnte.«

Die Folgerung, die v. Ludwiger aus diesem, in seinem bemerkenswerten Buch *Der Stand der Ufo-Forschung* enthaltenen, Zitat zieht, ist so gravierend, daß sie hier auszugshalber wiedergegeben werden soll: »Verschiedene Beobachtungen lassen darauf schließen, daß die Objekte nicht an
den normalen Ablauf der Zeit gebunden sind. Dafür sprechen die wiederholten Sichtungen identisch aussehender
Objekte an verschiedenen aufeinanderfolgenden Tagen
bzw. Wochen am gleichen Ort, sowie die Tatsache, daß sie
inzwischen nirgendwo anders beobachtet werden. Dies wäre eine Antwort auf die Frage, wo sich die Objekte in der
Zwischenzeit befinden und weshalb sie nur einen äußerst
kurzen Besuch abstatten ... Wenn die Objekte aus unserer
eigenen Zukunft kämen, so würde das auch erklären, daß
sich deren Insassen ›wie zu Hause fühlen‹, nicht zu viel
oder zu wenig Sauerstoff in der irdischen Atmosphäre atmen, und sich in der irdischen Schwerkraft völlig problem-
los bewegen. Auch das Desinteresse an unserer Kultur wäre
verständlich, *weil sie ja sowieso bereits alles aus den historischen Büchern kennen würden* [kursiv durch Autor]. Jedenfalls müßten sie uns aus dem Weg gehen, damit sie nicht
von uns gefangengenommen und gezwungen werden, etwas über die Zukunft auszuplaudern. Daß die Insassen offenbar direkten Kontakt mit uns meiden wollen, ist eine
Tatsache, die besonders die Geheimdienste beschäftigt.«
Vieles deutet heute darauf hin, daß sich mit v. Ludwigers
Projektionstheorie Ufo-Manifestationen und periphere
Phänomene noch am plausibelsten erklären lassen. Über-
schaut man das Ufonauten-Szenarium der letzten Jahrzehnte, so wird man feststellen, daß es bestimmte Fälle
gibt, in denen die nichtphysikalische Beschaffenheit der
wahrgenommenen Entitäten deutlich erkennbar war. Diese Wesen sind nicht materiell im Sinne »wie gewachsen«,

sondern nur Projektionen mit kontrollierbarem Materialitätsgrad, also voll aktionsfähige »Zombie«-Hologramme.

In einem besonders makabren Fall verfolgten Teenager eine Gruppe von in silbrigen Schutzanzügen gekleideten Ufo-Insassen. Obwohl die Hatz über ein Schlammfeld führte, hinterließen die flüchtenden Wesen keinerlei Fußspuren. Bei einer anderen Begegnung mit den »Fremden aus dem Nichts«, erschienen diese den Augenzeugen völlig transparent. Das Arsenal an Überraschungen, über das die Zeitlosen verfügen, scheint unerschöpflich zu sein. Schauen wir es uns einmal etwas näher an.

2   Cyborgs –
»Versuchskaninchen« aus der Zukunft?

Der Terminator mit Arnold Schwarzenegger und Linda Hamilton:

Los Angeles im Jahre 2029: »Die Maschinen erhoben sich aus der Asche des nuklearen Feuers. Ein Krieg zur Vernichtung der Menschheit hatte jahrzehntelang gewütet. Aber die letzte Schlacht sollte nicht in der Zukunft geschlagen werden. Sie wird hier geschlagen – in unserer Gegenwart. Heute nacht ...«

Los Angeles 1984: »Ich will Ihnen nur helfen. Ich bin Rees, Sergeant, Technisches Kommando, DN 38 416, eingeteilt zu Ihrem Schutz. Sie wurden als Ziel zur Vernichtung ausgesucht.«

Sarah: »Das muß eine Verwechslung sein, ich habe nichts getan.«

Rees: »Nein, aber das werden Sie. Es ist sehr wichtig, daß Sie leben.«

Szenenwechsel: Sarah: »Wie kann das alles nur sein? Wie kann dieser Mann einfach wieder aufstehen?«

Rees (verzweifelt): »Das ist kein Mann. Das ist eine Maschine. Ein ›Terminator‹, Cyberite-System, Modell 101.«

Sarah: »Eine Maschine, so wie ein Roboter?«

Rees: »Kein Roboter. Ein Cyborg. Ein kybernetischer Organismus.«

Sarah: »Nein, er hat doch geblutet …?«

Rees: »Die Terminator sind Infiltrationseinheiten – halb Mensch, halb Maschine. Darunter ist ein Kampfchassis, aus einer Hyperlegierung, mikroprozessorkontrolliert. Voll gepanzert und sehr widerstandsfähig. Aber außen ist es lebendes menschliches Gewebe: Fleisch, Haare, Haut, Blut. Gezüchtet für die Cyborgs … Die [normale] Cyberite-Serie hat eine Gummihaut. Wir haben sie leicht erkannt. Aber die hier sind neu. Sie sehen aus wie Menschen. Sie schwitzen, haben schlechten Atem. An alles wurde gedacht. Sehr schwer zu entlarven … Der Cyborg empfindet keinen Schmerz … Er fühlt weder Mitleid noch Reue noch Furcht, und er wird vor nichts haltmachen, vor gar nichts, solange Sie nicht tot sind.«

Sarah: »Hören Sie, ich bin doch nicht blöd. Was Sie da sagen, ist unmöglich, so was ist gar nicht herzustellen.«

Rees: »Noch nicht, aber in etwa 40 Jahren.«

Sarah: »Soll das heißen, er ist aus der Zukunft?«

Rees: »Einer möglichen Zukunft aus Ihrer Sicht. Ich kann Ihnen das jetzt nicht genau erklären.«

Sarah: »Und Sie sind auch aus der Zukunft?«

Rees: »Richtig!«

Szenenwechsel: Sarah: »Weshalb will er mich?«

Rees: »Da war ein Atomkrieg. Bis in ein paar Jahren … Es wird das ganze hier … alles, den ganzen Planeten … alles wird weg sein. Einfach weg. Aber es gibt Überlebende …

Es waren die Maschinen. Abwehrnetz-Computer: neu, mächtig. Und sie werden überall sein. Man hat ihnen die Leitung von allem anvertraut. Diese Maschinen sind überall. Eine ganz neue Art von Intelligenz. Aber die Folge ist, daß sie in allen Menschen eine Bedrohung sehen ... Sie entscheiden dann über unser Schicksal in einer Mikrosekunde. Totale Vernichtung ...

Aber da war ein Mann, der uns gezeigt hat, wie man kämpft, die Stacheldrähte der Lager zu stürmen, diese metallenen Mistkerle zu zerfetzen ... Er hat uns vor dem Abgrund gerettet. Sein Name ist Connor, John Connor – Ihr Sohn, Sarah, Ihr ungeborener Sohn.«

Szenenwechsel: (Büro des Deputy-Sheriffs; Rees wird vernommen)

Sheriff: »Und dieser Computer denkt also, er kann gewinnen, indem er die Mutter seines Feindes tötet? Genauer gesagt: Wenn er seinen Feind tötet, *bevor er überhaupt empfangen wurde?*«

Rees: »Ihr Verteidigungssystem war zerschlagen. Wir hatten gewonnen. Connor *dann* zu entfernen, hätte nichts geändert. *Skynet* mußte seine Existenz völlig auslöschen.«

Sheriff: »Und da haben Sie dann den Laborkomplex eingenommen und dieses Ding da gefunden ... die Zeitverschiebungseinrichtung?«

Rees: »Ja, das ist richtig ...«

Szenenwechsel: (Sarah mit Rees allein)

Rees: »Ihr Sohn hat mir eine Botschaft mitgegeben: ›Danke Sarah, für Deine Kraft während all der dunklen Jahre. Ich kann Dir bei dem, was Du durchstehen mußt, nicht helfen. Ich kann nur sagen, daß die Zukunft nicht feststeht ... Du mußt überleben, oder ich werde niemals existieren. Das ist alles.‹«

Rees' Bestimmung in der Vergangenheit läßt keine Zweifel

aufkommen. Er *muß* Sarah ein Kind zeugen … John Connor, der die Menschheit von der Herrschaft der Maschinen befreit. Im Jahre 2029. Damit wäre der schicksalhafte Kreislauf in unserer Welt, die Kausalität, wiederhergestellt.

Diese Horrorvision – ein Kino-Kassenknüller aus dem Jahre 1991 – weckt in uns allen Urängste – Furcht vor einer Perfektionierung und Verselbständigung der Maschinen, die sich allmählich unserer Kontrolle zu entziehen drohen. Ob diese Ängste berechtigt sind, wird die Zukunft zeigen. Doch ist kaum anzunehmen, daß kybernetische Monstren wie die eines »Terminators« in die Vergangenheit zurückgeschickt werden, um wild um sich zu feuern, eine Spur der Vernichtung zu hinterlassen und dadurch die Kausalität durcheinanderzubringen. Es kann jedoch nicht ausgeschlossen werden, daß die »Zeitlosen« Cyborgs oder ähnliche semi-humanoide Entitäten in ihre Vergangenheit »projizieren«, sie vom Projektionslabor aus ständig unter Kontrolle halten oder auch selbständig agieren lassen. Man dürfte annehmen, daß technische Hochzivilisationen, die Zeit-Transmitter zu bauen vermögen, auch perfekte Cyborgs herstellen können und umgekehrt.

Am 24. Mai 1962 ließ die argentinische Regierung offiziell verlauten, daß in der Provinz La Pampa ein Ufo gelandet sei. Das geschah, nachdem Hunderte von Personen – darunter auch Polizeibeamte – in fünf Provinzen das Objekt mit eigenen Augen gesehen hatten. In La Pampa selbst verkündete ein staatlicher Sender, ein glaubwürdiger Augenzeuge habe ein diskusförmiges Ufo in der Nähe seiner Ranch niedergehen sehen. Ihm wären zwei »roboterartige« Gestalten entstiegen. Es hieß, die »Roboter« hätten wenige Augenblicke nach ihrer Landung bemerkt, daß sie beobachtet werden. Was auch immer ihre Absicht gewesen sei:

Sie zogen sich eilends in ihre Maschine zurück und verschwanden.

Kurz darauf bestätigte ein argentinischer Luftwaffenoffizier die Landung. An der kreisförmigen Landestelle war die Erde verbrannt, jegliche Vegetation erloschen. Die Bewohner der Ranch zeigten sich verängstigt. Sie behaupteten, die beiden Gestalten hätten sich wie »Automaten« bewegt.

Berichte über Ufo-»Roboter« werden in neuerer Zeit auch aus der ehemaligen Sowjetunion gemeldet. Bevorzugtes Operationsgebiet scheint die Stadt Woronesch und deren östliche Umgebung zu sein. Die frühere Testpilotin Dr. Marina Popowitsch berichtet über einen Fall, der sich im Zusammenhang mit dem Absturz einer MIG-21 am 27. Mai 1982 zugetragen haben soll: »Alexander Panjukow und Alexander Kunin, die sich auf der inzwischen eingeleiteten Suche nach Überresten der MIG-21 im Waldgebiet von Poworino bei Borissoglebsk aufhielten, beobachteten, als sie auf eine Lichtung hinaustraten, ein dreieinhalb Meter großes Wesen von menschenähnlicher Gestalt und grünlich-silberner Farbe (sic!). Aus einiger Entfernung beobachteten sie kurz darauf hinter den Bäumen ein Aufblitzen und den Start eines leuchtenden Objekts, das eine schwach leuchtende, spiralförmige Spur zurückließ und bald außer Sichtweite war.«

Bliebe noch anzumerken, daß während des Absturzes der MIG-21 ganz in der Nähe des Flugzeuges vom Radar ein Ufo geortet worden war. Zusammenhänge sind nicht auszuschließen.

Am 27. September 1989 hielten sich die Schüler Wasja Surin, Shenja Blinob und Julia Scholochoba in dem Woronescher Park nahe der Mendelejevstraße auf. Sie spielten Fußball. Gegen 18.30 Uhr sahen sie am Himmel ein rosarotes Leuchten und kurz darauf eine bordeauxrote Kugel, deren

Durchmesser etwa zehn Meter betragen haben soll. Sie zog ein paar Kreise, verschwand, um kurz darauf erneut über dem Parkgelände zu erscheinen. Inzwischen hatten sich dort mehrere Menschen eingefunden, die das ungewöhnliche Spektakel interessiert verfolgten.

Im unteren Teil der knapp über dem Boden schwebenden Kugel öffnete sich eine Luke, aus der ein drei Meter langes, mit einem silbrigen »Overall« bekleidetes Wesen herauskam. Das »Ding« musterte mit seinen drei (!) Augen die nähere Umgebung, so als ob es die Situation überprüfen wolle. Dann erst senkte sich die Kugel und setzte vorsichtig auf dem Rasen auf. Ihr entstiegen zwei weitere Wesen, von denen eines ein Roboter gewesen sein soll. Wie die Zeitung *Sowjetische Kultur* damals zu berichten wußte, kam es dann zu einem aufsehenerregenden Zwischenfall: »Eines der Wesen sprach etwas, woraufhin auf der Erde ein leuchtendes Dreieck erschien, das bald wieder verschwand. Der ›Außerirdische‹ berührte die Brust des Roboters, und dieser begann sich mechanisch zu bewegen. In diesem Augenblick fing einer der Jungen aus Angst zu schreien an. Der ›Außerirdische‹ sah ihn an, und der Junge erstarrte; er konnte sich nicht mehr bewegen. Kurz darauf bestiegen die Wesen ihre Kugel und verschwanden.

Schon nach wenigen Minuten kehrte das Objekt zur gleichen Stelle zurück. Diesmal hatte der ›Dreiäugige‹ so etwas wie eine ›Pistole‹ dabei – ein rohrförmiges Instrument, das er auf den paralysierten Jugendlichen richtete. Dieser verschwand augenblicklich und tauchte erst dann wieder auf, als die Kugel endgültig weggeflogen war.«

Diese Berichte aus verschiedenen Gegenden der früheren Sowjetunion mögen manchem von uns grotesk, ja geradezu aberwitzig erscheinen. Vergleicht man sie jedoch mit den spektakulären Abduktionsfällen, die sich erst unlängst in den USA zugetragen haben sollen, so schneiden jene hinsichtlich ihrer Glaubwürdigkeit auch nicht schlechter ab. Man kann nicht wissenschaftlich fundierte Theorien über die Möglichkeit von Zeitreisen und die Existenz paralleler Welten aufstellen, gleichzeitig aber irreal erscheinende Begegnungen wie diese als völlig undenkbar abtun. Zumindest nicht, was das äußere Erscheinungsbild solcher Manifestationen anbelangt. Irgend etwas ist geschehen und geschieht immer wieder. Woche für Woche, Monat für Monat. Nur dürfen wir es mit der Kenntnisnahme solch skurriler Ereignisse nicht bewenden lassen.

Wenn auch nur einige dieser Berichte stimmen sollten, könnte es sich hierbei möglicherweise um eine besondere Spezies von Robotern handeln, um »Cyborgs« – kybernetische Organismen –, die selbst von der NASA als ideale Besatzungen für Langzeit-Operationen im All vorgeschlagen wurden. Ideal deshalb, weil wir es hierbei mit hochbelastbaren, geschlossenen, sich selbst rezyklierenden Systemen zu tun hätten, die keinerlei Nahrung bedürfen, weil ein Gutteil ihrer Organe durch mikroelektronische Einheiten ersetzt sein würde. Uns technisch weit überlegene Zivilisationen in der Zukunft oder in parallelen Welten dürften mit Sicherheit Cyborgs entwickelt haben, die unsere primitiven Vorstellungen vom emotionslosen »Halbmenschen« bei weitem übertreffen. Wir könnten sie wohl kaum von anderen Humanoiden unterscheiden.

Alles nur Fiction, Wunschdenken? Mitnichten. Man braucht sich nur einmal die Mond- und Marsbesiedlungsprogramme der NASA anzuschauen. Der frühere NASA-Spezialist in führender Position, Robert A. Frosch, äußerte sich schon vor vielen Jahren vor dem *Commonwealth Club* in San Francisco, daß zur Besiedlung unwirtlicher Planeten und Monde sich selbst reproduzierende Roboter gebraucht würden. Sie könnten den Zugang zu den Naturschätzen und Rohstoffen des Sonnensystems erleichtern. Als Einstieg in ein solches Projekt wäre eine Maschine zu konzipieren, die mit Hilfe von Solarenergie und den im Weltraum vorhandenen Materialien eine Nachbildung ihrer selbst bauen kann, und dies ohne zusätzliche menschliche Anleitung.

Dieser Plan wird von der NASA sehr ernst genommen. Eine Koordinationsgruppe für Reproduktionssysteme untersuchte bereits die Möglichkeit zum Aufbau einer sich selbst reproduzierenden Fabrik auf dem Mond, die, mit Mondgestein betrieben, alles hierfür Notwendige autonom erstellen kann. Als Initialplan ist vorgesehen, »Maschinen-Samen« im Gewicht von 100 Tonnen auf dem Mond zu deponieren. Die ersten Roboter würden nach ihrem »Ausschlüpfen« die obere Bodenschicht für das Produktionsareal in Schmelzbasalt umwandeln. Anschließend wäre an die Einrichtung der Fabrik und die Erstellung eines Solarzellendachs für die Stromversorgung des autonomen Systems gedacht.

Eine solch hochspezialisierte Fabrik könnte aus drei Sektionen bestehen: eine, die aus dem Boden reine Grundstoffe gewinnt, eine zweite, die sie zu Werkzeugen, Maschinen- und elektronischen Teilen verarbeitet, und eine dritte, die diese Halbprodukte zu den benötigten Arbeitsgeräten zusammenbaut.

Die Planungsgruppe schätzt, daß ein »Saatgut« von 100 Tonnen ausreicht, um innerhalb eines Jahres genügend Rohstoffe für die Verdopplung des Systems zu erzeugen. Auf diese Weise ließe sich in 18 Jahren eine Jahresproduktion von vier Milliarden Tonnen erzielen, etwa soviel, wie heute pro Jahr weltweit erarbeitet wird. Ein solches reproduzierendes Fabriksystem könnte, so die NASA-Wissenschaftler, für die Herstellung von Arbeitsrobotern und Raumschiffen programmiert werden.

John G. Kemeny vom Dartmouth College – Miterfinder der Computersprache »Basic« – vertritt die Meinung, Computer sollte man als eine neue Art »Leben« betrachten. Wörtlich: »Sobald es einmal Roboter gibt, wird es leicht sein, sie so zu programmieren, daß sich jeder Nachkomme etwas von seinen ›Eltern‹ unterscheidet. Es wäre eine gute Idee, jeden Roboter sich eine Verbesserung seines Nachwuchses ausdenken zu lassen, damit ein evolutionärer Prozeß stattfinden kann.«

Einige Wissenschaftler preschen – vielleicht etwas vorschnell – sogar in maschinen-ethische Bereiche vor. Sie deuten heute schon die (vage) Möglichkeit an, daß derart komplizierte, komplexe Maschinen, wie bei Tierhaltungen, eine Art Sozialverhalten entwickeln könnten. Damit wäre die Entstehung einer Maschinen/Roboter-»Kaste« vorprogrammiert, mit allen hieraus erwachsenden Unwägbarkeiten. *Terminator* läßt grüßen.

Rodger A. Cliff, Computerspezialist bei der NASA, denkt mehr an eine andere Entwicklung – an die sogenannte »Kyber-Symbiose«: »Schließlich könnte man die Menschheit zu einem Leben innerhalb eines größeren kybernetischen Organismus hin bewegen. Im Verlaufe der Evolution von Mensch und Maschine könnte unser Zusammenwirken nicht mehr freiwillig sein, sondern notwendig werden … Unsere Nachkommen könnten in großen, selbstreproduzierenden, mobilen Weltraumsiedlungen wohnen, die als außerirdische Zufluchtsorte dienen. Sie würden verhindern, daß die Menschheit durch irgendeine Katastrophe auf der Erde völlig vernichtet wird.«

Ein wahrhaft phantastischer Gedanke. Sollten diese Pläne jemals realisiert werden, bevor sich die Menschheit durch ständige Querelen und »hausgemachte« Umweltkatastrophen selbst ausgerottet hat, wären Cyborgs und Projektionen in der Zeit eine zwingende Notwendigkeit. Es scheint: die Zeit drängt.

3   Kidnapped

> »Die wirkliche Welt ist durch die Maschen
> des wissenschaftlichen Netzes geschlüpft.«
>
> ALFRED NORTH WHITEHEAD (1861–1947)
> in *Mode of Thought*

Unter Abduktionen (engl. abductions) verstehen Ufologen kurzzeitige »Entführungen« von Personen durch Ufo-Insassen, meist, um an den Betroffenen irgendwelche medizinisch-biologischen Untersuchungen oder Experimente vorzunehmen. Trotz der sich häufenden Abduktionsfälle – vor allem in den USA – vermag derzeit niemand mit letzter Gewißheit zu sagen, ob es sich hierbei um ein pathologisches Phänomen (Halluzinationen, psychische Störungen), Erinnerungstäuschungen (Konfabulationen), dramatisierte Traumerlebnisse oder um echtes Entführungsgeschehen bzw. um das Zusammenwirken mehrerer dieser Möglichkeiten handelt.

In einer erst vor kurzem in den USA erschienenen Publikation *Unusual Personal Experiences: An Analysis of the Data from Three National Surveys* (Ungewöhnliche persönliche Erfahrungen: Eine Analyse der Daten von drei nationalen Umfragen) ist nachzulesen, daß nahezu vier Millionen Amerikaner glaubten, schon einmal »entführt« worden zu sein. Die von der Bigelow Holding Corporation in Las Vegas, Nevada, publizierte Schrift wurde inzwischen kosten-

194

los an rund 100 000 Ärzte und anderweitig in der Medizin tätige Personen verteilt. An der Erstellung dieser Dokumentation waren die Abduktionsexperten Budd Hopkins, Dr. David Jacobs, Historiker an der Temple University und Dr. Ron Westrum, Soziologieprofessor an der Eastern Michigan University, beteiligt. Sie beruht auf der Direktbefragung von 6000 Erwachsenen, durchgeführt von der angesehenen Roper Organisation, einem unabhängigen Meinungsforschungsinstitut.

Die Interviewer stellten insgesamt elf Fragen, von denen fünf darauf abzielten, eventuell abduzierte Personen zu identifizieren. Vier der fünf Fragen mußten zutreffend beantwortet sein, um die Voraussetzung für eine echte Abduktion zu erfüllen. Die Fragen lauteten:

– Sind Sie irgendwann einmal nachts in einem paralysierten Zustand mit dem Gefühl erwacht, daß sich eine fremde Person oder eine »Präsenz« [eine nicht sichtbare, aber dennoch subjektiv spürbare Wesenheit] im Raum befindet?

– Gab es jemals eine Zeitspanne von einer Stunde oder länger, in der Sie sich verlassen fühlten, aber keine Erklärung dafür fanden, wo Sie sich aufhielten?

– Haben Sie jemals das Gefühl gehabt, tatsächlich durch die Luft zu schweben, obwohl Sie nicht wußten, wo und warum?

– Haben Sie irgendwann einmal ungewöhnliche Lichter oder Lichtkugeln in einem Raum gesehen, ohne zu wissen, was sie verursachte oder woher sie kamen?

– Haben Sie schon einmal rätselhafte Narben an Ihrem Körper entdeckt, ohne daß Sie oder ein anderer wußten, wie oder wo Sie sich diese zugezogen hatten?

Nach einer auf die Gesamtzahl der erwachsenen Personen in den USA bezogenen Hochrechnung erhielt man zu den einzelnen Fragen erstaunlich viele zutreffende Antworten. Zwei Prozent der 6000 befragten Personen bejahten vier oder mehr der hier aufgelisteten Fragen positiv. Selbst unter Berücksichtigung einer gewissen Irrtumsquote läßt es sich nicht ausschließen, daß etwa 3,7 Millionen Amerikaner irgendwann einmal abduziert worden sind. Man darf annehmen, daß dieses umfangreiche Dokument die Anhänger der Abduktionstheorie und Skeptiker gleichermaßen über viele Jahre beschäftigen wird.

Der amerikanische Volkskundler Dr. Thomas Bullard sammelte an der University of Indiana etwa 300 Berichte über angebliche Ufo-Entführungen, von denen er nach einer eingehenden Analyse rund 200 als »echt« einstufte. In einer umfassenden zweibändigen Promotionsstudie *Abductions: The Measure of a Mystery* (Abduktionen: Maßstab eines Geheimnisses) zeichnet er das Bild eines unspezifischen, achtstufigen Abduktionsvorgangs, das mit der »Einvernahme« [des zuvor selektierten Opfers] beginnt und mit dessen Rückführung endet. Dazwischen will Bullard sechs separate Ereignisstufen angesiedelt wissen, deren Reihenfolge aber nicht immer die gleiche ist: Untersuchung, Beratung, »Rundreise«, Jenseitsreisen und Theophanie (etwa: Gotteserfahrung).

Aus unerfindlichen Gründen scheinen sich Abduzierte mehr an die Vorgänge innerhalb des vermeintlichen Ufos, als an die Abläufe bei ihrer Einvernahme und Rückführung zu erinnern. Bullard bezeichnet diesen sonderbaren Effekt als »Torweg-Amnesie«. Sie könnte möglicherweise durch den Schock beim dimensionalen Übergang von der einen Realität zur anderen ausgelöst werden.

Das Abduktionsgeschehen erlangte durch Budd Hopkins' Behauptung, daß es bei Begegnungen zwischen Ufonauten und »Entführten« zur Zeugung sogenannter »Hybrid-Wesen« gekommen sei, eine neue Qualität. In seinem Buch *Intruders* (Eindringlinge) wird über gynäkologische Prozeduren berichtet, die die Abduzierten über sich ergehen lassen mußten. Ihnen sollen angeblich Sperma und Eizellen entnommen worden sein, um durch genetisches »Engineering« Hybrid-Babys zu züchten: halb menschlich, halb ET. Es gibt auch einige Fälle, in denen hochschwangere Frauen, die Opfer solcher genetischen Manipulationen gewesen sein wollen, selbst auf Entbindungsstationen über Nacht ihren Fötus verloren haben. Hopkins sprach mit einem Krankenhausarzt, dessen Patientin im siebten Monat schwanger war und die eines Morgens mit einem »flachen« Bauch erwachte. Es gab keine Anzeichen für eine Fehlgeburt. Der Arzt war völlig ratlos. Sein guter Ruf stand auf dem Spiel.

Die New Yorker Psychiaterin Dr. Rima Laibow befaßt sich vorzugsweise mit dem genetischen Manipulationsaspekt der Abduktionen. Im Verlauf umfangreicher und eingehender Untersuchungen hat sie festgestellt, daß Abduktionspatienten keinesfalls mit einer besonders blühenden Phantasie ausgestattet sind, was darauf hindeuten könnte, daß sie ihre Erlebnisse nicht konfabulieren.

Abduktionen werden heute kontrovers diskutiert. Sollte den sich in jüngster Zeit häufenden Fällen tatsächlich konkretes Geschehen zugrunde liegen, muß man sich fragen, ob dieses »Kidnapping« in unserer 4D-Welt, d. h. objektiv und für jeden sichtbar, oder auf einer höherdimensionalen, rein psychischen oder Bewußtseinsebene, also subjektiv, stattfindet, *ohne indes an realer Substanz einzubüßen.*

Was für objektives Geschehen spricht, wären Verletzungen am Körper der Abduzierten nach erfolgter Untersuchung bzw. genetischer Manipulation seitens der Fremdentitäten, Implantate, wie man sie schon des öfteren in den Körpern der Betroffenen gefunden haben will und andere physikalische Indizien.

Fälle, die auf subjektives (psychisch/psychologisches) Geschehen hindeuten, sind in der Überzahl. So durchdringen die »Entführer« bei ihren Besuchen mühelos Mauern sowie geschlossene Türen und Fenster. Sie dringen demnach im entmaterialisierten Zustand in Räume ein, was die Projektions-/Solid-Light-Theorie von I. v. Ludwiger weiter erhärten dürfte. Ihre Verhaltensmuster ähneln in geradezu auffälliger Weise denen, die wir von ortsgebundenen Erscheinungen und sogenannten »Bedside«-Manifestationen, Besessenheitsfällen und anderen Psi-Phänomenen her kennen.

Über einen sensationellen »Entführungsfall«, der sich schon Ende 1989 mitten in New York zugetragen haben soll, berichtete Budd Hopkins auf der MUFON-Weltkonferenz in Albuquerque (New Mexico). Hopkins will erfahren haben, daß eine Frau Linda Cortile (Pseudonym) am 31. November 1989 von drei kleinen Wesen aus ihrer Wohnung im 12. Stock eines New Yorker Hochhauses entführt und in ein über dem Gebäude schwebendes Ufo transportiert worden sei. Sie wären mit ihr in einem Lichtstrahl *durch das geschlossene Fenster* geschwebt – ein Vorgang, der übrigens von mehreren Zeugen in der näheren Umgebung des Hochhauses beobachtet worden sein soll. Die Zeugen dieses Zwischenfalls wollten ihren Augen nicht trauen, als sie eine Frau im weißen Nachthemd zusammengekauert aus dem Fenster schweben sahen, gefolgt von drei als abstoßend beschriebenen Gestalten.

Es heißt, besagter Frau sei während ihres Aufenthalts im Ufo eine kleine Sonde in die Nase implantiert worden, die auf Röntgenaufnahmen deutlich zu erkennen gewesen wäre. Hopkins will sogar eines dieser Röntgenbilder besitzen. Das Unerwartete geschah zwei Tage später: Linda Cortile wurde erneut »entführt«. Danach sei, so Hopkins, das Implantat aus der Nase verschwunden gewesen.

Wenn sich dieser phantastisch anmutende Bericht in allen Einzelheiten als zutreffend erweisen sollte, hätten wir es hier mit einer kombinierten Abduktionsform zu tun. Die eigentliche Entführung wäre über einen höherdimensionalen Kanal erfolgt, und die zahlreichen Augenzeugen auf der Straße hätten sie nur in ihrem Bewußtsein wahrgenommen. Das Implantat hingegen wäre, soweit man Hopkins' Ausführungen Glauben schenken darf, dreidimensional-gegenständlich vorhanden und daher auch abbildbar gewesen.

Bei der Wahrheitsfindung bedienen sich Ufo-Forscher und -Organisationen häufig sogenannter Hypno-Regressionsmethoden, der Rückführung im hypnotischen Zustand bis zum Zeitpunkt des behaupteten oder vermuteten Ereignisses. Über Wert oder Unwert solcher Regressionen soll hier nicht befunden werden, denn die Standpunkte der Hypnose-Experten weichen mitunter ganz erheblich voneinander ab. Was die einen als unumstößliche Beweise für tatsächlich stattgefundene Abduktionen werten, deuten andere hingegen als Einflußnahme des Hypnotiseurs auf das Verhalten der unter Hypnose Befragten.

Wenn sich, wie vom Autor vermutet, das »Entführungs«-Szenarium sowohl aus subjektiven als auch aus objektiven Elementen zusammensetzt, wird sich ein Echtheitsbeweis, so wie wir ihn verstehen, ohnehin nie finden lassen. Die Ursache für das zwitterhafte Erscheinungsbild der Abduktionen kennen wir schon. Es ist die Manipulierbarkeit des Materialitätsgrades projizierter Objekte: einmal bildhaft bis durchsichtig, wie bei paranormalen Erscheinungen, ein anderes Mal massiv wirkend, als Ufos, »Graue« und »Terminator«.

Geradezu salomonisch mutet das Statement des amerikanischen MUFON-Mitarbeiters Richard Hall an: »Wenn Abduktionsszenarien irgendeine Form einer Psychopathologie darstellen, so ist diese eine ständig wiederkehrende weltweit zunehmende Manifestation, deren Dynamik allein schon aus diesem Grund studiert werden sollte, wenn man glaubt, daß es das Ufo-Phänomen überhaupt nicht gibt.

Wenn sie jedoch echt sind, dann enthalten sie zweifellos den Schlüssel zu den gegenwärtig noch unbeantworteten Fragen über die Motive und Absichten der Intelligenz, mag sie nun aus der Zukunft oder aus den Tiefen des Raumes kommen.«

VII

Die Wissenden

Alexander der Große (356–323 v. Chr.) König von Makedonien, war mit Sicherheit nicht der erste, der ihnen – den »Zeitfremden« – begegnete, dessen Kriegsführung durch sie auf unterschiedliche Weise manipuliert wurde.

Während der Belagerung von Tyros durch Alexander den Großen kam es offenbar zu einer massiven Beeinflussung von »außen«. Der gelehrte Italiener Alberto Fenoglio berichtet hierüber in »Clypeus Anno 111, Nr. 2« [zitiert von Johann Gustav Droysen in »Geschichte Alexanders des Großen« (1833)]: »Die Festung wollte sich nicht ergeben. Ihre Wälle waren 15 Meter hoch und so solide gebaut, daß man sie mit keiner Belagerungsmaschine zerstören konnte. Die Tyrer verfügten über die klügsten Techniker und Erbauer von Kriegsmaschinen der damaligen Zeit. Sie vermochten sogar Brandpfeile und Geschosse, die durch Katapulte in die Stadt geschleudert wurden, noch im Fluge abzufangen. Eines Tages erschienen über dem Lager der Mazedonier plötzlich ›Fliegende Schilde‹, wie man sie nannte. Sie flogen in Dreieckformation und wurden von einem außerordentlich großen ›Schild‹ angeführt. Die anderen waren fast um die Hälfte kleiner.«

Der unbekannte Chronist berichtet, daß sie langsam über Tyros kreisten, während Tausende von Kriegern auf beiden Seiten im Kampf innehielten und ihnen voller Erstaunen zuschauten. »Plötzlich löste sich von dem größten ›Schild‹ ein Lichtblitz, der die Wälle traf und sie an dieser Stelle zum Einsturz brachte. Weitere Lichtblitze folgten. Sie zerstörten die Wälle und Türme so, als ob diese ›aus Schlamm‹ bestün-

den. *Auf diese Weise war der Weg für die Belagerer freige-*
worden, die sich nun durch die Breschen drängten. Die ›Flie-
genden Schilde‹ aber schwebten so lange über der Stadt, bis
diese völlig erstürmt war. Dann verschwanden sie ebenso
plötzlich, wie sie gekommen waren.«

Ein anderes Mal – bei einer Flußüberquerung – sollen eben-
solche seltsamen Objekte Alexanders Truppe verwirrt und
den Vormarsch vorübergehend behindert haben. Er selbst
sah, wie zwei der »Luftfahrzeuge« wiederholt im Sturzflug
auf seine Armee niedergingen, so daß die Kampfelefanten,
Pferde und Soldaten in panischer Angst das Weite suchten.
Auch diese Objekte wurden von den Chronisten als große,
glänzende und an ihren Rändern feuersprühende »Silber-
schilde« bezeichnet, die vom Himmel herabkamen und nach
ihrer Mission wieder nach dort verschwanden.

Es scheint, als ob damals noch offene »Korrekturen« am Ge-
schichtsverlauf möglich gewesen waren, Modifikationen, die
vorgenommen werden mußten, damit sich unsere heutige
Realität herauskristallisieren konnte. Die Zeitlosen scheinen
überall gegenwärtig zu sein, stets darauf bedacht, durch indi-
rekte Eingriffe die Einhaltung der Weltkausalität nicht dem
Zufall zu überlassen.

1   Ferne Spuren

Anfang 1966 veröffentlichte die russische Literaturzeit-schrift *Literaturnaja Gazeta* einen Beitrag des renommier-ten Naturwissenschaftlers Modest Agrest, Professor für physikalische Physik, in dem dieser die provokante These vertrat, die Erde werde seit einer Million Jahre – praktisch seitdem es Menschen gibt – von Fremdwesen aus dem All besucht. Der bekannte englische Physiker Sir Frederick Soddy (1877–1956), der für seine bahnbrechenden Arbei-ten auf dem Gebiet der Atomphysik 1921 den Nobelpreis erhalten hatte, ging sogar noch einen Schritt weiter. Er fragte sich, ob die zahllosen Mythen der Antike womöglich auf die Existenz einer gänzlich unbekannten, nicht einmal vermuteten alten Kultur hindeuten könnten, von der jede Spur verlorengegangen sei. Evolutionsbedingt dürfte dies eher unwahrscheinlich sein. Und dennoch muß sich in grauer Vorzeit etwas ereignet haben, das die Gemüter der frühen Menschen stark erregt, ihre Phantasie enorm beflü-gelt hat.

Der Eindruck, den die hochtechnisierten Besucher aus einer »anderen Welt« bei den Primitiven von ehedem hinterlie-ßen, muß so gewaltig gewesen sein, daß er in Form wortrei-cher Überlieferungen – in Märchen, Sagen und Mythen »verpackt« – bis zum heutigen Tage erhalten geblieben ist. Das unglaubliche Geschehen von damals – die von den

Menschen der Vorzeit und Antike geistig nicht nachvollziehbaren technischen Aktivitäten der »Fremden« – spiegelt sich in den Mythologien primitiver Naturvölker und deren Nachkommen wider. So heißt es z. B. in peruanischen Mythen, daß die »Götter« vor langer Zeit in silber-, gold- und bronzefarbenen metallischen Eiern geboren wurden, die vom Himmel herabgeschwebt seien.

In den Sagen der Tahitianer und Fidschi-Insulaner ist von einem Riesenvogel die Rede, der ein metallisches Himmels-Ei auf der Oberfläche eines Gewässers abgelegt habe. Auch der indische Weltenherr Brahma soll, genau wie Eurynome, die griechische Göttin des Uranfangs und Kneph, der ägyptische Urgott, nach einer Äonen dauernden Schlafperiode aus einem Ei hervorgegangen sein. Dieses Brahma-Ei – das Hiranyagarba – würde, so die Sage, dem Absoluten, dem Parabrahma, der »Zeit ohne Grenzen« entstammen.

Diese Formulierung sollte man sich auf der Zunge zergehen lassen, könnte sie doch ein gewichtiges Indiz für das sein, was sich hinter den weltweit überlieferten Landungen eiförmiger Objekte verbirgt: das Auftauchen von Zeitkapseln aus der Zukunft bzw. aus parallelen Realitäten.

Bei anderen Völkern sind es Körbe, Wiegen, Gondeln, Muscheln, Wolkenschiffe, hohle Baustämme, flammende Säulen, Adler oder Schlangen, deren sich die Fremden bei ihren Erkundungsfahrten bedienten. Gemeint ist offenbar immer das gleiche: Variationen über ein Thema.

Bei den Mayas hieß es, dem Schnabel eines riesigen Adlers, der vom Himmel herabgeschossen sei, wären Wesen entstiegen, die ihrem Volke völlig fremd waren. Von »fliegenden Schiffen«, die übrigens auch von den Eingeborenen benutzt wurden, wird in der *Sif'ala* – eine rund 7000 Jahre alte Sammlung chaldäischer Schriften – berichtet. Sie enthält detaillierte Baubeschreibungen für solche Flugobjekte und strotzt nur so von Fachausdrücken, deren Bedeutung im Laufe der Jahrtausende allerdings verlorengegangen ist.

In vielen Mythen finden sich auch Hinweise auf das Aussehen und die Kleidung der Fremden. Die auf den Königin-Charlotte-Inseln (Kanada) ansässigen Haida-Indianer wollen sich an »große Weiße« erinnern, die auf »Feuertellern« vom Himmel kamen. Und bei den Mayas wird überliefert, daß an der Küste von Yukatan hellhäutige Männer in Schiffen aufgetaucht seien, die »wie Schuppen einer Schlangenhaut glitzerten«. Die blonden, blauäugigen Fremden, die so gar nicht in das Erscheinungsbild der Mayas hineinpaßten, wären merkwürdig gekleidet gewesen.

Im *Popol Vuh,* dem heiligen »Buch des Rates« bei den Quiché Maya, wird das »Outfit« der fremden Götter Hun Camé und Unc Camé recht anschaulich beschrieben: Helme, Gesichtsmasken, Handschuhe, Halsringe und Schenkelschützer.

Felsmalereien am Indian Creek bei Moab im US-Bundesstaat Utah zeigen neben einheimischen Jägern und Tieren auch übergroße humanoide Gestalten, an deren Köpfen antennenartige Apparate befestigt sind. Ähnlich fehlplazierte »Typen« entdeckte der archäologisch interessierte australische Buschpilot Percy Trezise auf Wandmalereien in einer Höhle nahe Laura, im Bundesstaat Queensland. Er fand 1977 unter einem langen, überhängenden Felsband eine prähistorische »Gemäldegalerie« von 33 Meter Länge und 2,70 Meter Höhe, die 397 gut erhaltene Einzelzeichnungen umfaßt. Eines dieser mit Hilfe der Radiokarbon-Methode überprüften und auf rund 13 000 Jahre geschätzten Gemälde wirkt geradezu sensationell. Vor einem Emu und neben einer langarmigen Geisterfigur, die in Australien »Quinkan« genannt wird, erkennt man eine weiße menschliche Gestalt in Shorts und Trikot. Unfaßbar: Australiens Ureinwohner sahen anders aus, und europäische Sportbekleidung war damals wohl kaum in Mode. Man muß sich fragen, wer dem Steinzeit-Picasso nun tatsächlich Modell gestanden hat. Es scheint, als wären Archäologen mit der Klärung solcher und ähnlicher Ungereimtheiten total überfordert.

Vieles spricht dafür, daß *sie – die Temponauten –* schon seit Menschengedenken unter uns weilen. Denn: Ufos werden nicht erst seit Kenneth Arnolds legendärer Sichtung von neun riesigen, glühenden Scheiben über dem westlichen Washington am 24. Juni 1947 beobachtet. Unerklärliche, unheimlich anmutende Himmelserscheinungen und Flugobjekte – Fackeln und feurige Kugeln, geheimnisvolle Lichter, Monde, die bei Tage, und Sonnen, die bei Nacht scheinen, fliegende Schilde, Scheiben und »Eier« – geistern schon seit Hunderten und Tausenden von Jahren um unseren Planeten und durch die Weltgeschichte. Offenbar waren sie in Südamerika, China, Japan, Persien und Indien ebenso bekannt wie in Nordafrika und Europa. Sie erschienen in Griechenland zur Zeit Alexanders des Großen und im Imperium Romanum ebenso wie im Mittelalter, als Fürsten und Bischöfe jeden Versuch einer Interpretation dieses Phänomens schon im Keim erstickten.

Berühmte Schriftsteller und Denker der Antike – Livius, Cassius Dio, Plutarch, Plinius der Ältere, Cicero, Seneca und viele andere – haben die mysteriösen Himmelserscheinungen, für die es auch damals keine logische Erklärung gab, allegorisch-anschaulich beschrieben. Sie sind Teil eines allumfassenden Geschehens, das die Menschen schon damals zutiefst bewegt haben muß. Daß man sie mit mythologischen Elementen in Verbindung zu bringen versuchte, ist nur allzu verständlich. Schon zu Zeiten des Pharaos

Thutmosis III. (um 1468–1436 v. Chr.) beobachtete man unerklärliche Himmelserscheinungen: »Im Jahr 22, dritter Monat des Winters, sechste Stunde des Tages ... war da ein Ring von Feuer, der vom Himmel herunterkam, ... er hatte einen Kopf, und aus seinem Munde strömte fauler Atem. Sein Körper war eine Rute [etwa fünf Meter] lang und eine Rute breit. Er hatte keine Stimme ... Nachdem ein paar Tage vergangen waren, erschienen immer mehr von diesen Objekten am Himmel. Sie strahlten heller als die Sonne, und sie erstreckten sich bis zu den Enden der vier Himmelsrichtungen ... Mächtig war die Position ihrer Feuerringe ... Am Abend stiegen diese Feuerringe im Süden höher in den Himmel ... und was geschah, das mußte in den Annalen des Lebenshauses aufgeschrieben werden ... so daß sie nie vergessen werden würden.«

Was waren das für seltsame »Feuerringe«, die sich vom Himmel herabsenkten, die Priester und Gelehrte eines Volkes beeindruckten, das bereits gigantische technische Leistungen vollbracht hatte?

Parallelen zu Sichtungsberichten aus unseren Tagen werden erkennbar. Sie offenbaren sich nicht nur in Tausenden gut dokumentierter Augenzeugenberichte einfacher Leute, sondern in noch viel stärkerem Maße auch in den Protokollen erfahrener Piloten, Schiffsoffiziere, Polizeibeamten und Astronomen – alles qualifizierte Personen, von denen man nicht pauschal behaupten kann, daß sie an Halluzinationen litten oder aus primitiven Beweggründen irgendwelche Geschichten erfanden. Die Phänomenologie der Ufos scheint – läßt man das schmückende Beiwerk früherer Sichtungsberichte beiseite – über alle Zeiten hinweg stets annähernd die gleiche zu sein. Geht man einmal davon aus, daß es damals keine Möglichkeit zur fachgerechten Beschreibung der »Götter«-Techniken gab, so wird verständlich, warum sich die Menschen zur Veranschaulichung des Erlebten bis weit ins 19. Jahrhundert hinein eines »technischen« Vokabulars bedienten, das ausschließlich von Begriffen aus dem ihnen vertrauten Alltag geprägt war.

Bei der Re-Interpretation früherer Sichtungsberichte unter Berücksichtigung unseres heutigen wissenschaftlich-technischen Erfahrungsschatzes, stellt sich alsbald die Frage nach der Existenz eines möglichen gemeinsamen Hauptnenners für diese durch Jahrhunderte und länger unabhängig voneinander beobachteten Himmelsphänomene. Ihn zu finden, dürfte nicht ganz einfach sein, bedarf es doch der zusammenhängenden Betrachtung einschlägiger, innerhalb dieser Zeiträume mühsam zusammengetragener Informationen aus unterschiedlichen Quellen.

Bedauerlicherweise sind innerhalb von drei Jahrtausenden allein durch Kriege und Plünderungen unzählige bedeutende Werke mit wertvollen Aufzeichnungen über die Sichtung unerklärlicher Himmelsphänomene im Altertum verlorengegangen. So blieben uns z. B. von den 620 Büchern des großen römischen Universalgenies Marcus Terentius Varro (116–27 v. Chr.) nur zwei Exemplare erhalten. Welche Fülle wichtiger Informationen mögen die übrigen Werke dieses Gelehrten enthalten haben? Wir werden es nie erfahren.

Trotz dieses bedauerlichen Aderlasses blieben noch genügend, wenn auch meist fragmentarische Aufzeichnungen erhalten – Dokumente, die, sorgsam ausgewertet und aneinandergereiht, möglicherweise interessante Rückschlüsse auf die Hintergründe der damaligen Ereignisse erlauben. Zahlreiche Fallschilderungen, vorwiegend aus der Feder berühmter Schriftsteller und Gelehrter der Antike, müssen selbst Skeptiker nachdenklich stimmen. Auch scheint die Kontinuität, mit der dieses Phänomen seit mehr als drei Jahrtausenden in Erscheinung tritt, die extraterrestrische

Hypothese zu widerlegen, es habe sich bei allen diesen Besuchern ausschließlich um raumfahrende Außerirdische aus den Weiten des Alls gehandelt. Irgendwann einmal innerhalb dieser gewaltigen Zeitspanne müßte ihr Interesse an unserem verhältnismäßig unbedeutenden Planeten, von dessen Sorte es allein in unserer Galaxie einige Milliarden geben dürfte, erloschen sein. Da dem offenbar nicht so ist, muß man annehmen, daß sich hinter dem Jahrtausendgeschehen etwas viel Komplexeres verbirgt – etwas, das wir zunächst noch über ein paar Jahrhunderte weiterbegleiten wollen.

2 Quer durch die Geschichte

Während unerklärliche Himmelsphänomene und Besuche zeitfremder Wesenheiten in der Antike mythologisch verbrämt in Erscheinung treten, findet man solche Ereignisse in mittelalterlichen und neuzeitlichen Überlieferungen schon mehr gegenständlich beschrieben. Natürlich sind Berichte aus jenen Tagen nur bedingt verwertbar, da viele von ihnen auf Fehlinterpretationen und Übertreibungen beruhen mögen. Unwissen und Aberglauben begünstigten die Legendenbildung, machten es den arg strapazierten Gelehrten von damals schwer, das ihnen berichtete Geschehen auf seinen Wahrheitsgehalt zu überprüfen.

Einer der wenigen, die sich schon im Spätmittelalter mit jenen seltsamen Vorgängen im Altertum und in der Zeit danach befaßten, war der 1518 im Elsaß geborene Conrad Lycosthenes (W. Wolffhart). Als Diakon in Basel beschäftigte er sich vor allem mit den Werken bedeutender Schriftsteller der Antike und des Mittelalters. In dieser Tätigkeit ergänzte er unter anderem Julius Obsequens' Chronik über merkwürdige Ereignisse zu Lande, zu Wasser und in der Luft (*Prodigiorum libellum;* 4. Jahrhundert), die in der Zeit zwischen 176 v. Chr. bis 16 n. Chr. spielt.

Aus dem Jahre 461 v. Chr., als sich Rom mit seinen Nachbarn – den Etruskern, Latinern und Samniten – fast ununterbrochen im Kriegszustand befand, weiß Lycosthenes zu berichten, daß sich in verschiedenen Gegenden des Römischen Reiches der Himmel öfters blutrot verfärbt habe. Die Menschen wären zu dieser Zeit von schrecklichen Phantomen (!) und unheimlichen Stimmen heimgesucht worden. Zeitgenössische Wahrsager vermochten diese Phänomene nicht zu deuten.

Besonders anschaulich beschreibt Lycosthenes eine Sichtung aus dem Jahre 1105. Hier heißt es, daß vor der Zerstörung und Eroberung von Nürnberg durch Heinrich IV. am Himmel zwei »Bälle« erschienen seien, die in Gestalt und Leuchtkraft der Sonne ähnlich gewesen wären. Sie hätten in sämtlichen Farben gestrahlt. Der gleiche Chronist überliefert aus seiner eigenen Zeit einen Vorfall, der auf den Einsatz von »Solid Lights« hindeuten könnte: »Ein wundervoller heißer Lichtstrahl von großem Ausmaß fällt im Jahre 1525 bei Erfurt plötzlich vom Himmel herab zu Boden und verwüstet manche Stelle. Dann dreht er sich und steigt himmelwärts, worauf er eine runde Form annimmt.«

Pierre Boaistuau berichtet über einen Vorfall, der sich in der Frühe des 5. Dezembers 1577 nahe Tübingen zugetragen haben soll: »Um die Sonne herum erschienen viele dunkle Wolken, wie während heftiger Unwetter. Bald darauf kamen von der Sonne her andere Wolken, alle glühend und blutfarben und weitere gelb wie Safran. Aus diesen Wolken traten strahlende Objekte hervor, die wie große ›Hüte‹ aussahen. Und die Erde verfärbte sich gelb und blutrot. Sie schien von groben und breiten Hüten in verschiedenen Farben – rot, blau, grün und meist schwarz – bedeckt zu werden.«

In seinen *Himmels- und Naturerscheinungen in Einblattdrucken des 15. bis 18. Jahrhunderts* zitiert ein gewisser W. Heß den Bericht von Nostradamus über ein im Jahre 1554 gesichtetes Himmelsobjekt. Hierin wird ein »schreckliches und entsetzliches ›Gesicht‹« beschrieben, das am 10. März zwischen 7 und 8 Uhr abends zu Salon-de-Provence gesehen worden sein soll: »... welches meines Erachtens bis gegen Marsiliam gereicht hat. Dann ist es auch zu St. Chamas am Meer gesehen worden. In der Nähe des Mondes, welcher zur selbigen Zeit nahe dem ersten Viertel war, kam ein großes Feuer von Osten und fuhr gegen Westen. Dieses Feuer ... in Gestalt einer brennenden Stange oder Fackel, gab einen wunderbaren Schein von sich. Flammen sprangen von ihm, wie von einem glühenden Eisen, das der Schmied bearbeitet. Funken, wie Silber glänzend, von unmäßiger Länge wurden aufgeworfen, gleich der Jakobstraße am Himmel, Galaxie genannt. Sehr geschwind wie ein Pfeil, mit großem Rauschen und Prasseln ... und wie Blätter und Bäume von einem gewaltigen Winde hin- und hergetrieben werden, ist es vorbeigelaufen. Es hat fast 20 Minuten gedauert, bis wir es über der Gegend von Arla ... sahen. Dort hat es gewendet in Richtung Süden weit ins Meer. Der feurige Streifen, den es machte, behielt lange Zeit seine Farbe und warf noch einige Funken, wie der Blitz, der vom Himmel fällt. Wo es niedrig vorübergegangen, hat es alles verbrannt zu Pulver ...«

I. v. Ludwiger, der sich in seinen Publikationen auch mit zahlreichen frühen Sichtungen und deren wissenschaftlicher Interpretation befaßt, schließt in diesem Fall natürliche Ursachen wie Kometen, Feuerkugeln und Kugelblitze weitestgehend aus. Die Gründe hierfür sind einleuchtend. Der Vorgang dauerte ungefähr 20 Minuten – viel zu lang für einen Kugelblitz, dessen Lebensdauer nach Sekunden zählt. Gleiches gilt für Kometen, die übrigens auch keine unsteten Flugmanöver vollführen.

In diesem Zusammenhang wäre ein weiterer Zwischenfall zu erwähnen, der sich am 8. April 1656 nahe Stralsund zugetragen haben soll. Dort hätten sechs Fischer eine leuchtende Scheibe mit Kuppel (wie ein Hut) vom Himmel fallen sehen, die schließlich über der Kirche St. Nikolai »stehengeblieben« sei. Es heißt, die Männer hätten sich vor Schreck in ihre Hütten geflüchtet und tags darauf unter allerlei Beschwerden gelitten. In diesem Fall wäre es denkbar, daß die Fischer kurzzeitig dem Einfluß eines »Solid Light«-Strahls ausgesetzt waren. Vergleiche aus jüngster Zeit, wie hier verschiedentlich aufgeführt, bieten sich an.

Sichtungsberichte aus dem mittelalterlichen Japan zeigen einmal mehr den globalen Charakter des Ufo-Phänomens. Im Jahre 1180 soll ein leuchtendes Objekt, das als »fliegender Steinguttopf« bezeichnet wurde, um Mitternacht von einem Berg in der Provinz Kii in Richtung des nordöstlich gelegenen Fukuhara-Gebirges geflogen sein. Nach einer Weile habe es seinen Kurs geändert und sei, indem es eine leuchtende Spur hinterließ, am südlichen Horizont verschwunden.

Himmelsphänomene wie diese waren damals keine Seltenheit und hatten häufig Bauernaufstände zur Folge, die sich gegen ein erbarmungslos herrschendes Feudalsystem und auch gegen das Eindringen von Fremden richteten. Die Bauern interpretierten die ungewöhnlichen Erscheinungen als »Zeichen vom Himmel«, als Zustimmung für ihre »gerechte Sache«.

Am 12. September 1271 sollte in Tatsunokuchi, Provinz Kamakura, ein beliebter Priester namens Nichiren enthauptet werden, als am Himmel ein hell glänzendes Objekt, so groß wie der Vollmond, erschien. Es heißt, daß das Exekutionskommando in Panik geraten sei und die Hinrichtung nicht stattgefunden habe. Im Jahre 1361 wurde, so der Chronist, ein trommelförmiges Objekt über Japans Westküste gesehen. Etwa 100 Jahre später, am 2. Januar 1958, will man dort ein glänzendes Objekt in Vollmondgröße und gut zwei Monate danach, am 17. März, fünf »Sterne« beobachtet haben, die den Mond umkreisten. Sie hätten dreimal ihre Farbe gewechselt und seien urplötzlich verschwunden.

Zehn Jahre nach diesem Ereignis kam es erneut zu einer bemerkenswerten Sichtung. Am 8. Mai 1468 flog zur mitternächtlichen Stunde ein dunkles Objekt, das ein Geräusch »wie ein Rad« (sic!) verursachte, vom Berg Kasuja in westliche Richtung. Die Ähnlichkeit mit heutigen Objektbeschreibungen läßt sich nicht leugnen.

Die Zahl früher Sichtungen in Japan ließe sich beliebig erweitern. Wir wollen uns aber mehr auf ähnliche Ereignisse im europäischen Raum konzentrieren, zumal diese durch genaue Unterlagen meist besser dokumentiert sind.

Der bekannte amerikanische Sachbuchautor John A. Keel zitiert den Italiener Alberto Fenoglio, der in *Clypeus 111* (Nr. 2) erstmals über die »Landung« eines monströsen kugelförmigen Flugobjekts bei Alençon (Frankreich) berichtet: »Am 12. Juni 1790 näherte sich eine große Kugel bei Alençon einem Hügel und riß dabei Pflanzen aus. Die von dem Objekt ausgehende Hitze brachte das trockene Gras zum Brennen. Einige Dutzend Bürger des Ortes liefen herbei, löschten den Grasbrand und berührten schließlich auch das noch heiße Objekt. Als man es eine Zeitlang staunend umrundet hatte, soll sich, dem Bericht zufolge, eine Tür geöffnet haben. Ein fremdartig gekleideter Mann zeigte sich dem Volk. Er habe etwas gemurmelt und sei dann fluchtartig in den nahen Wald gerannt.

Die Leute zogen sich ängstlich von der Kugel zurück. Augenblicke später ›explodierte‹ das Objekt ziemlich leise, und alles war bis auf einen Rückstand aus feinem Pulver verschwunden. Auch der geheimnisvolle Fremde wurde nicht mehr gefunden. Zur Untersuchung des Falles wurde ein Polizeiinspektor namens Liabeuf aus Paris nach Alençon geschickt.«

Es ist nicht auszuschließen, daß es sich bei der »ziemlich leisen Explosion« um einen Demateralisationsvorgang gehandelt hat. Legt man einmal die in diesem Buch vertretene »Projektionstheorie« zugrunde, so könnte ein dreidimensional in die Vergangenheit projiziertes Objekt von seinen Entsendern wegen einer kausalitätsbedingten Gefahrensituation blitzschnell in die Zukunft zurückgeholt worden sein.

Treten Ufos zu bestimmten Zeiten regional oder länderübergreifend besonders häufig in Erscheinung, spricht man von Ufo-Wellen. Ein globales Netz von militärischen bzw. zivilen Überwachungs- und Kommunikationssystemen sowie ein gut funktionierender Datenaustausch zwischen den einzelnen Ufo-Organisationen hat in den letzten Jahrzehnten ganz wesentlich zur Registrierung solcher Massensichtungen beigetragen. Mehr noch: Die Erkenntnis, daß sich Ufos – aus welchen Gründen auch immer – bisweilen in großer Zahl manifestieren, veranlaßte einzelne Vertreter dieser Organisationen, sich etwas eingehender mit etwaigen frühen Sichtungswellen zu befassen. Und sie wurden bei ihren Recherchen fündig. Beim Durchforsten alter Zeitungen und privater Aufzeichnungen stieß man auf vermehrte »Ufo«-Aktivitäten in den Jahren 1896/97, 1905 und 1909.

So behaupteten Tausende von Amerikanern zwischen 1896 und 1897, in Texas und Kalifornien zigarrenförmige motorisierte Flugobjekte gesehen zu haben – ein Anachronismus, da das erste lenkbare Luftschiff des Grafen Zeppelin im Jahre 1901 geflogen wurde. Mit Motorflugzeugen verhält es sich nicht viel anders. Im Jahre 1896 gab es in den USA lediglich ein von dem amerikanischen Astronomen und Physiker Samuel P. Langley (1834–1906) entwickeltes dampfbetriebenes, unbemanntes Flugmodell, das wenig dazu angetan war, die Menschen ganzer US-Staaten abwechselnd in Staunen und Schrecken zu versetzen.

Am 1. April 1897 sichteten die Bewohner von Kansas City (Missouri) am Himmel über ihrer Stadt eine riesige »Lampe«, deren Lichtkegel die dortigen Straßen und Plätze abtastete. Von einem Hügel aus konnten die aufgeschreckten Bürger den Flug des Leuchtobjektes genau verfolgen. Nachdem es die Stadt rasch überflogen hatte, verfolgte es einen geschlängelten Kurs. Immer dann, wenn die Intensität des Lichtes abnahm, verharrte das Objekt für eine Weile oder bewegte sich in der Horizontalen. Nach etwa einer Stunde verringerte sich seine Leuchtkraft, bis nur noch ein rötliches Glühen zu sehen war, das sich im Westen verlor. Zahlreiche Bürger, unter ihnen städtische Bedienstete, behaupteten, das Objekt habe abrupte Kurswechsel und merkwürdige Flugmanöver vollführt. Die von ihm ausgehenden Lichtstrahlen wären von den Wolken reflektiert worden und hätten die Umrisse eines etwa zehn Meter langen »Luftschiffs« erkennen lassen.

Nach P. Flammonde soll das mysteriöse »Luftschiff«, nachdem es von Kansas City kommend über Topaka, Omaha und Sioux City schließlich Chicago erreicht hatte, am 18. April in West Virginia gesehen worden sein, als es sich mit hoher Geschwindigkeit der Stadt Cochransville, Ohio, näherte. Augenzeugen, die das Objekt dort mit Ferngläsern beobachtet hatten, beschrieben es als einen konisch zulaufenden Zylinder mit Stabilisatorflossen an beiden Seiten und verschiedenfarbenen Hecklichtern.

Bei ihren Recherchen zur Ermittlung früher Ufo-Sichtungen in den USA konnten die Autoren Donald Hanlon und Jacques Vallée anhand von Pressemeldungen nachweisen, daß an einem einzigen Tag – am 17. April 1897 – nicht weniger als 14 »Luftschiffe« gesichtet wurden. Eine dieser Sichtungsmeldungen stammt aus der texanischen Kleinstadt Aurora: »Das Objekt überflog den Marktplatz, kollidierte mit Richter Proctors' Windmühlenturm und wurde durch eine schreckliche Explosion in Stücke gerissen. Die Trümmer waren über eine Fläche von mehreren Hektar verstreut. Windmühle und Wasserturm waren zu Bruch gegangen und hatten Proctors Blumenbeet zerstört.«

Bei dem Zwischenfall soll der Pilot des seltsamen Vehikels, von dem der Reporter behauptet, er sei »kein Bewohner dieser Welt« gewesen, ums Leben gekommen sein. Das völlig zerstörte »Luftschiff« habe aus einer damals nicht bekannten Legierung – einer Mischung aus Aluminium und Silber – bestanden und mehrere Tonnen gewogen haben. Es heißt, viele Menschen hätten das Unglück mit eigenen Augen gesehen und später Bruchstücke des havarierten Objekts eingesammelt.

Der umstrittene Aurora-Fall – manche Zeitgenossen werten ihn heute als Zeitungsente – wurde Anfang der siebziger Jahre von William Case, der hierüber im *Dallas Times-Herald* eine Artikelserie veröffentlichte, erneut aufgerollt. Er war in den Besitz eines Metallstücks gelangt, das nach Angaben seines Besitzers von der abgestürzten Maschine stammen sollte. Eine bei der McDonnell Douglas Aircraft Company durchgeführte Analyse ergab, daß das Material

83 % Aluminium, 16 % Zink sowie Spuren von Mangan und Kupfer enthält. Nichts Ungewöhnliches, denn die heutigen Aluminium-Legierungen weisen ähnliche Zusammensetzungen auf. Doch: Solche Legierungen gab es nachweislich erst nach 1908.

Während der Massensichtungen um die Jahrhundertwende soll es gelegentlich auch zu Begegnungen mit den »Insassen« jener ominösen Flugobjekte gekommen sein. Die Glaubwürdigkeit einschlägiger Schilderungen leidet jedoch ganz erheblich unter der Naivität, mit der viele dieser angeblichen Nahbegegnungen behaftet sind. Dies bezieht sich einmal auf den von »Augenzeugen« geschilderten primitiven technischen Standard jener offenbar mit »Druckluft« bzw. »Dampf« betriebenen Flugobjekte und zum anderen auf die Belanglosigkeit der mit den Betreibern der Maschinen geführten Gespräche.

Ein Gutteil derer, die sich eingehend mit den frühen Sichtungen in den USA befaßt haben, glauben in diesem ungewöhnlichen Phänomen eine Art Massenhysterie ohne echte Substanz zu erkennen. Betrachtet man die Ereignisse von Annodazumal im Zusammenhang, läßt sich diese Hypothese nicht von der Hand weisen. Sicher dürfte bei all diesem Geschehen auch Sensationshascherei örtlicher Gazetten mit im Spiel gewesen sein. Und dennoch sollte man die Ereignisse von ehedem nicht pauschal als Konfabulationen, Ulk oder aufgemotzte Hinterwäldler-Storys abtun. Zu viele Menschen in unterschiedlichen Gegenden Amerikas haben damals die nächtlichen Lichter, deren erratische Bewegungen und auch massive Himmelsobjekte mit eigenen Augen gesehen. Es ist kaum anzunehmen, daß sie allesamt halluzinierten. Irgend etwas oder irgendwer muß diese großräumig aufgetretenen Manifestationen ausgelöst haben. Möglich, daß sich die Zeitfremden mit ihren 3D-Projektionen der technischen Entwicklung um die Jahrhundertwende angepaßt haben. Vielleicht tun sie das in jeder Epoche ihres Erscheinens. Heute wie vor hundert Jahren.

3 Besucher – Chronologie eines Phänomens

Überall in der Geschichte begegnen wir ihnen: den unerklärlichen Himmelsphänomenen, den Zeitfremden und ihren merkwürdigen Aktivitäten – Manifestationen aus einer Realität, die Chronisten und Gelehrte auch in der Vergangenheit zu allerlei Spekulationen veranlaßten, ohne indes die wahren Zusammenhänge zu erahnen. Diese werden zumindest ansatzweise erkennbar, wenn man das mysteriöse Geschehen von ehedem über die Jahrhunderte hinweg aufmerksam verfolgt, es mit dem heutigen Erscheinungsbild der »Fremden« in Beziehung zu bringen versucht.

In der sich anschließenden chronologischen Zusammenfassung werden unerklärliche Vorkommnisse so geschildert, wie sie sich nach überlieferten Darstellungen im großeuropäischen Raum über eine Zeitspanne von mehr als 1500 Jahren zugetragen haben sollen. Die Übersicht mit ihren verkürzt wiedergegebenen Berichten erhebt keinen Anspruch auf Vollständigkeit. Dem Autor ging es einzig und allein darum, mit dieser Chronologie auf die Kontinuität des Jahrtausend-Phänomens aufmerksam zu machen.

708 v. Chr.: In diesem Jahr, als Rom von der Pest heimgesucht wurde, soll ein »Bronzeschild« vom Himmel gefallen sein. Der Sabiner Numa Pompilius (715–672), angeblich Roms zweiter König, nutzte diesen Vorfall, um die leidende Bevölkerung zum Durchhalten zu bewegen.

Plutarch schildert den Schild als »weder rund noch vollkommen oval, jedoch mit einer gekrümmten Kerbung versehen, deren ›Arme‹ – nach hinten gebogen – oben und unten ineinander übergingen«. Die Römer nannten dieses seltsame Himmelsobjekt wahrscheinlich nur deshalb »Schild«, weil es einem solchen ähnlich sah und sie keine andere Bezeichnung dafür fanden.

461 v. Chr.: Lycosthenes berichtet, die Menschen wären zu jener Zeit von schrecklichen Phantomen und unheimlichen Stimmen belästigt worden.

332 v. Chr.: Während der Belagerung von Tyros durch Alexander den Großen kam es offenbar zu einer massiven Beeinflussung von »außen« (vgl. Kapitel VII/Vorspann).

234, 223 und 221 v. Chr.: In der Zeit, als die Gallier Italien überfielen, wurden in Rimini und an anderen Orten mehrmals drei »Monde« gesehen, die aus unterschiedlichen Richtungen kamen.

218 v. Chr.: Am Himmel wurden strahlende »Phantomschiffe« beobachtet. In Amiternum waren aus der Ferne Erscheinungen von Männern in glänzender Kleidung zu sehen; sie näherten sich jedoch niemandem.

217 v. Chr.: Die Sonnenscheibe schien sich verengt zu haben. Bei Praeneste regnete es glühende Steine, und bei Arpi erschienen »Schilde« am Himmel. Bei Capernaum gingen bei Tage zwei »Monde« auf. Am Himmel über Falerii schien ein großer Riß zu klaffen, durch den gleißend helles Licht drang. Bei Capua hatte man den Eindruck, als ob der Himmel brenne und inmitten eines Regenschauers ein »Mond« niederginge.

175 v. Chr.: Am Himmel schienen zur gleichen Zeit drei »Sonnen«, und bei Lanuvium fielen während der Nacht mehrere »Fackeln« vom Himmel.

173 v. Chr.: Am Himmel über Lanuvium konnte man eine

»große Armada« beobachten, und bei Priverno bedeckte »graue Wolle« den Boden. 49 v. Chr. soll in Mittelitalien erneut »Wolle« vom Himmel gefallen sein. [Vielleicht handelte es sich hierbei um die gleiche Substanz, wie sie heute mit dem Erscheinen von Ufos in Verbindung gebracht wird, um sogenanntes »Engelshaar« – eine übelriechende watte- oder gallertartige Masse, die beim Berühren verklumpt und sich dann rasch verflüchtigt.]

154 v. Chr.: Man will gesehen haben, wie die apulische Stadt Compsa von »Waffen« überflogen wurde.

134, 122 und 113 v. Chr.: An verschiedenen Orten des Römischen Reiches konnte man die »Sonne bei Nacht« sehen – ein Phänomen, das als »Nachtsonne« bezeichnet wurde. Ihr Licht war nur für kurze Zeit sichtbar. [Offenbar handelte es sich hierbei um die Lichtstrahlen eines künstlichen Objekts.]

106 v. Chr.: Vom Himmel her war »Lärm« zu vernehmen. »Wurfspieße« fielen herab, und es regnete Blut. In Rom war am Himmel eine »Fackel« zu sehen.

103 v. Chr.: Am Tage, zwischen der dritten und siebten Stunde, erschien der »Mond« zusammen mit einem »Stern« … In Picenus sah man drei Sonnen.

100 v. Chr.: Während des Konsulats von Lucius Valerius und Caius Marius beobachtete man, wie am abendlichen Himmel ein brennender, funkensprühender »Schild« von Westen nach Osten raste.

91 v. Chr.: In der Nordregion fegte bei Sonnenuntergang unter fürchterlichem Getöse eine Feuerkugel über den Himmel. In Spoletum rollte ein goldfarbener Feuerball zu Boden. Als er größer wurde, hob er wieder von der Erde ab. Er flog nach Osten und gewann derart an Umfang, daß er bald darauf die Sonne bedeckte.

71 n. Chr.: Nach Lycosthenes: Im Osten und Westen [in

Italien] wurden zur gleichen Zeit zwei Sonnen gesehen, von denen eine blaß und schwach, die andere aber kräftig und klar war.

98: Bei Tarquinia (Italien) wurde eine brennende »Fackel« am Himmel gesehen. Plötzlich fiel sie herab. Bei Sonnenuntergang flog ein brennendes »Schild« über den Himmel von Rom.

103: Kaiser Pertinax ließ während seiner dreimonatigen Regentschaft einige Münzen prägen, die auf einer Seite eine Kugel mit hervorstehenden »Antennen« zeigten, ähnlich unseren heutigen Satelliten.

776: Damals wurden erneut »Fliegende Schilde« gesichtet. In den von einem Mönch in lateinischer Sprache abgefaßten *Annales Laurissenseses* heißt es, daß heidnische Sachsen gegen Karl den Großen rebelliert und in der Nähe von Aeresburgum (heute: Eresburg, Landkreis Brilon) ein Kastell zerstört hätten. Sie wären dann die Lippe hinabgezogen, um Sigiburg (heute: Hohensyburg oder Hohe Siegburg) zu belagern. Als die Sachsen die Stadt mit Wurfgeschossen eindeckten und schließlich zum Angriff gegen die zahlenmäßig unterlegenen Christen übergingen, geschah etwas Merkwürdiges: »Die Herrlichkeit Gottes offenbarte sich über der im Festungsgürtel gelegenen Kirche. Alle, die diesem Ereignis beiwohnten ... sagten, daß sie zwei große, rötlich glühende, flammenspeiende Schilde über die Kirche hinwegziehen sahen. Als die vor der Stadt lagernden Heiden dieses Zeichen sahen, gerieten sie sogleich in Verwirrung. Entsetzt traten sie den Rückzug an ...« Später sollen sich die flüchtenden Sachsen Kaiser Karl ergeben und – noch unter dem Eindruck dieses »Wunders« – um das Taufsakrament gebeten haben.

840: Im Mittelalter machten französische Bauern die legendären »Magonier« für den Verlust von Getreide und Vieh verantwortlich. Von sogenannten »Wolkenschiffen« aus, in denen sie vor den aufgebrachten Bauern sicher waren, sollen sie Pflanzen und Tiere vergiftet sowie das Wetter ungünstig beeinflußt haben. Eines ihrer »Schiffe« soll nach einer Aufzeichnung des Erzbischofs Agobard von Lyon im Jahre 840 abgestürzt sein (vgl. Kapitel VII/2).

1105: Vor der Zerstörung von Nürnberg durch Heinrich IV. erschienen über der Stadt zwei grell leuchtende Bälle (vgl. Kapitel VII/2).

1066: Während der Schlacht von Hastings (England) soll dort ein Komet erschienen sein, vermutlich ein Ufo.

1270: In *Otto Imperalia* (Buch I, Kapitel III) berichtet Gervase von Tilbury von einem Luftschiff, das in jenem Jahr über einer Kirche in Bristol (England) geschwebt habe. Von diesem Objekt habe ein langes Seil heruntergehangen, an dem ein Anker befestigt war. An dem Seil sei ein kleines Wesen heruntergeklettert, das aber bei Bodenberührung erstickt wäre. Daraufhin hätte die Besatzung an Bord des Luftschiffs das Seil gekappt und sei davongeschwebt.

1344: Ein feuriges Objekt soll gemäß der »Pruggerschen Chronik« über Feldkirch aus den Wolken auf den dortigen Marktplatz gefallen sein. Später sei das Objekt wieder aufgestiegen und am Himmel verschwunden. Um einen Kugelblitz dürfte es sich in diesem Fall nicht gehandelt haben.

1525: Ein »heißer Lichtstrahl« fiel bei Erfurt vom Himmel (vgl. Kapitel VII/2).

1554: Am 10. März beobachtete man von Salon-de-Provence aus seltsame Himmelserscheinungen (vgl. Kapitel VII/2).

1557: In diesem Jahr wurde Wien von seltsam leuchtenden Objekten überflogen. In Nürnberg will man zur gleichen Zeit »Fliegende Drachen« und »Glühende Scheiben« gesehen haben.

1558: Über Österreich kreisten runde Gebilde. In Zürich beobachtete man »drei Sonnen« bzw. »leuchtende Kreise«. Diese sind in einigen Drucken des Kupferstechers Wieck abgebildet und werden im dortigen Rathaus aufbewahrt.

1561: Über Nürnberg wurden angeblich schwarze, weiße, blaue und rote Scheiben sowie zwei spindelförmige Objekte beobachtet.

1577: Am 5. Dezember wurden strahlende Objekte über Tübingen gesichtet (vgl. Kapitel VII/2).

1646, 21. Mai: Am Nachmittag wurden an verschiedenen Orten in Cambridge, Suffolk und Norfolk »zwei Objekte gesehen, die bald aufwärts, bald abwärts flogen, sich voneinander entfernten und dann wieder ganz nahe beieinander waren«. Ihr Anblick und ihre plötzlich wechselnden Flugbahnen empfand man als so schrecklich, daß man sie mit einem Löwen und einem Drachen verglich, die wild und ungestüm miteinander kämpften ... Zuletzt vereinigten beide sich zu einem einzigen Objekt, das kurz darauf verschwand. Gleichzeitig sah man viele runde Objekte, die, bis auf eines, klein waren. Eines der kleinen runden Flugobjekte war von einer mysteriösen grauen Hülle umgeben, die man als eine Art »Aura« bezeichnen könnte.

Anzumerken wäre noch, daß ein Monat zuvor solche kugeligen Flugkörper über Möckmühl bei Heilbronn gesichtet worden waren.

1656, 8. April: In Stralsund sahen sechs Fischer eine leuchtende Scheibe mit Kuppel vom Himmel fallen (vgl. Kapitel VII/2).

1680, 22. Mai: Die Elbwache registrierte zwischen 2 und 3 Uhr früh in Richtung Nord-Nordost »Plitzen und Niederfall eines großen Feuerklumpen/hernach feurige Strahlen/ gekrümmt wie eine Schlange/Piquen lang/oben mit einem Kopffe habende/gesehen/ welches einer halbe Stunde lang gewähret/sich offt weiter ausgebreitet/wieder eingezogen/ und Funcken fallen lassen«.

Um einen Meteor oder ein Nordlicht dürfte es sich in diesem Fall kaum gehandelt haben, da verschiedene Charakteristika dagegen sprechen.

1707, 3. April: Reverend William Derham beobachtete über Upminster, Essex (England), kurz nach Sonnenuntergang etwa 15 Minuten lang ein rotes Gebilde, das einer schlanken Pyramide ähnlich gesehen haben soll.

1710, 18. Mai: Gegen 21.45 Uhr sah Ralph Thoresby, Mitglied der Königlichen Akademie der Wissenschaften, am Himmel über Leeds, Yorkshire (England), ein Objekt, das die Form einer Trompete besaß.

1718, 19. März: Gegen 19.45 Uhr sah der Engländer Sir Hans Sloan am westlichen Himmel plötzlich ein »großes Licht« auftauchen. Er verfaßte über diese Sichtung einen ausführlichen Bericht, aus dem hervorgeht, daß Sloan ein künstliches Objekt observiert haben muß: »Seine Helligkeit war größer noch als die des Mondes ... Zuerst glaubte ich eine Feuerwerksrakete zu sehen, aber das Objekt bewegte sich auf einer geraden Bahn langsamer als eine Sternschnuppe. Es schien auf eine Höhe unterhalb der des Sternbildes Orion zu sinken. Der lange Strahl in seiner Mitte verzweigte sich und ... nahm die Form einer Birne an ... Am unteren Ende entstand eine Kugel, die aber kaum die volle Größe des Mondes erreichte. Sie war so hell, daß ich meine Augen abwenden mußte. Die Kugel befand sich rund 30 Sekunden lang in Bewegung und verschwand etwa 20 Grad oberhalb des Horizonts.«

1741, 11. Dezember: An diesem Tag wurden über England zahlreiche mysteriöse Objekte gesichtet. Lord Beauchamp aus London machte gegen 21.45 Uhr eine interessante Beobachtung: »Ich befand mich auf einem Ausritt in Kensington Gardens, als ich in südlicher Richtung so etwas wie einen Feuerball sah. Das Objekt besaß einen Durchmesser von etwa 20 Zentimetern. Die Kugel nahm an Umfang zu und erreichte schließlich einen Durchmesser von knapp 1,50 Meter. Sinkend erreichte sie eine Höhe von schätzungsweise 800 Metern.

Auf ihrer Bahn zog sie einen etwa 25 Meter langen Schweif hinter sich her. Bevor das Objekt endgültig verschwand, zerfiel es in zwei Hälften [wörtlich: Köpfe]. Es hinterließ auf der von ihm zurückgelegten Strecke eine Rauchspur ...«

1750, 29. Juli: Gegen 19.45 Uhr wurden über den nördlichen Teilen der Britischen Inseln in großer Höhe kugelförmige Leuchtobjekte gesehen.

1762, 5. Dezember: Gegen 21.00 Uhr wurde es in ganz Bideford, Deron (England), taghell. Ursache dieses Phänomens war eine schlangenförmige Leuchterscheinung, die sich, aus großer Höhe kommend, langsam nach unten bewegte. Sie wurde etwa sechs Minuten lang beobachtet.

1769, 24. Oktober: Ein Objekt, das wie ein »brennendes Haus« aussah, konnte in der Zeit von 19.15 bis 19.45 Uhr über Oxford (England) beobachtet werden.

1775, 8. Mai: Die Orte Hertford und Waltham Abbey (England) wurden von einer hell leuchtenden Kugel überflogen.

1777, 17. Juni: Charles Messier, ein berühmter französischer Astronom (1730–1817), der als erster einen Katalog über Sternhaufen und -nebel herausgab, will an diesem Tag eine große Anzahl »Fliegender Scheiben« beobachtet haben.

1778, 17. März: Bei Paris kam gegen 20.45 Uhr eine »helle Feuerkugel« aus einem Gewässer. Die Beobachtung dauerte 30 Sekunden.

1782, 18. Juni: Nach Einbruch der Dämmerung wurden Londons Einwohner 5 Minuten lang von einem »rotierenden« Objekt erschreckt, das sich mit einer »enorm hohen Geschwindigkeit« fortbewegte.

1790, 12. Juni: Landung eines kugelförmigen Flugobjekts bei Alençon (Frankreich); ihm soll ein seltsam gekleideter Mann entstiegen sein (vgl. Kapitel VII/2).

1798, 10. September: Aus einer über Alnwick, Northumberland (England), liegenden Wolke tauchte gegen 20.40 Uhr plötzlich ein zylindrisches Objekt auf, das rasch in zwei »halbmondförmige« Teile zerfiel. Diesen entströmten gleißend helle Lichtbänder.

1808, 18. April: Ein Herr Simondi, Sekretär des Friedensrichters von Torre Pellice in Piemont (Italien) wurde von einem aufdringlichen Summton aus dem Schlaf geweckt. Als er aus dem Fenster schaute, sah er, wie sich auf der gegenüberliegenden Wiese eine leuchtende Scheibe erhob und mit unvorstellbarer Geschwindigkeit gen Himmel raste.

1808, 12. Oktober: Pinerolo im italienischen Piemont wurde an diesem Tag von leuchtenden Scheiben überflogen.

1820, 7. September: Über Embrun im Südosten Frankreichs waren angeblich ganze Formationen fliegender Objekte zu sehen. Sie überflogen die Stadt geradlinig, beschrieben dann einen Winkel von 90 Grad und entfernten sich im Formationsflug.

1845, 11. Mai: Signor Capocci vom Capodimonte-Observatorium bei Neapel beobachtete zahlreiche glänzende Scheiben, die von Westen nach Osten flogen. Einige sahen wie Sterne aus, andere besaßen leuchtende Schweife.

1845, 18. Juni: Aus dem Atlantik (36° 40' östliche Länge, 13° 44' nördliche Breite) sollen nach Augenzeugenberichten plötzlich drei hell leuchtende Scheiben hervorgeschossen sein. Von dem englischen Schiff *Victoria* aus will man sie in einer Entfernung von nur einer halben Seemeile zehn Minuten lang beobachtet haben. Sie sollen fünfmal so groß wie der Mond und durch »glühende Bänder« miteinander verbunden gewesen sein.

1863, 12. August: Über Madrid wurde am Abend eine leuchtende Scheibe rötlicher Färbung mit einer »Flammenkugel« darüber gesehen. Sie verharrte lange Zeit an einer Stelle, um sich dann schnell nach verschiedenen Richtungen zu bewegen.

1870, 26. September: Die englische Tageszeitung *Times* berichtete über den Vorbeiflug eines sonderbaren Objekts – eine Art elliptisches Schiff – vor dem Mond. Es soll 30 Sekunden lang vor dem Hintergrund der Mondscheibe zu sehen gewesen sein.

1882, Spätherbst: Der englische Astronom Walter Maunde machte von der Königlichen Sternwarte in Greenwich aus eine ungewöhnliche Entdeckung: »... Um 17.30 Uhr entwickelte sich vom nördlichen Horizont bis zum Zenit ein seltsames rosa Licht, das mit einem schwachen Grünton vermischt war. Daneben tauchten weitere Lichter und Strahlen auf ... Als die Himmelsphänomene langsam wieder zurückgingen, erschien plötzlich tief in ost-nordöstlicher Richtung ein Diskus [!] aus leuchtendem grünen Licht. Er stieg langsam nach oben und passierte den Himmel genauso wie Sonne, Mond, Planeten und die Sterne, jedoch mehr als tausendmal schneller ... Als es den Meridian passiert hatte und gerade über dem Mond dahinzog, glich es einer sehr in die Länge gezogenen Ellipse ... Ein Objekt dieser Art habe ich bisher noch nie beobachtet ... Es erschien wie ein klar umgrenzter Körper, war jedoch keineswegs mit einem Meteor oder einer Feuerkugel vergleichbar ...«

1887, 12. November: In der Nähe von Cap Race erhob sich

eine gewaltige feurige, kreisrunde Scheibe aus dem Atlantischen Ozean. Das Objekt stieg etwa 17 Meter hoch und flog gegen den Wind. Es bewegte sich zunächst auf ein Schiff zu, drehte dann aber ab. Nach Angaben des Kapitäns war es fünf Minuten lang zu sehen.

1893, 25. Mai: Zwischen Schanghai und Japan sichtete die Besatzung des Schiffs *Caroline* eine Formation fliegender Scheiben, die langsam in nördlicher Richtung flogen. Die roten Objekte hinterließen braune Rauchspuren. Sie wurden über einen Zeitraum von zwei Stunden beobachtet.

1910, 4. Mai: Dr. I. Plemely, ein Mathematikprofessor aus Cirnowti (Rußland) beobachtete einen strahlenden Himmelskörper, der sich ihm mit zunehmender Geschwindigkeit von Süden her näherte und einen Anstiegswinkel von 40 Grad verfolgte. Nach Verringerung seiner Geschwindigkeit drehte er nach Nord-Nordwest ab und verschwand bei einer Winkelhöhe von 20 Grad in den Wolken. Das Objekt war drei Minuten lang zu sehen.

Der Wiener Professor van Hepperger errechnete anhand der ihm von Plemely vorgelegten Beobachtungsdaten den Durchmesser des Objekts mit etwa 100 Metern. Victor Anestin, Chefredakteur des Wissenschaftsmagazins *Orion,* hielt es wegen der Geschwindigkeit, der anschließenden Verlangsamung und des Richtungswechsels des Objektes für unwahrscheinlich, daß Plemely einen Meteor gesehen hat.

1915, Sommer: Während des Ersten Weltkrieges beobachteten der oberschlesische Heimatdichter Oswald Eifler und einige Offiziere vom Feldlazarett Lunéville (Frankreich) aus eine Scheibe, die unbeweglich am Himmel verharrte. Mit dem Feldstecher konnten die Soldaten Kugeln in dem tellerförmigen Objekt wahrnehmen.

1925, 5. August: Der russische Forschungsreisende Nikolai

Roerich und seine Begleiter hatten im Kukunor-Distrikt nahe der Humboldt-Kette ein Camp aufgeschlagen, von wo aus sie gegen halb 9 Uhr früh ein ovales, silbrig schimmerndes Objekt beobachteten. Roerich: »Wir alle sahen in Nord-Süd-Richtung etwas Großes, Leuchtendes, das die Sonnenstrahlen reflektierte ... wie eine große Scheibe, die sich mit hoher Geschwindigkeit fortbewegte. Indem es unser Lager überquerte, wechselte das Ding seine Richtung von Süd nach Südwest, und wir sahen, wie es am azurblauen Himmel verschwand. Wir hatten sogar Zeit, zu unseren Ferngläsern zu greifen, und sahen ziemlich deutlich, daß es eine ovale und glänzende Oberfläche besaß. Eine Seite glänzte in der Sonne.«

1925/26: Eine junge Frau und ihr Vater sahen in der Nähe von Paphos auf Cypern bei trübem Wetter über einem offenen Feld plötzlich ein rundes Objekt auftauchen, das in niedriger Höhe heranflog. Es wirkte recht dunkel, schien aber auch über eine eigene Lichtquelle zu verfügen. Das riesige Objekt bewegte sich völlig geräuschlos und blieb mehrere Minuten lang sichtbar.

Der Vater behauptete damals, das Flugobjekt schon öfters in derselben Gegend gesehen zu haben. Es sei jedesmal »mit einer gewaltigen Beschleunigung verschwunden«. [Möglicherweise war hiermit ein Dematerialisationsvorgang gemeint, denn im Prinzip wäre beides nicht voneinander zu unterscheiden.]

1934, 14. Juli: Der Franzose Paul Faively beobachtete vier Meter über sich eine blendend-weiße Scheibe, um die sich dann ein blauer Rand legte. Nach mehrmaligem Farbwechsel nahm das Objekt Fahrt auf und verschwand mit Höchstbeschleunigung. [Auch hier kann ein Dimensionswechsel nicht ausgeschlossen werden.]

4 Observiert – Ufos überwachen militärische Einrichtungen

Anekdotisches Fallmaterial aus vergangenen Jahrhunderten, das sich nachträglich kaum noch recherchieren läßt, verfügt freilich nicht über die gleiche Aussagekraft wie exakte Beobachtungen aus neuerer Zeit, vor allem, wenn diese noch durch überprüfbare Aufzeichnungen modernster Ortungs- und Zielverfolgungsgeräte belegt werden. Dennoch hat der Autor auf die Erwähnung jener Vorkommnisse in der Vergangenheit nicht verzichtet, da sie spezifische Erscheinungsmuster aufweisen, die bis in die heutige Zeit erhalten geblieben sind. Entsprechende Vergleiche könnten, wenn auch nur indirekt, zur Aufhellung des Ufo-Phänomens beitragen.

Es fällt auf, daß sich die Intelligenzen hinter dem Ufo-Geschehen seit dem Zweiten Weltkrieg in zunehmendem Maße und mit geradezu erstaunlicher Penetranz für die technischen und militärischen Aktivitäten der Großmächte und ihrer Verbündeten interessieren. So konnte durch Radar- und Filmaufzeichnungen in Tausenden von Fällen nachgewiesen werden, daß die allgegenwärtigen Ufos nicht nur zivile Objekte, sondern auch militärische Einrichtungen, Kernwaffendepots, Kernspaltungs- und Energieerzeugungsanlagen, Luftwaffen- und Marinestützpunkte, Raketensilos und -testgelände, Flugplätze, Forschungs- und Raumfahrtzentren sowie Kampfhandlungen in allen Teilen der Welt observieren.

In der Nacht vom 5. März 1967 fing eine amerikanische Luftwaffen-Radarstation nahe Minot, Nord-Dakota, Signale eines unbekannten Flugobjekts auf, das sich genau auf die unterirdischen Silos einer nahegelegenen Minuteman-Raketenstellung zubewegte. Sekunden später war die

Minot Air Force Base über das rasch herannahende Objekt informiert. Alarmstufe eins. Das mobile Eingreifkommando der Basis wartete nervös auf Befehle. Dann sahen sie es alle: ein kreisrundes Flugobjekt mit einem Durchmesser von etwa 30 Metern.

Höchst konzentriert beobachteten die einsatzbereiten Männer jede Bewegung der Maschine, die sich im Sinkflug den Siloöffnungen bedenklich näherte. Die um den Rand des Flugobjekts aufblitzenden Lichter ließen deutlich den Kuppelaufbau im Zentrum des Diskus erkennen.

Als die Flugscheibe auf die nächstgelegene Siloöffnung zuschwebte, rasten drei Wagen des Eingreifkommandos in diese Richtung. Augenblicklich stoppte das Ufo, so als ob es die Absicht der Männer erahne. Es verharrte bewegungslos in einer Höhe von etwa 150 Metern und schien die weitere Entwicklung abzuwarten.

Inzwischen hatte die Eingreifmannschaft Position bezogen, ihre Waffen auf die Kuppel des Objekts gerichtet. Doch zu Kampfhandlungen sollte es erst gar nicht kommen. Der Befehl lautete, die fremdartige Maschine möglichst unbeschädigt in Besitz zu nehmen.

Uneinig darüber, wie man sich zu verhalten habe, hatte ein Abwehroffizier der Basis NORAD – das nordatlantische Luftverteidigungskommando – über die bedrohliche Situation informiert. Fünf bange Minuten waren verstrichen, ohne daß NORAD reagierte. Inzwischen kreiste die Flugscheibe gemächlich über der Feuerleitzentrale, dem Herzstück der Basis. Schon wollte der Basiskommandant auf eigene Verantwortung Abfangjäger des Typs F-106 hochschicken, als das Ufo abdrehte und davonraste.

Zu ähnlichen Zwischenfällen soll es nach Aussagen hoher Militärs auch in der Nähe anderer Raketensilos in Nord-Dakota, Montana und Wyoming gekommen sein. Der ehemalige amerikanische Luftwaffenmajor Donald E. Keyhole, der sich nahezu 30 Jahre lang inoffiziell und später als Direktor der Ufo-Forschungsgruppe NICAP mit Ufo-Aktivitäten im militärischen Bereich befaßt hat, will während dieser Zeit Tausende solcher dramatischen Verwicklungen untersucht haben. Daß die meisten dieser Fälle einer breiten Öffentlichkeit verheimlicht wurden, ist auf eine streng gehandhabte Schweigeorder der US-Luftwaffe mit dem Codenamen AFR-200-2 (später: 80-17) zurückzuführen.

In den letzten Jahren war zu erfahren, daß auch in der ehemaligen Sowjetunion militärische Einrichtungen des öfteren von unbekannten Flugobjekten »heimgesucht« wurden. So soll im Frühjahr 1959 das Hauptquartier der russischen Raketenbasis in Swerdlowsk (Ural) einen ganzen Tag lang von diskusförmigen Flugobjekten angeflogen worden sein. Die radargeorteten Objekte verharrten stundenlang über den dortigen Abschußrampen und sorgten beim Bedienungspersonal für helle Aufregung.

Der Leiter des russischen »Komitees für anomale Phänomene«, Arvid I. Mordvin-Schodro, St. Petersburg, übergab anläßlich der MUFON-CES-Tagung 1991 in Heidelberg I. v. Ludwiger einen Videofilm mit Aufzeichnungen des Radarbildschirms der Flugsicherung Pulkowo, der eindeutig Ufo-Aktivitäten erkennen läßt. Der am 2. März 1991 vom Bildschirm abgefilmte Vorgang zeigt ein (gelbes) sternförmiges Objekt, das sich nach 19 Uhr Ortszeit innerhalb einer militärischen Sperrzone aufhielt, in dem Kernwaffen gelagert sind. Computeranalysen ergaben, daß es sich kurzzeitig sogar unterhalb des Radarhorizonts von 200 Metern befunden und »unregelmäßig« bewegt hatte. »Unregelmäßig« könnte womöglich bedeuten, daß das Objekt Raumzeit-Sprünge durchgeführt hat, also übergangslos (ohne eine bestimmte Flugstrecke zurückzulegen) da und dort aus

dem Nichts aufgetaucht ist, was De- und Rematerialisa-
tionsvorgängen entspräche, wie man sie bei Zeit- und Di-
mensionsversetzungen erwarten könnte. Das mysteriöse
Objekt soll sich nach Mordvin-Schodros Angaben am
7. März 1991 erneut im Luftraum von Pulkowo aufgehalten haben. Man muß sich fragen, welche Bedeutung dieser
militärischen Einrichtung zukommt (oder vielleicht einmal
zukommen wird).

Unerwünschte »Besuche« über militärischen Sperrzonen
gab es schon im Jahre 1944, ein Jahr vor dem katastrophalen
Geschehen in Hiroshima und Nagasaki. Im März desselben Jahres überflog Jim Emeri mit seiner kleinen PT 19 die
Gegend von Hanford im US-Bundesstaat Washington, unwissend, daß hier mit Hochdruck an der Entwicklung der
ersten Atombombe gearbeitet wurde. Mit einem Mal bemerkte Emeri, daß er von einem halben Dutzend »fliegender Lichter« verfolgt wurde. Seine Neugierde war geweckt.
Er näherte sich ihnen bis auf 300 Meter und konnte aus
dieser Entfernung feststellen, daß es sich hierbei um kleine
diskusförmige Objekte handelt. Als er sich mit seiner Maschine dem Columbia-Fluß näherte, zählte er insgesamt
sieben Flugscheiben, die bei weiterer Annäherung Fahrt
aufnahmen und innerhalb weniger Sekunden außer Sicht
waren.

Erst nach 1945 sollte es sich herausstellen, daß viele der in
Hanford tätigen Wissenschaftler zur damaligen Zeit ähnliche Beobachtungen gemacht und diese auch gemeldet hatten. Strenge Zensurbestimmungen verhinderten allerdings
die Unterrichtung der Öffentlichkeit.

Nach dem Krieg ging die Observierung militärischer Einrichtungen durch Ufos uneingeschränkt weiter. Am 6. Dezember 1977 ließ der amerikanische Journalist William
Dick im *National Enquirer* seine Landsleute wissen: »Ufos

haben zwischen 1950 und 1951 im Verlauf von drei Monaten das geheimste Atomforschungszentrum Amerikas ausspioniert. Den Unterlagen der US-Luftwaffe zufolge konnten sie stets allen Verfolgungsversuchen amerikanischer Jagdflugzeuge entkommen.«

Im Jahre 1952 zündeten die Amerikaner auf dem Eniwetok-Atoll im Pazifik die erste Wasserstoffbombe. Damals sollen kurz vor der Explosion mehrere rote Lichter am Himmel über dem Atoll beobachtet worden sein. Wer, außer den Initiatoren des Experiments, konnte von dem Unternehmen wohl gewußt haben?

Am 3. November 1957 beobachteten zwei Polizeistreifen am Himmel über White Sands bei Alamogordo (Neu-Mexiko) ein riesiges ovales Ufo, das über den Baracken schwebte, in denen sich am 16. Juli 1945 die Beobachter der ersten Atomversuchsexplosion aufgehalten hatten. War den »Zeit-Spionen« etwa ein Kalkulationsfehler unterlaufen?

Der amerikanische Journalist Bob Pratt will erfahren haben, daß 1975 über einen Zeitraum von drei Wochen zwei Basen der Strategischen Atombomberflotte (SAC) und mindestens zehn Raketenabschußrampen Ufo-»Besuch« erhalten hatten. Alle Versuche, die unbekannten Flugobjekte mittels Abfangjäger und Hubschrauber zur Landung zu zwingen, blieben erfolglos. Ein Helikopter wurde von der Bodenstation bis auf 300 Meter an eines der Ufos herangelotst. Während es auf den Radarschirmen die ganze Zeit über deutlich zu erkennen war, behauptete der Pilot, überhaupt nichts zu sehen. Sollte es sich bei diesem Objekt ebenfalls um eine Projektion aus einer anderen Realität gehandelt haben, wäre es gut möglich, daß das Gebilde unter einem bestimmten Beobachtungswinkel tatsächlich unsichtbar war.

Doch damit nicht genug. Am 27., 28., 30. und 31. Oktober des gleichen Jahres wurden von zahlreichen Personen Ufos in niedriger Höhe über den Waffen- und Munitionsdepots des US-Luftwaffenstützpunktes Limestone (Maine) beobachtet.

Eine Woche später tauchte ein riesiges Ufo mit weißen und roten »Positionslichtern« in der Nähe einer Raketenabschußrampe bei Lewistown (Montana) auf, wo es nur drei Meter über dem Boden schwebend gesehen wurde. Tags darauf suchte möglicherweise das gleiche Objekt acht Abschußrampen an anderen Orten Montanas auf. Zwei Abfangjäger vom Typ F-106 nahmen die Verfolgung auf. Als sie sich dem Ufo näherten, fielen deren Bordinstrumente aus, so daß sie zur Umkehr gezwungen waren.

»Zeit« scheint für die Beobachter aus den Nichts keine Rolle zu spielen. Sie tauchen überall in der Geschichte auf, da wo es ihnen gerade opportun erscheint. Im September 1943 wollen Angehörige der »Blauen Division« – eine spanische Spezialeinheit, die während des Rußlandfeldzuges auf deutscher Seite kämpfte – in der Nähe von Puschkino ein diskusförmiges Flugobjekt gesehen haben. Die Augenzeugen Oscar Rey Brea, Jesus Arias, Paz und Tomas Carbonell beobachteten von einem Bunker aus einen Luftkampf zwischen deutschen und russischen Flugzeugen, als oberhalb der einander attackierenden Maschinen plötzlich ein »Diskus« auftauchte. Er schien der Kampfhandlung aufmerksam zu folgen. Nach einer Weile habe sich, so die Beobachter, das Objekt mit »phantastischer Geschwindigkeit« entfernt.

Am 12. Februar 1944 wurde im Forschungszentrum Kummersdorf bei Berlin in Anwesenheit von Reichspropagandaminister Goebbels, SS-Reichsführer Himmler, SS-Gruppenführer Dr.-Ing. Heinz Kammler und weiteren hohen

Offizieren eine Versuchsrakete A-4 – die Vorläuferin der späteren V2-Waffe – gestartet. Das Experiment war von einem Filmteam in allen Phasen gefilmt worden. Als sich die Experten später den Film ansahen, erkannten sie, gewissermaßen als »Extra«, ein rundes Objekt, das die aufsteigende Rakete mehrfach umrundete. Man vermutete hinter diesem Ding eine waffentechnische Neuentwicklung des Feindes und konsultierte sofort die Abwehr. Die aber wußte auch nicht mehr zu berichten, als daß ähnliche Flugkörper über englischen Flugstützpunkten gesichtet worden waren. Die Engländer glaubten ihrerseits, eine deutsche Geheimwaffe vor sich zu haben.

Während des Vietnam-Krieges hatte das plötzliche Erscheinen unbekannter Flugobjekte mitunter lebensbedrohliche Situationen zur Folge, vor allem, wenn dadurch die Gefechtsbereitschaft der Kampfverbände gefährdet war. Sergeant Wayne Dalrymple erlebte einen solchen Zwischenfall in einem amerikanischen Camp nahe Na Trang. In einem Brief an seine Eltern heißt es: »Gestern abend (19. Juni 1966) gegen 21.45 Uhr geriet unser Camp, in dem sich etwa 40 000 Mann aufhalten, in Panik, und glaubt nur, auch ich war zu Tode erschrocken.

Vergangene Woche hatten wir einen großen Generator, einen Projektor und ein paar Filme bekommen. Als wir uns im Freien einen der Filme ansahen, tauchte mit einem Mal ein grelles Licht am Himmel auf, das aus dem Nichts zu kommen schien. Wir hielten es zuerst für eine jener Leuchtraketen, die hin und wieder von selbst hochgehen. Es kam aber aus nördlicher Richtung, flog erst ganz langsam und dann mit hoher Geschwindigkeit auf uns zu. Piloten, die sich hier aufhielten, schätzten seine Höhe auf 25 000 Fuß (etwa 8000 Meter). Als sich dann das Objekt auf 100 bis 180 Meter fallen ließ, brach die Hölle los. Das kleine Tal

236

und die Berge um uns herum waren taghell erleuchtet. Alles war ausgeleuchtet. Ein paar Minuten ... dann zog es steil nach oben und verschwand innerhalb von zwei bis drei Sekunden ... Was aber jeden von uns schockte, war der absolute Stromausfall. Unser Stromerzeuger und die Generatoren der nahegelegenen Luftwaffenbasis waren ausgefallen. Zwei Flugzeuge vom Typ *Skyraider*, die sich bereits auf der Startbahn befanden, meldeten Motorausfall. Im gesamten Camp gab es etwa vier Minuten lang kein Fahrzeug und kein elektrisches Gerät, das funktionierte. Acht große Bulldozer, die in den Bergen Räumungsarbeiten verrichteten, blieben plötzlich stehen. Ihre Scheinwerfer gingen aus. Eine gespenstische Situation. Vier Minuten hatte der Spuk gedauert, dann war der Strom plötzlich wieder da, und alles nahm seinen gewohnten Gang.«

Der Zwischenfall sollte noch ein Nachspiel haben. Schon 24 Stunden danach traf ein Flugzeug mit Experten aus Washington im Camp ein. Sie hatten die Aufgabe, das unglaubliche Geschehen zu untersuchen. Das Ergebnis der Untersuchung wurde nie veröffentlicht. Wie hätte man einer in wissenschaftlichen Dingen ungeschulten Öffentlichkeit auch erklären sollen, daß hier offenbar außerordentlich starke Magnetfelder einwirkten, die, von wem auch immer, auf gravitativem Wege erzeugt wurden. Theoretisch gerade noch verständlich, aber praktisch ...?

Es wäre schon verwunderlich, wenn während der mannigfachen Weltraummissionen seit 1961 keiner der russischen und amerikanischen Astronauten irgendwelche unbekannten Himmelsobjekte oder zumindest unerklärliche Phänomene beobachtet hätte. Der Grund ist einleuchtend. Ereignisse, die über den irdischen Observationsrahmen hinausgehen, müßten hypothetische Beobachter aus der Zukunft oder aus parallelen Welten besonders interessieren, da sie die weitere Entwicklung und womöglich auch die Qualität ihrer eigenen Existenz berühren.

Über Astronautenerfahrungen mit »Fremdintelligenzen« wurde in einschlägigen Publikationen schon häufig berichtet. Inwieweit sie tatsächlich zutreffen, kann und soll hier nicht befunden werden. Manches von dem, was über solche Weltraumbegegnungen berichtet wurde, mag von sensationsbeflissenen Journalisten falsch verstanden oder in Gespräche der Astronauten mit der Bodenstation hinein-»geheimnist« worden sein. Ungeachtet dessen sind Fälle bekannt geworden, in denen sich die beobachteten Fremdobjekte kaum als natürliche Phänomene oder als der heutigen Raumfahrttechnologie entstammend erklären lassen.

Am 18. Juni 1963 begegnete der fünfte russische Kosmonaut, Valerij Bykowskij, an Bord seiner *Wostok V* einem Vehikel, das er zunächst für die Kapsel *Wostok IV* mit seiner Kollegin Valentina Tereschkowa hielt, die man zwei Tage nach ihm ins All geschossen hatte. Doch mußte er beim Näherkommen feststellen, daß die Maschine eiförmig und in keiner Weise mit *Wostok IV* identisch war. Das »Ding« begleitete ihn eine Zeitlang, um dann schlagartig die Richtung zu ändern und mit hoher Geschwindigkeit zu verschwinden – ein Manöver, das die vollkommene Beherrschung der Gravitationskräfte vorausgesetzt hätte.

Später, bei den bemannten Raumflügen der Amerikaner, ereigneten sich ähnliche mysteriöse Zwischenfälle. So will Major Gordon Cooper in seiner Kapsel *Mercury 9* am 16. Mai 1963 während der 15. Erdumkreisung über Australien ein rotes Objekt mit einem grünen Schweif beobachtet haben. Experten, die diese Sichtung peinlich genau analysierten, stellten fest, daß es sich hierbei kaum um einen Meteor, Ballon, Feuerball oder einen anderen Flugkörper gehandelt haben konnte.

Als die beiden amerikanischen Astronauten Frank Bormann und James Lovell Ende 1965 mit ihrer Kapsel *Gemini 7* zum zweiten Mal die Erde umrundeten, meldeten sie der Bodenstation ein »Bogey«, was im Astronautenjargon soviel wie ein »unbekanntes Flugobjekt« bedeutet. Die Bodenleitstelle meinte, es könne sich hierbei nur um die ausgebrannte Trägerrakete handeln, die sie hochbefördert habe. Bormann widersprach dieser Behauptung und erklärte, daß er sowohl die Trägerrakete als auch einen »glänzenden, im Sonnenlicht tanzenden Flugkörper« sähe. Sofort erfolgte eine weitere Gegendarstellung der Bodenstation: Bormann habe lediglich Trümmer einer *Titan*-Rakete gesehen, die Wochen zuvor bei einem Fehlstart durch Sprengung entstanden seien. Die Beschwichtiger der Leitstelle schienen um Ausreden nicht verlegen zu sein.

Freilich darf nicht hinter jedem »Bogey«, das von den Astronauten beobachtet wurde, ein Ufo »im engeren Sinne« vermutet werden. Damals befand man sich noch in der Experimentierphase, und es gab eine Reihe optischer sowie anderer Phänomene, deren natürliche Ursachen sich erst viel später ermitteln ließen.

Während des Mondfluges von *Apollo 8* im Dezember 1968 soll es ebenfalls zu einem bemerkenswerten, offiziell totgeschwiegenen Zwischenfall gekommen sein. In einer Meldung des *National Enquirer* vom 19. Mai 1969 heißt es: »Für die Männer im Raumschiff, das mit etwa 11 000 km/h dahinflog, stimmte etwas nicht: Eine geisterhafte weißglühende Erscheinung war plötzlich aus der samtschwarzen Nacht aufgetaucht. Sie war scheibenförmig … und begann parallel zu *Apollo 8* zu fliegen. Plötzlich schienen sämtliche Systeme nicht mehr zu funktionieren. Die Leit- und Navigationsausrüstung, Stromkreise und Antriebe. Dann griff das mysteriöse Raumschiff die Kapsel mit unerträglichen Geräuschen an. Nach einiger Zeit stoppten die Belästigungen, und das Geisterschiff verschwand mit unglaublicher Geschwindigkeit.« Erst danach konnte *Apollo 8* wieder Kontakt mit der Bodenstation aufnehmen, der die ganze Zeit über unterbrochen war.

Die Crews der *Apollo*-Missionen *11, 12, 15* und *17* sollen ähnliche Erfahrungen gemacht haben. Sie, die aus verständlichen Gründen zum Schweigen verpflichtet wurden, wissen besser als alle theoretisierenden Strategen der NASA, des Pentagon und der Nachrichtendienste, daß sich hinter diesen selbsterlebten Manifestationen ein Prinzip verbirgt, dessen Komplexität wir kaum erahnen können.

13 Das geheimnisumwobene »Sonnentor« von Tiahuanaco im Hochland zwischen Bolivien und Peru steht völlig isoliert in einem Geviert der dortigen Tempelanlage. Im oberen Querteil sind mehrere Reihen quadratischer Figuren eingemeißelt, unter anderem das Bildnis einer unbekannten Gottheit. Hatten die Erbauer ihren »Besuchern« einen »Projektor« abgeschaut, mit dem sie sich in der Zeit versetzen konnten?

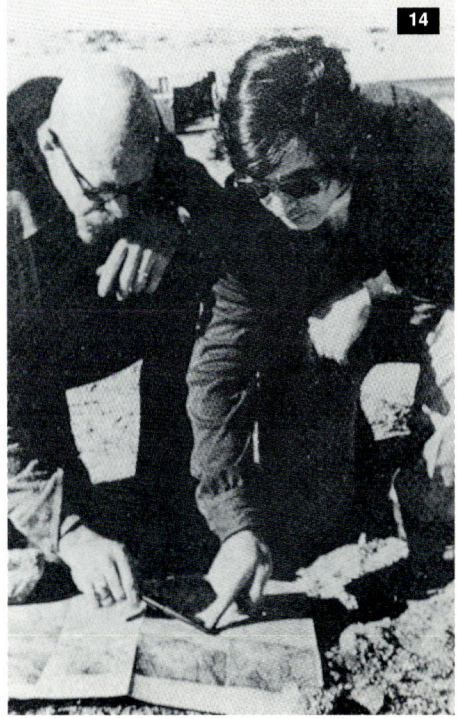

14 Peter Guttilla (rechts) und Pilot Ed Partin (links) beim Lokalisieren der geheimnisvollen »Alten Stadt« und des »Crystal Mountain«, wo Kristalle Zeitverwerfungen verursachen und Einblicke in andere Realitäten ermöglichen sollen.

15 *Es ist unerklärlich, wie dieser Riese mit »Buschhemd und Shorts« – ein Quinkan – auf ein Felsenwandgemälde australischer Ureinwohner gekommen ist. Buschpilot und Feldforscher Percy Trezise hatte 1960 mehrere Gemälde in einer Höhle nahe dem im nordöstlichen Australien gelegenen Ort Laura (Queensland) entdeckt. Ein »Zeitloser« auf Erkundungsmission, der den Eingeborenen über den Weg gelaufen war?*

16 *Am 12. Februar 1944 wurde im Forschungszentrum Kummersdorf bei Berlin in Anwesenheit hoher Parteifunktionäre und Militärs eine A4-Versuchsrakete (die spätere »V2«) gestartet. In einem von diesem Start gedrehten Film erkannte man ein nichtidentifizierbares rundes Flugobjekt, das die Rakete gleich mehrmals umrundete.*

17 *Scheibenförmige Flugobjekte sollen die Besatzung der APOLLO-Missionen 8, 11, 12, 15 und 17 mehrfach belästigt haben. Die Astronauten wurden angeblich mit unerträglichen Geräuschemissionen bombardiert, wobei es unter anderem zum vorübergehenden Ausfall der Betriebssysteme gekommen sein soll. Das Bild zeigt den Astronauten James Irwin von APOLLO 15 nach der gelungenen Mondlandung nahe den Hadley-Apenninen.*

18 *27. August 1979, 01.30 Uhr. Während einer Nachtstreife wird der Dienstwagen des Deputy Sheriff Val Johnson von einem grellen Lichtblitz getroffen und schwer beschädigt. Er kann gerade noch einen Notruf absetzen, dann verliert er die Besinnung. Als man ihn findet, gehen die Uhr am Armaturenbrett und seine Armbanduhr 14 Minuten nach. Zufall oder Einfluß eines zeitneutralisierenden Feldes? Wurde auch er von einem »Solid Light« getroffen?*

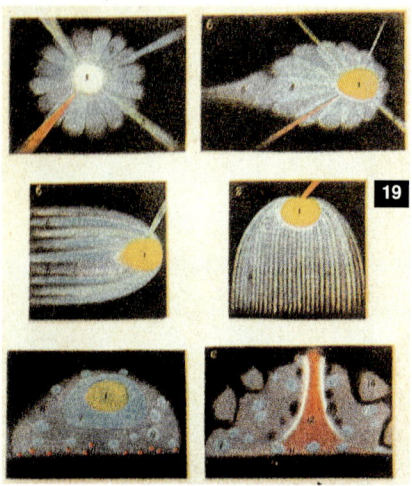

19 Entstehung und Auflösung einer »Lichtquelle« nahe der am Onega-See gelegenen Stadt Petrosawodsk (Rußland) am 20. September 1977. Die einzelnen Phasen wurden zeichnerisch festgehalten.

20 Was heute noch Utopie ist, könnte morgen schon Wirklichkeit sein: Bewußtseinsexkursionen in andere Realitäten per Computer » ...Man setze sich vor einen Computer und lasse sich hinein-›beamen‹ – und schon beginnt das große Abenteuer.«

21 Die »Golden Gate«-Brücke in San Francisco, auf der ein College-Student 1975 kurzzeitig die Versetzung seines Bewußtseins in den Körper eines japanischen Mönchs erlebt haben will. Wenige Sekunden in seiner Realzeit erschienen ihm wie ein ganzes Leben.

22 –24 Am 21. November 1581 erschien dem walisischen Astrologen und Mathematiker Dr. John Dee (1527 – 1608) nach eigenen Angaben der Engel Uriel und händigte ihm als visionäres Hilfsmittel einen schwarzen »Kristall« aus. (23, 24). Dieser glasartig polierte Stein – ein Obsidian – soll Dee zur Invokation (Herbeizitieren) fremder Wesenheiten gedient haben. Er wird im British Museum, London, aufbewahrt.

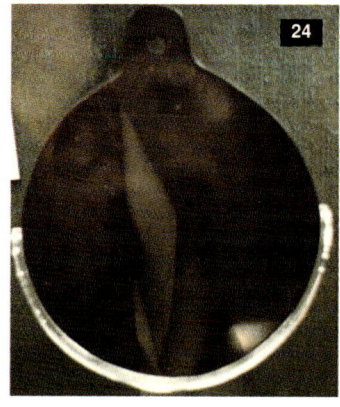

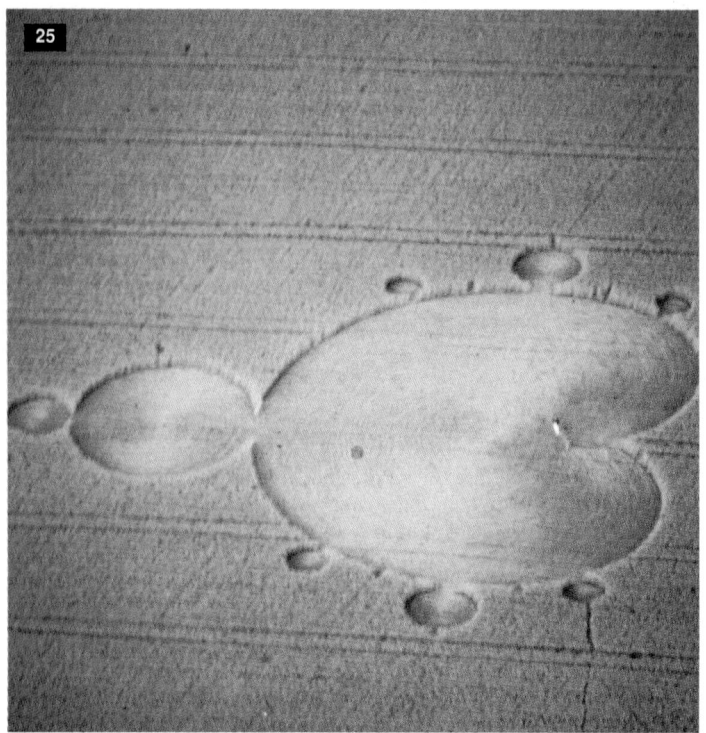

25 *Bei der am 12. August 1991 in Ickleton nahe Cambridge (England) in einem Wei-zenfeld erschienenen »Mandelbrot«-Formation handelt es sich um eines der kompli-ziertesten Gebilde der modernen Mathematik. Ist es das Werk einer übergeordneten Intelligenz jenseits unseres Vorstellungsvermögens, das über komplexe Computersy-steme in unsere Realität vordringt?*

VIII

Indizien

»Die Physik erklärt die Geheimnisse
der Natur nicht,
sie führt sie nur auf tiefer liegende
Geheimnisse zurück.«

C. F. v. WEIZSÄCKER

Der Vorfall ereignete sich unweit von Nuatre, einem idylli-
schen Flecken im Herzen des französischen Departements
Indre-et-Loire. Am Morgen des 30. September 1954 befin-
det sich der Vorarbeiter George Gatay mit seiner Kolonne
auf einer Baustelle außerhalb des Ortes. Es ist gegen 4 Uhr
30. Gatay befällt plötzlich bleierne Müdigkeit. Er verläßt
seine Männer und geht wie in Trance auf eine Böschung zu,
wo er sich ganz unerwartet einer seltsamen Erscheinung ge-
genüber sieht: Nur zehn Meter von ihm entfernt, auf der klei-
nen Anhöhe, steht ein menschliches Wesen. Auf seinem Kopf
sitzt ein undurchsichtiger gläserner Helm, dessen herunterge-
klapptes Visier ihm bis zur Brust reicht. Der Fremde trägt ei-
nen grauen Overall und kurze Schuhe. In seiner Hand hält
er einen länglichen Gegenstand, von dem Gatay annimmt,
daß es sich um einen »Metallstab« oder so etwas wie eine
»Pistole« handelt.
Hinter dem Wesen schwebt eine große leuchtende Kuppel, in
deren Oberteil, wie bei einem Hubschrauber, ein Rotorsy-
stem integriert ist. Eine unwirkliche Szene in einer ganz rea-
len Landschaft.

Gatay: »Plötzlich verschwand der Mann. Ich weiß nicht wie. Er ist nicht etwa weggegangen, sondern war mit einem Mal nicht mehr da, so, wie wenn man eine Zeichnung ausradiert. Dann vernahm ich einen aufdringlichen Pfeifton, der sogar noch den Lärm unseres Baggers übertönte. Die »Kuppel« stieg ruckweise senkrecht nach oben und verschwand ebenso übergangslos wie der Fremde in einem dünnen blauen Nebelschleier.«

Gatay behauptet, er habe beim Anblick der unheimlichen Gestalt und des ungewöhnlichen Flugobjekts wegrennen wollen, sei aber während der gesamten Beobachtungsdauer bewegungsunfähig gewesen. Seinen Kollegen, die aus kurzer Distanz den Vorfall beobachten konnten, erging es nicht anders.

Sobald sich Gatay wieder rühren konnte, rannte er zu seinen Männern hinüber. Atemlos und in der Annahme, daß er dies nur alles halluziniert habe, fragte er sie, was sie die ganze Zeit über gesehen hätten. Der Baggerführer behauptete, unmittelbar vor Gatay »einen Mann im Taucheranzug« gesehen zu haben. Die anderen stimmten dieser Beschreibung zu und vertraten die Auffassung, daß es sich bei dem wahrgenommenen Objekt wohl um eine geheime waffentechnische Entwicklung gehandelt habe.

Gatay wird von dem für seine objektive Berichterstattung bekannten französischen Wissenschaftsautor Aimé Michel als nüchtern denkender Zeitgenosse geschildert, der während des Zweiten Weltkriegs für die Résistance – die damalige Widerstandsbewegung – tätig war und der sich in Luxemburg sogar eine Verwundung zugezogen hatte. Er und seine Kollegen wären die letzten, von denen man annehmen könne, daß sie Opfer einer kollektiven Halluzination gewesen seien.

Selbst eingefleischte Ufo-Freaks begegnen Schilderungen wie dieser mit äußerster Zurückhaltung. Fälle, in denen sich Ufos und deren Besatzung wie paranormale Erscheinungen verhalten, sich von einer Sekunde zur anderen in Luft auflösen, passen nicht so recht ins Verhaltensklischee der »Außerirdischen«. De- und Rematerialisationen, Teleportationen und hiermit zusammenhängende Zeitanomalien sind hingegen viel glaubhafter mit der hier vertretenen »Projektionstheorie« zu erklären. Für sie wären solche »unglaublichen« Phänomene sogar etwas ganz Selbstverständliches. Befassen wir uns daher mit ihnen einmal etwas gründlicher. Ohne Vorurteil, ohne Scheuklappen.

1 Raumzeit-Akrobaten

Wie in vorausgegangenen Kapiteln (IV/3 und IV/4) dargelegt, wären Projektionstechniken die eleganteste Art, Zeitreisen in die Vergangenheit (und Zukunft) – in andere Realitäten – zu unternehmen. Dies könnte über die hypothetischen »Syntropodenbrücken« – Informationskanäle zwischen der Gegenwart zukünftiger Hochzivilisationen und
der früherer Generationen – praktisch in Nullzeit geschehen. Der »Brückenschlag« müßte nach den Vorstellungen
der deutschen Physiker Burkhard Heim und Illobrand v.
Ludwiger durch sogenannte »Aktivitätsströme« erfolgen,
die mit Gravitationswellen vergleichbar wären.
Wir haben bereits erfahren, daß starke Gravitationsfelder
den Zeitablauf verlangsamen. Wenn, wie hier behauptet,
die in unterschiedlichen Konfigurationen in Erscheinung
tretenden Ufos nichts anderes als zeitüberbrückende Projektionen aus der Zukunft und/oder aus Parallelwelten
sind, müßten sie bei ihren Exkursionen in die Vergangenheit solche Gravitationsfelder benutzen. Jene nach Albert
Einsteins Allgemeiner Relativitätstheorie durch nichts zu
widerlegende Feststellung verdient im Zusammenhang mit
der geradezu sensationell anmutenden Behauptung des
amerikanischen Physikers Bob Lazar, er habe sich im Auf-
trag der US Air Force im Zuge einer Geheimstudie mit Gra-
vitationsfeldantrieben abgestürzter Ufos befaßt, besondere

Beachtung. Dieser Mann will zwischen Dezember 1988 und April 1989 zusammen mit anderen Wissenschaftlern in dem supergeheimen S-4-Testgelände der amerikanischen Luftwaffe in Nevada mit einschlägigen Experimenten an dort lagernden Flugscheiben betraut gewesen sein. Nach Lazar wird der Antriebsmechanismus der Ufos dadurch in Gang gesetzt, daß auf ein bislang unbekanntes Material Protonen abgefeuert werden, woraufhin vorwiegend Antiteilchen und eine »bestimmte Wellenart« – vermutlich Gravitationswellen – freigesetzt werden. Lazar behauptet, das beschossene Material mit einem Massenspektrometer untersucht und in ihm ein *stabiles Transuran* mit der Ordnungszahl (OZ) 115 gefunden zu haben. Dies wäre erstaunlich, da alle bislang entdeckten Transurane – angefangen von Neptunium (OZ 93) bis hin zu einem noch unbenannten Element mit der Ordnungszahl 109 (Labor für Schwerionenforschung Darmstadt) alle dem radioaktiven Zerfall unterliegen.

Durch weiteren Beschuß mit unterschiedlichen Strahlen erhielt Lazar angeblich ein neues, ebenfalls stabiles Element mit der Ordnungszahl 116. Im Zusammenhang hiermit sollen starke Gravitationsfelder freigesetzt worden sein, mit denen sich die Raumzeit-Geometrie verzerren ließe. Nach v. Ludwiger könnte der von Lazar als »Gravitationsverstärker« bezeichnete Gravitationswellengenerator – sollte es ihn tatsächlich geben – zu Exkursionen in die Vergangenheit herangezogen werden.

Wer die Raumzeit bereist, wer sich aus unserer dreidimensionalen Realität herauskatapultiert, existiert für andere überhaupt nicht mehr räumlich-materiell. Er ist dann nur noch ein hyperdimensionaler Energieknoten. Hierzu der bereits erwähnte Buchautor Gerhard Steinhäuser: »Hätten wir Sinnesorgane, die uns Eindrücke kurzwelliger Strahlung vermitteln, könnten wir durch Wände und unseren eigenen Körper hindurchsehen. Und wir würden vielleicht alle scheinbar ›festen‹ Dinge als ein unendliches Wallen und Wirbeln wahrnehmen, als Energie – was letzten Endes alle Materie ist.«

Merkwürdig, wie Steinhäusers Analogie mit den Computerdurchgaben des *Kommunikators* einer Zeitexperimentalgruppe aus dem Jahre 2109 übereinstimmt, der sich im April 1985 bei meinem Freund, dem englischen Lehrer und Ökologen Ken Webster, meldete, nachdem dieser zuvor über viele Monate mit einer Wesenheit aus dem 16. Jahrhundert kommuniziert hatte. Von dem *Zeitlosen* aus dem Jahre 2109 wird der Ablauf einer Projektion durch die Zeit (im entmaterialisierten Zustand) so beschrieben, wie er nach der hier erörterten Theorie tatsächlich vor sich gehen könnte: »An bestimmten geographischen Orten gibt es so etwas wie ›Gebiete konvexen Magnetismus'‹. Diese lassen sich mit den die Erde überziehenden Magnetlinien erklären, mit Kraftlinien, die sie im Uhrzeigersinn umrunden. Es sind dies positive magnetische Kraftlinien. Bei denen, die die Erde im Gegenuhrzeigersinn umkreisen, handelt es sich um negative Kraftlinien. Dort, wo sich beide Linien schneiden, wird das ›Licht/Zeit‹-Kontinuum ganz erheblich verzerrt. Die Verzerrung ist so stark, daß ›sensitive‹ Individuen Zeuge einer ›Zeitkrümmung‹ werden, d. h. sie können einen Blick in die Vergangenheit und Zukunft werfen ... Stellen wir uns vor, daß jemand aus der Zukunft [ein Zeitreisender] mit seinem Raumzeit-Fahrzeug in ein Gebiet ›konvexen Magnetismus'‹ eindringt. Plötzlich spielen seine Bordinstrumente verrückt. Den ›Temponauten‹ überkommt ein Gefühl der Benommenheit. Ein durch die Zeitverzerrung verursachter grüner Nebel umfängt sein ›Fahrzeug‹. Er verfällt dann vermutlich in eine extrem tiefe Trance, in der seine Seele [Bewußtsein] durch das Licht/Zeit-Tor gezwängt und er genötigt wird, ein physikalisches Spiegelbild seines Selbst aus seiner Original-Raumzeit und deren nächster Umgebung [in die Vergangenheit] zu projizieren. Dies nimmt manchmal nur einige Sekunden in Anspruch und macht sich ausschließlich im Unbewußten des Betreffenden bemerkbar. Personen, die in der Gegenwart leben, in die der ›Zeitreisende‹ eindringt, beobachten dann verwirrt die physikalische Existenz und die Aktionen der ›Fremden aus der Zeit‹.«

Zahlreiche Berichte lassen erkennen, daß in der Umgebung von Ufos sonderbare Feldzustände herrschen, die offenbar eine Auflockerung des Raumzeit-Gefüges auslösen. Dann kommt es zu Unterbrechungen des Radio- und Fernsehprogramms (Statik), zum Ausfall der Zündmechanismen von Kraftfahrzeugen und der Bordelektronik von Flugzeugen sowie zu Phänomenen, wie wir sie von der Paraphysik her kennen, d. h. zur psychokinetischen Beeinflussung von belebten und unbelebten Objekten. Bei Nahsichtungen treten häufig Zeitanomalien auf, so unter anderem »Zeitausfälle«, die zwischen wenigen Minuten und bis zu mehreren Stunden bzw. Tagen betragen können. Gelegentlich wird auch über erstaunliche Zeitkontraktionen berichtet, über Fälle, in denen Menschen – wie bei Träumen – innerhalb von Sekunden Erlebnisse hatten, die ihrem Gefühl nach Stunden und länger dauerten. Es sind dies ernstzunehmende Hinweise darauf, daß die Intelligenzen hinter dem Ufo-Geschehen die Zeit zu manipulieren vermögen, daß sie diese durch Projektionstechniken neutralisieren. Sie projizieren sich »ganz einfach« an der Zeit vorbei. Und solche Nullzeit-Projektionen würden auch erklären, warum sich Ufos gewissermaßen aus dem Nichts – dem Hyperraum – materialisieren und nach Beendigung ihrer Missionen wieder in diesem verschwinden.

Der amerikanische Autor Leonard Stringfield berichtet über einen derartigen Fall, der sich während des Zweiten Weltkrieges zugetragen haben soll und der von den alliierten Nachrichtendiensten lange Zeit geheimgehalten wurde: »Mr. C. J. J. gehörte 1942 einem U-Boot-Verfolgungsgeschwader an, das in der Bucht von Biskaya operierte. An einem Novembertag bemerkte der Heckschütze einer Maschine ein ›massives‹ Objekt ohne Flügel, das plötzlich – *wie aus dem Nichts* – hinter dem Bomber erschien. Der Mann informierte sofort die übrige Besatzung, zu der auch Stringfields Informant gehörte, welcher sich in der Flugzeugkanzel befand. Einer nach dem anderen kletterte in den Beobachtungsstand des Heckschützen, um das merkwürdige Objekt zu sehen. Zur Dokumentation der Beobachtung wurden mit der Bordkamera mehrere Aufnahmen gemacht. Der Flugkörper hielt sich 15 Minuten lang in ihrer unmittelbaren Nähe auf. Dann zog er steil nach oben, machte eine 180-Grad-Wendung und verschwand.

Nach dem Entwickeln der Aufnahmen mußte man feststellen, daß diese bis auf eine, die man mit einem Filter aufgenommen hatte, völlig unbrauchbar waren. Dieses Bild – nach C. J. J. ein perfekter Abzug – ist niemals freigegeben worden.«

In den fünfziger Jahren kam es zu einer Beinahe-Kollision zwischen einer TWA-Maschine und einem unbekannten Flugobjekt, das plötzlich *aus dem Nichts* auftauchte. Es war gegen 22.15 Uhr Bordzeit. Kapitän G. W. Schemel von den Transworld Air Lines, Flug 21, hatte soeben Amarillo, Texas, überflogen und befand sich in 6000 Meter Höhe auf Westkurs. Sein Co-Pilot überprüfte gerade die Instrumente, als plötzlich in einer Entfernung von etwas mehr als einem Kilometer die Lichter einer unbekannten Maschine auftauchten, die zuvor nicht zu sehen gewesen war. Das bis zu diesem Zeitpunkt selbst vom Bordradar nicht erfaßte Objekt muß sich von einer Sekunde zur anderen materialisiert haben. Mit wahnwitziger Geschwindigkeit schoß es auf die TWA-Maschine zu.

Schemel entkam der lebensbedrohlichen Situation durch einen gewagten Sinkflug, gerade noch rechtzeitig, um das Fremdobjekt wie ein Lichtblitz über seine Maschine hinweghuschen zu sehen. Im Passagierraum herrschte Panik – ein heilloses Durcheinander. Nachdem Schemel die verängstigten Passagiere beruhigt hatte, bat er die Flugsicherung in Amarillo um Notlandeerlaubnis. Einige Verletzte bedurften ärztlicher Betreuung.

Die amerikanische Luftwaffe versuchte seinerzeit den Zwischenfall abzuwiegeln. Sie ließ verlauten, es habe sich bei dem fraglichen Objekt um eine ganz »normale« Maschine gehandelt. Dem widersprach die zivile Luftfahrtbehörde. Zur Zeit des Zwischenfalls habe sich im Umkreis von 80 Kilometern kein Flugzeug aufgehalten, und schon gar keines mit einer derart hohen Geschwindigkeit.

Interessant ist auch ein Dematerialisationsfall, der sich am 29. Juni 1954 über dem Atlantik ereignete. Von Bord einer BOAC-Maschine aus beobachteten Flugkapitän Howard, die gesamte Besatzung und alle Passagiere ein voluminöses Flugobjekt, das von sechs kleinen »Satelliten« begleitet wurde. Als sich dem Ufo-Pulk ein Kampfflugzeug der US-Luftwaffe näherte, flüchteten sich die Mini-Dinger in das »Mutterschiff«. Dieses *schrumpfte* daraufhin »wie ein Fernsehbild nach dem Abschalten«. Ein besonders aufschlußreicher Vergleich, der ganz wesentlich zur Stützung der Projektionstheorie beitragen dürfte.

Aus einem Spezialbereich der Parapsychologie – der Manifestation von Erscheinungen – wird Ähnliches berichtet. Einige Augenzeugen behaupten nämlich, daß sich Erscheinungen bei deren Annäherung prompt zurückzogen, so als ob sie diesen zu entkommen trachteten.

I. v. Ludwiger berichtet in einem der von ihm herausgegebenen MUFON-Jahrbücher über ein 1980 im Kaukasus gelandetes Ufo, das einem »riesigen Metallteller« glich, aber dennoch kein materielles, sondern allem Anschein nach eine massiv erscheinende 3D-Projektion war. Mehrere Personen gingen auf das Objekt zu und bewarfen es mit Steinen, um dessen Reaktion zu erkunden. Statt von der Hülle abzuprallen, verschwanden die Steine spurlos im Objektinneren. Angelruten, mit denen die Zeugen auf der Hülle herumstocherten, drangen, nachdem die vordersten zehn Zentimeter abgebrannt waren, in das Objekt ein, so, als ob es aus einer weichen Masse bestünde. Ähnliche Erfahrungen würden wir mit einem Hologramm machen. Der Vergleich hinkt allerdings, da sich bei Ufos der Materialisationsgrad offenbar einstellen läßt.

In Wales soll sich, einem Bericht der Zeitschrift *Flying Saucer Report* zufolge, am 22. Juli 1975 ein ähnlicher Fall zugetragen haben: In ›Dovey Vale‹ war eine große runde, transparente Kuppel gelandet. Durch diese Kuppel konnte der Zeuge unregelmäßige Formen erkennen, die ›massiven Stücken aus Gelee‹ glichen und etwa zwei Meter groß und breit waren. Diese Formen waren ebenfalls durchsichtig, und sie besaßen in ihrem Inneren Hunderte weißer ›Pfannkuchen‹ [sic!]. Bis auf die Zentren waren die Massen ständig in Bewegung. Das Objekt begann schließlich die Farbe des Grases der Umgebung anzunehmen und mit der Landschaft zu verschmelzen und wurde völlig unsichtbar.«

Das Phänomen der Unsichtbarkeit mancher Ufos, mit dem wir uns in der Folge etwas näher befassen werden, wirft neue Fragen auf. Auch hierbei dürften Gravitationsfelder eine wichtige Rolle spielen.

2 Die Unsichtbaren

Wer sich durch die Raumzeit und über Dimensionen hinweg in andere Zeiten (Realitäten) zu projizieren und den Grad seiner Verstofflichung je nach Zweckmäßigkeit zu kontrollieren vermag, müßte Gravitationsfelder auch zum Zwecke der Tarnung nutzen können. Es wäre immerhin denkbar, daß die »Zeitlosen« massiv erscheinende Projektionen ihrer selbst durch gravitativ verursachte Lichtumlenkung unsichtbar machen. Sie wären dann in unserem Seinsbereich immer noch quasi-materiell vorhanden, würden sich aber unseren Blicken entziehen. Dann hätten wir die bislang unerklärliche paradoxe Situation, daß von Radareinrichtungen etwas Gegenständliches aufgezeichnet wird, das visuell nicht wahrgenommen werden kann. Wer der Meinung ist, daß es so etwas nicht geben kann, sollte sich einmal mit einschlägigen Fallstudien aus dem militärischen Bereich befassen, soweit diese überhaupt freigegeben wurden.

Ein Informant der *Flying Saucer Review,* Graham Conway aus British Columbia, Kanada, traf im Oktober 1991 während eines Urlaubs in San Diego, Kalifornien, einen Offizier der amerikanischen Kriegsmarine, mit dem er sich über dessen Erfahrungen im gerade stattgefundenen Golfkrieg unterhielt.

Das Schiff des Offiziers hatte die Aufgabe, Tankschiffe durch den persischen Golf zu begleiten, um diese vor dem Zugriff der Anrainerstaaten zu schützen. In zahlreichen Fällen hatte ihr Radar Luftziele in Angriffsposition aufgefaßt. Die Objekte näherten sich den Schiffen von Backbord her, fegten über sie hinweg, um sich dann wieder von ihnen zu entfernen. Während dieses Vorgangs blieben alle Geschütze und Raketen unentwegt auf die scheinbar anfliegenden Zielobjekte gerichtet. Doch erstaunlich genug: Beobachter auf der Brücke und an Deck konnten mit ihren optischen Zielerfassungsgeräten nicht das geringste erkennen. Und diese »Scheinangriffe« fanden bei Tag und Nacht statt. Sie wurden so häufig geführt, daß man die vom Einsatzkommando zur Ablösung in den Golf beorderten Schiffseinheiten regelmäßig über dieses unglaubliche Phänomen informierte. Offiziell wurde es als »durch Staub verursachte Störungen« bezeichnet. Staub, *der typische Angriffsoperationen zu simulieren vermag,* und dies gleich in schöner Regelmäßigkeit, ist etwas ganz Neues, etwas, mit dem sich unsere Wissenschaftler unverzüglich befassen sollten, damit die Militärs hierdurch nicht rein zufällig einmal in gefährliche Kriegshandlungen verwickelt werden.

Direkten Kontakt mit einem unsichtbaren »Flugobjekt« scheint eine MIG-21 gehabt zu haben, die am 6. April 1984 während eines Übungsfluges in einer Höhe von maximal 5000 Metern auf etwas Unsichtbares geprallt war, das die Maschine schließlich zum Absturz brachte. Die Besatzung konnte sich gerade noch mit dem Schleudersitz retten. Beim anschließenden Briefing ließ der Fluglehrer seine vorgesetzte Dienststelle wissen, daß sie plötzlich einen Schlag verspürt hätten, der »zur Erhöhung der Geschwindigkeit« sowie zum Ausfall der Triebwerke, des hydraulischen Systems und des Funkgerätes führte.

Womöglich war dieser »Schlag« auch durch die Einwirkung starker Gravitationsfelder verursacht worden, die, wie zuvor dargelegt, bei dimensionsüberschreitenden Projektionen zum Einsatz kommen müßten.

Am 24. Juli 1938 berichtete der englische Journalist Peter Lloyd aus Budapest über den Absturz eines polnischen Verkehrsflugzeuges nahe der rumänischen Grenze, bei dem 14 Personen, unter ihnen der japanische Militärattaché in

Warschau, ums Leben gekommen waren. Es heißt hier, der Absturz sei unerklärlich. Alles deute darauf hin, daß die Maschine mit irgend etwas kollidiert sein müsse. Es fragt sich nur womit.

Am 2. Mai 1953 brach eine »Comet« der Fluggesellschaft BOAC, kurz nachdem sie den Flughafen von Kalkutta verlassen hatte, mitten in der Luft auseinander. Dreiundvierzig Menschen fanden dabei den Tod. Das Unglück geschah urplötzlich.

Die Untersuchung der Trümmer ergab, daß die Maschine in der Luft »von einem ziemlich schweren Körper getroffen worden sei«. Technisches Versagen, fehlerhafte Konstruktion, Materialermüdung wurden ebenso ausgeschlossen wie Blitzschlag, Treibstoffexplosion oder ein versteckter Sprengsatz. Die Trümmer der Unglücksmaschine wurden im Forschungszentrum der Royal Aircraft in Farnborough wieder zusammengesetzt. Dr. P. B. Walker, der damals die Untersuchung leitete, stellte lakonisch fest, daß bei der Überprüfung der Backbord- und Steuerbord-Tragflächen sowie des Hecks der Eindruck entstanden sei, als ob diese »von einem Ungetüm abgerissen worden wären«. Man fragt sich, wie viele betriebssichere Maschinen weltweit auf Zusammenstöße mit dem »Unsichtbaren« zurückzuführen sind. Wir werden es wohl nie erfahren.

Den wenigsten von uns dürfte bekannt sein, daß es gelegentlich auch auf Straßen zu Zusammenstößen mit unsichtbaren Objekten kommt. Über eine solche unglaubliche Kollision informierte im Jahre 1967 ein Angestellter der Vereinten Nationen den bekannten amerikanischen Erfolgsautor John A. Keel.

Der Mann war mit einigen seiner Freunde auf einer einsamen Landstraße in Neuengland (USA) unterwegs, als ihr Wagen plötzlich mit einem unsichtbaren Etwas zusammenstieß. Sie glaubten, eine »unsichtbare Mauer« gerammt zu haben. Der Aufprall war so heftig, daß die gesamte Kühlerhaube eingedrückt wurde. Zu erwähnen wäre noch, daß sich der Vorfall bei hellichtem Tage abgespielt hat. Niemand konnte ihn sich erklären.

Die amerikanische Journalistin Ann Druffel berichtet über den Fall eines ehemaligen Piloten des Air Force Air Defence Command, der bei der 740. AC & WS-Staffel auf der Ellsworth Air Force Base in Süddakota als diensthabender Radaroffizier tätig war und im Jahre 1957 mit einem unsichtbaren Ufo eine geradezu sensationelle Erfahrung gemacht hatte.

Gegen 03.00 Uhr Ortszeit wurde er von einer benachbarten Radarstation informiert, daß man ein ungewöhnliches Target verfolge. Das Objekt habe zunächst in 10 000 Meter Höhe eine Zeitlang über einer bestimmten Stelle geschwebt und sei dann mit einer Geschwindigkeit von 100 Meilen pro Stunde davongeflogen. Diese Meldung wurde von der 740. Staffel durch eigene Messungen bestätigt.

Nachdem die Radartechniker ihre Geräte genauestens überprüft und keine Störungen entdeckt hatten, das Fremdobjekt sich aber immer noch im dortigen Luftraum aufhielt, schickte der Offizier eine F-86 der 54. Abfangjägerstaffel nach oben. Vom Bordradar wurde das Ufo an der gleichen Stelle wie von den Bodenradarstationen angemessen. Angestrengt hielt der Pilot nach dem Eindringling Ausschau. Doch selbst in unmittelbarer Nähe des vom Radar angezeigten Zielpunktes war nichts zu sehen. Da, wo sich nach der Radarpeilung ein festes Objekt hätte befinden müssen, herrschte gähnende Leere.

Als der Pilot die Maschine durch das vermeintliche Target steuerte, war sie mit einem Mal heftigen Turbulenzen ausgesetzt. Im gleichen Augenblick verschwand das Objekt von den Radarschirmen der beiden Bodenstationen und vom Bordradar... um nur drei Sekunds später in rund 60 Meilen Entfernung erneut aufzutauchen. »Aus dem Nichts«, sollte man hinzufügen. Umgerechnet müßte das »Flugobjekt« eine Geschwindigkeit von 115 200 Kilometern pro Stunde innegehabt haben.

Der Pilot der F-86 nahm abermals die Verfolgung auf, konnte aber am »Zielort« wieder nichts entdecken. Beim Passieren desselben geriet der Abfangjäger erneut in gefährliche Turbulenzen. Nur der Geistesgegenwart des Piloten war es zu verdanken, daß er die Maschine abfangen und heil zurückbringen konnte.

Es erscheint geradezu aberwitzig anzunehmen, daß ein massives Objekt aus dem Stand heraus mit einer Geschwindigkeit von rund 115 000 Kilometern pro Stunde beschleunigen und drei Sekunds später auf der Stelle abbremsen kann. Hingegen wäre das Verhaltensmuster des radargeorteten Himmelsobjekts für Hyperraum-Projektionen ausgesprochen typisch. Entfernungen und Zeit dürften für die Betreiber von Projektoren überhaupt keine Rolle spielen. Sie funktionieren [der einfache Vergleich mag genügen] wie eine Wippe: Belastet man das eine Ende, schnellt das andere *im gleichen Augenblick* nach oben. Projektionen sind *sofort* an Ort und Stelle, da sie die Abkürzung durch den zeitfreien Hyperraum nehmen.

Daß man schon in den fünfziger Jahren im britischen Kriegsministerium über unsichtbare Ufos Bescheid gewußt haben muß, erhellt ein Bericht des Sonntagsblattes *Sunday Dispatch* vom Oktober 1954. Ein Sprecher des Ministeriums äußerste sich, über die Erscheinungsform von Ufos befragt, sie seien »für das menschliche Auge normalerweise unsichtbar«.

Der Anfrage waren zahlreiche Meldungen vorausgegangen,

die besagten, daß Radareinrichtungen in Großbritannien im September des gleichen Jahres wiederholt ganze Formationen tieffliegender Ufos geortet hätten, ohne daß diese sichtbar in Erscheinung traten. Selbst bei klarem Himmel und besten Sichtverhältnissen konnte man die von mehreren Radargeräten gleichzeitig aufgefaßten »Ziele« visuell nicht ermitteln. Hierzu der Sprecher des Ministeriums: »Jedesmal lief alles nach dem gleichen Schema ab, immer um die Mittagszeit ... Sämtliche Radareinrichtungen in dieser Gegend hatten sie geortet. Zu sehen war nichts.«

Der legendäre britische Luftwaffen-Geschwaderkommandeur Sir Victor Goddard vertrat die Auffassung, daß Menschen mit ausgeprägten paranormalen Fähigkeiten mehr noch als andere Ufos wahrzunehmen vermögen. Personen, die sich in deren Nähe aufhielten, wären ebenfalls in der Lage, an Ufo-Sichtungen vorübergehend zu partizipieren. Diese Hypothese erscheint durchaus logisch, da auch paranormale und paraphysikalische Phänomene auf hyperphysikalischen Wirkmechanismen beruhen – raumzeit-unabhängigen Vorgängen mit recht eigenwilligen Gesetzmäßigkeiten.

3   Das Ende einer Illusion

Der in den USA lebende französische Astrophysiker und Mathematiker Dr. J. Vallée meinte einmal, die extraterrestrische Ufo-Hypothese (ETH) – Ufos sind Raumfahrzeuge mit exotischen Antriebsmechanismen, gesteuert von fremdrassigen Entitäten aus fernen Sonnensystemen oder gar Galaxien – erscheine deshalb so absurd, weil es ihr an »Fremdartigkeit« mangele. Er gibt zu bedenken, daß sich mit dieser, auf dem relativistischen Raumflug beruhenden

Hypothese, keines der in Verbindung mit Ufo-Aktivitäten beobachteten sonderbaren Phänomene erklären ließe. Und das, was man als Ufo-»Alltag« bezeichnen könnte, scheint ihm recht zu geben.

Vieles von dem, was in den vorangegangenen Kapiteln erörtert wurde, läßt sich mit dem vermuteten Erscheinungsbild einer hypothetischen extraterrestrischen Rasse tatsächlich nicht vereinbaren. Bei der Mehrzahl aller Sichtungen über die Jahrhunderte hinweg handelt es sich um ausgesprochen »weiche«, leuchtende Himmelserscheinungen bzw. um transparente oder halb-durchsichtige Objekte, die ihre Größe und Form verändern, sich materialisieren oder dematerialisieren können. Hingegen scheinen sich metallisch-massive Objekte weniger häufig zu manifestieren. Daher dürfte es zweckmäßig sein, sich dem Ufo-Phänomen mehr von der Kategorie der »weichen« Erscheinungsform her zu nähern.

Umfang und Häufigkeit der Sichtungen führen die bislang populäre extraterrestrische Hypothese vollends in eine Sackgasse, worüber in der Folge noch zu berichten sein wird. Die Nachrichtendienste der US Air Force dürften schon sehr früh – Ende der vierziger Jahre – erkannt haben, daß es für eine fremde Macht – sollte diese der Auslöser des lästigen Ufo-Spektakels sein –, ja selbst für eine hypothetische extraterrestrische Zivilisation, logistisch ganz unmöglich ist, eine derart riesige Armada von Flugobjekten weltweit operieren zu lassen, ohne peinliche Zwischenfälle oder gar Unfälle zu riskieren, die das ganze Unternehmen gefährden könnten.

Fest steht, daß die Aussagen überprüfter und als zuverlässig eingestufter Zeugen von den mit der Auswertung von Ufo-Sichtungen befaßten Geheimdiensten zu keiner Zeit in Frage gestellt wurden. Piloten, hohe Militärs, Radarspezialisten und ganze Schiffsbesatzungen haben während des Zweiten Weltkrieges und danach immer wieder Ufo-Aktivitäten beobachtet und auch weitergemeldet. Der militärischen Abwehr liegen hierüber zahllose ausgezeichnete technische Beschreibungen vor, die von den mit der Analyse der Beobachtungen betrauten Stellen durchaus ernst genommen wurden. Ihr Problem ist nicht so sehr eine Frage der Glaubwürdigkeit von Zeugen, sondern mehr eines, das durch die Unkenntnis über Herkunft und Beschaffenheit der Ufos verursacht wird. Und gerade hier ergeben sich erste Widersprüche zur extraterrestrischen Hypothese:

– Ufos verhalten sich häufig wie paraphysikalische Erscheinungen; sie sind offenbar nicht dreidimensional strukturiert;

– sie beschleunigen mit unglaublich hohen Geschwindigkeiten, um dann auf der Stelle abzustoppen (Gravitationsmanipulation);

– sie vollführen »unmögliche Flugmanöver«, die allen aerodynamischen Gesetzen zuwiderlaufen;

– Ufos können miteinander verschmelzen bzw. sich wie Zellen teilen;

– sie tauchen gelegentlich aus dem Nichts auf und dematerialisieren sich, was darauf schließen läßt, daß sie Teleportationstechniken beherrschen.

Diese kleine Auswahl typischer Ufo-Verhaltensmuster zeigt schon, daß sich die klassische extraterrestrische Hypothese nicht länger aufrechterhalten läßt. Unter Anspielung auf den relativistischen Raumflug mit herkömmlichen Antriebssystemen meldet auch die französische Zeitung *France Soir* vom 27. August 1975 berechtigte Zweifel an. Wörtlich: »Gäbe es Lebewesen in Ufos, so müßten ihre Piloten mindestens hunderttausend Jahre alt sein ... Wenn irgendwo andere intelligente Wesen existieren sollten, wären sie mit Sicherheit sehr weit von uns entfernt ... Selbst, wenn es Zivilisationen gäbe, die jede Materie in Energie umsetzen könnten, wären für Entfernungen dieser Größenordnung riesige Raketen nötig, die viele tausend Tonnen wiegen. Auch wenn solche Raketen mit der unfaßbaren Geschwindigkeit von 150 000 Kilometern pro Sekunde fliegen, dauert allein schon der Hinweg mehr als 100 000 Jahre. Von da aus ist es noch ein weiter Weg zu den kleinen ›fliegenden Untertassen‹, die immer wieder am Himmel gesehen werden und die keine Extraterrestrier mit sich führen können.«

Natürlich wurden auch schon zahlreiche unkonventionelle Antriebstechniken wie z. B. Gravitationsabschirmungen, Hyperantriebe, Teleportationssysteme usw. in Erwägung gezogen. Man könnte sich ferner vorstellen, daß es in den Myriaden von Sonnensystemen allein in unserer Galaxie die eine oder andere Hochzivilisation gibt, die sich solcher phantastischer, in Nullzeit riesige Entfernungen überbrückender Transporttechniken bedient. Dennoch dürfte bei der Größe des uns bekannten Alls kaum Hoffnung bestehen, daß wir von solchen Zivilisationen irgendwann einmal entdeckt werden. Je größer das Weltraumvolumen ist, das zur Stützung dieser Hypothese in Betracht gezogen werden muß, desto geringer wird die Chance sein, daß besagte Hochzivilisationen die Erde jemals finden werden. Unsere Galaxie hat einen Durchmesser von etwa 100 000 Lichtjahren und eine Gesamtmasse, die das 200milliardenfache von der unserer Sonne beträgt. Andere Galaxien, die astrophotographisch katalogisiert wurden, sollen, bei Entfernungen von etlichen Milliarden Lichtjahren, das mehrere 100millionenfache an Sonnenmasse einnehmen.

Die Zahl der Sterne im bekannten Universum und auch die Entfernungen sind unvorstellbar groß – zu groß, um so etwas Unbedeutendes wie den Winzling Erde zu entdecken. Es dürfte sehr unwahrscheinlich sein, daß sich eine raumzeit-reisende Superzivilisation – gleich welcher Antriebe sie sich auch immer bedienen sollte – irgendwann einmal in unser Sonnensystem verirrt, zumal dieses in einem der Außenbezirke unserer Galaxie angesiedelt ist. Noch viel unwahrscheinlicher sind Massen-Besuche *außerirdischer Fremdzivilisationen* – Insider sprechen von Ufo-»Wellen« –, von denen es in neuerer Zeit eine ganze Anzahl gegeben haben soll. Ähnlich verhält es sich mit angeblichen Bruchlandungen, über die bislang nur gemutmaßt wurde. Die Gerüchteküche kocht auch heute noch und macht es interessierten Zeitgenossen schwer, zwischen tatsächlich stattgefundenen Ereignissen und Fiktion zu unterscheiden.

Man fragt sich nur, warum die NASA am 12. Oktober 1992 ein neues aufwendiges SETI-Projekt gestartet hat – eine viele Jahre dauernde intensive Suchaktion zur Lokalisierung extraterrestrischer Intelligenzen –, wenn die US Air Force, wie von Anhängern der ETH immer wieder behauptet wird, insgeheim Beweise für deren Existenz in Händen hält: Bruchstücke außerirdischer Raumschiffe sowie Leichen, die man aus deren Innerem geborgen haben will. Wäre dies tatsächlich der Fall, könnte man getrost auf das SETI-Unternehmen verzichten. Irgendwie will das nicht zusammenpassen.

J. Vallée geht anhand eines von ihm erstellten Katalogs davon aus, daß innerhalb der letzten 40 Jahre nachweislich etwa 5000 Ufos auf der Erde »gelandet« sind. Er vertritt die Auffassung, daß von zehn Sichtungen stets nur eine gemeldet wurde. Die tatsächliche Zahl der stattgefundenen »Landungen« läge somit bei 50 000. Da, so Vallée, Ufo-Sichtungen nur in Europa, Australien und in den USA regelmäßig gemeldet würden, müßte man annehmen, daß die eigentliche Zahl der »Landungen« das Mehrfache hiervon beträgt. Aufgrund weiterer Faktoren, die hier nicht alle aufgeführt werden können, kommt er zu dem Schluß, innerhalb der letzten 40 Jahre seien global schätzungsweise 14 Millionen Ufo-»Landungen« (d. h. 350 000/Jahr) erfolgt – eine ungeheuer große Zahl, die, wenn sich auch nur ein Bruchteil hiervon als zutreffend erweisen sollte, der extraterrestrischen Hypothese den Garaus machen würde.

Es gibt noch zahlreiche weitere Indizien dafür, daß sich die orthodoxe ETH nicht länger aufrechterhalten läßt. Die meisten von ihnen wurden in den vorangegangenen Kapiteln anhand zahlreicher Fallbeispiele anschaulich abgehandelt. Der besseren Übersicht wegen sollen sie hier nochmals kurz zusammengefaßt, ergänzt und kommentiert werden:

● Die Gesamtzahl der Ufo-Nahbegegnungen übersteigt bei weitem den Aufwand, der bei jahrhundertelanger Observierung für eine gründliche Erforschung unseres Planeten und seiner Bewohner erforderlich wäre.

● Der amerikanische Exobiologe Dr. Carl Sagan will errechnet haben, daß, wenn auch nur *ein* außerirdisches Raumfahrzeug jährlich die Erde besuchen sollte [bei angenommenen einer Million Hochzivilisationen in unserer Galaxie], 10 000 Starts pro Jahr und Zivilisation erfolgen müßten. Einfacher ausgedrückt: 10 Milliarden Flüge pro Jahr wären erforderlich, damit auch nur *ein einziges* Ufo pro Jahr durch Zufall auf unseren Planeten stoßen sollte. Vergleicht man diese Zahl mit dem von Vallée kalkulierten Durchschnitt von etwa 350 000 »Landungen« pro Jahr [die sogenannten »unsichtbaren« Ufos gar nicht einmal mitgerechnet], wird die ganze Misere der extraterrestrischen Hypothese deutlich.

● Das Argument, die Erde wäre für Hochzivilisationen interessant, widerspricht der Annahme, daß es viele Zivilisationen gibt, daß also Zivilisationen etwas Alltägliches sind. Dr. Sagan: »Denn, wenn wir nicht alltäglich wären, existieren auch nicht derartig viele Zivilisationen, die hoch genug entwickelt wären, gerade uns zu finden und ständig zu besuchen.«

● Ufo-Insassen stammen nicht von anderen Planeten, da sie sich in unserer Atmosphäre offenbar recht heimisch fühlen.

● Die kurze Verweildauer der meisten Ufos an einem Ort steht ebenfalls im Widerspruch zur ETH. Aufwendige Missionen, wie Besuche auf fremden Planeten, würden längere Aufenthalte sinnvoller erscheinen lassen.

● Ufo-Insassen werden fast ausnahmslos als Humanoide geschildert. »Kontaktler« charakterisieren sie als Luftatmer, die deutlich Emotionen erkennen lassen.

● Ufonauten bedürfen zur Optimierung ihrer Raummissionen offenbar keiner genetischen Konditionierung, wie man sie entsprechend der ETH bei interstellaren Reisen erwarten könnte.

Mit all diesen beweiskräftigen Fakten, die nachhaltig gegen eine orthodoxe Betrachtungsweise des Ufo-Phänomens sprechen, gewinnen anspruchsvollere, wissenschaftlich fundierte Theorien, die sich auf neue erweitert-physikalische, d. h. holistische Weltmodelle stützen, immer mehr an Bedeutung. Sie zu durchleuchten und zu hinterfragen ist Sinn der sich anschließenden Abhandlungen.

4   Die Außerzeitlichen

Im vorausgegangenen Kapitel wurden wichtige Indizien, die gegen die extraterrestrische Hypothese sprechen, ausführlich und tabellarisch abgehandelt. Ebenso unverzichtbar erscheint ein kurzgefaßter Nachweis relevanter Fakten, die die Zeitreisetheorie weiter erhärten:

● Ufos manifestierten sich, wie in Kapitel VII (»Die Wissenden«) dargelegt, in allen Epochen der irdischen Geschichte, wenn auch unter differenten, dem jeweiligen »Stand der Technik« entsprechenden Termini.

● Sie tauchen auch heute noch in der Nähe frühgeschichtlich bedeutsamer Stätten auf, wie z. B. in Gegenden Englands, wo verstärkt Piktogramme in Getreidefeldern beobachtet wurden (White Horse bei Westbury; Silbury Hill usw.). Möglicherweise handelt es sich hierbei um zeitliche Orientierungsmarken für Zeitreisende.

● Sie observieren häufig militärische und strategisch wichtige Einrichtungen und testen deren Abwehrbereitschaft (Studium der technologischen Entwicklung).

● Ufos treten global in großer Zahl auf, ein wichtiges Indiz für die Zeitreisetheorie und gegen die ETH (vgl. Kapitel VIII/3).

● De- und Rematerialisationsvorgänge lassen den Schluß zu, daß sich Ufos ohne zeitlichen Verzug in andere (frühere oder spätere) Zeitepochen versetzen bzw. aus diesen kommend, in ihrer angestammten Realzeit wieder auftauchen können.

● Zeitanomalien in Ufo-Nähe und an »Landungsstellen« deuten darauf hin, daß die Ufo-Intelligenzen zeitverändernde Gravitationstechniken beherrschen, die mit paraphysikalischen Manifestationen einhergehen (da sie offenbar auf verwandten Wirkmechanismen beruhen).

● Beherrschung hyperphysikalischer Techniken, wie in Kapitel VIII/3 aufgeführt.

● Ufos sind, wie hier mehrfach dargelegt, *keine Raumfahrzeuge, sondern fortentwickelte High-tech-Einrichtungen einer Hochzivilisation,* mit denen sich instantan (praktisch in

Nullzeit) Raumzeit-Versetzungen durchführen lassen, und die eine sofortige Rückkehr in die eigene Realzeit ermöglichen. Ufos und deren Insassen wären somit holographische Projektionen, die sich in unserem Universum dreidimensional bildhaft bis massiv-materiell materialisieren können.

● Astrophysiker und Physiktheoretiker von Rang und Namen (vgl. Kapitel IV/1) haben in den vergangenen Jahren theoretisch bewiesen, daß sich Zeitreisen mit den Mitteln einer zukünftigen Hochzivilisation tatsächlich durchführen lassen, und plausible Modelle zu deren Realisierung entwickelt. Illobrand v. Ludwiger hat anhand bestimmter, vom heutigen Erkenntnisstand der theoretischen Physik abweichende Verhaltensmuster der Ufos nachgewiesen, daß diese dem entsprechen könnten, was von oben erwähnten Physikern für Bewegungen durch die Raumzeit vorausgesetzt wird.

● Ufonauten werden in ihrer Erscheinungsform nahezu ausnahmslos als humanoid beschrieben, was nahelegt, daß wir es mit (zum Teil mutierten) Nachfahren der menschlichen Rasse zu tun haben, auch mit solchen, die im Verlauf einer späteren Entwicklung in andere Sternsysteme abgewandert sind. Es gibt hier gewisse Berührungspunkte mit der extraterrestrischen Hypothese, *nur daß es sich bei solchen Entitäten nicht um »Außerirdische« im Sinne einer raumfahrenden Fremdrasse handeln würde.*

● Es wurde beobachtet, daß sich Ufo-Insassen offenbar ohne Schwierigkeiten in der irdischen Atmosphäre bewegen. Sie passen sich auch mühelos der jeweils vorherrschenden Mentalität an.

Eines der wichtigsten Indizien für die Zeitreisetheorie ist das der historischen Präsenz der Ufos. Es müßte selbst jene überzeugen, die den anderen Indizien skeptisch gegenüberstehen.

Am 10. November 1961 verbreitete die jugoslawische Nachrichtenagentur *Tanjug* folgende Meldung: »Vor wenigen Tagen kam es in der kroatischen Stadt Vukovar plötzlich zum Vollausfall des örtlichen Rundfunksenders. Der Sender verstummte, und im Studio gingen mit einem Mal sämtliche Lichter aus. Im Kontrollraum ließen die Meßinstrumente einen steilen Anstieg der Betriebsspannung erkennen. Einer der dort beschäftigten Funktechniker beobachtete, wie mehrere Natriumdampflampen, die weder am Netz noch an einer anderen Stromquelle angeschlossen waren, unvermittelt zu glühen begannen.«

Nach Mitteilung der Belgrader Zeitung *Politika* soll zur Zeit des Zwischenfalls eine »sonderbare dunkelgraue Wolke« über die Stadt gezogen sein. Ob es zwischen ihr und den Vorgängen im Sender irgendwelche Zusammenhänge gibt, konnte, so *Politika,* nicht geklärt werden. Wirklich nicht?

Die Stadt Vukovar dürfte jedem in Erinnerung sein, der die jüngsten Kampfhandlungen im ehemaligen Jugoslawien aufmerksam verfolgt hat. Sie kapitulierte vor der serbischen Übermacht am 18. 11. 1991. Seitdem herrscht dort »Funkstille«.

Eine Spekulation sei erlaubt: Könnte es nicht sein, daß sich Beobachter aus der Zukunft seinerzeit um 30 Jahre »verrechnet« hatten, daß sie viel zu früh am vermeintlichen Schauplatz der Vernichtung auftauchten?

Zeit – gemeint ist unsere Art der Zeiteinteilung – scheint etwas zu sein, das den Fremden aus anderen Realitäten mitunter Schwierigkeiten bereitet. Im November 1966 beobachteten zwei Frauen außerhalb von Owatonna im US-Bundesstaat Minnesota wieder einmal jene flinken kleinen Lichtblitze am nächtlichen Himmel, als eines dieser Objekte mit hoher Geschwindigkeit herabgeschossen kam, um ganz in ihrer Nähe, ein paar Meter über dem Boden schwebend, zu verharren. Eine der Frauen stieß einen Seufzer aus und sank in Trance auf ihre Knie. Die andere, eine Mrs. R. Butler, schien sich rascher von dem erlittenen Schock erholt zu haben. Sie wollte ihrer Freundin auf die Beine helfen, mußte aber feststellen, daß diese sich nicht mehr bewegen konnte. Ihr Kopf war vornüber gesunken. Eine fremde, metallisch klingende Stimme sprach durch sie. Die Worte kamen stoßweise über ihre Lippen: »Was – ist – euer – Zeitzyklus?« Frau Butler, die einen klaren Kopf behalten hatte, versuchte, so gut wie möglich, unsere Art der Zeiteinteilung zu erklären.

Erneut wurde sie gefragt: »Was – bedeutet – ein – Tag und – was – eine – Nacht?« Nachdem sie auch diese und andere ziemlich belanglose Fragen beantwortet hatte, kam ihre Freundin wieder zu sich. Das Flugobjekt verschwand ebenso schnell, wie es gekommen war, und hinterließ zwei Frauen, die mit dem gerade Erlebten absolut nichts anzufangen wußten. Hatten sie dies alles nur geträumt? Oder waren alle beide Opfer einer Halluzination geworden? Wäre dem so, müßte man sich fragen, wodurch diese ausgelöst wurde. Was gegen die Halluzinations-Hypothese spricht, sind die unerklärlichen Vorkommnisse nach dem Zwischenfall auf freiem Felde. Immer dann, wenn die Frauen das bizarre Geschehen mit ihren Freunden zu erörtern versuchten, stellten sich bei ihnen heftige Kopfschmerzen ein, die sie sich nicht erklären konnten. Unterlagen sie etwa einem posthypnotischen Befehl, der sie davon abhalten sollte, das Erlebte einer breiten Öffentlichkeit mitzuteilen? Schon bald kam es im Hause von Frau Butler zu massiven Belästigungen: unerklärliche Telefonstörungen, Poltergeistaktivitäten und Besuche eines ominösen Luftwaffenmajors, der ihr allerlei unsinnige Fragen stellte.

In diesem Zusammenhang wäre noch zu erwähnen, daß in den achtziger Jahren des vorigen Jahrhunderts die Bürger von Owatonna schon einmal von Ufos verunsichert worden waren. Danach soll es im Haus einer dort ansässigen Familie Dimat ebenfalls zu heftigen Poltergeistmanifestationen gekommen sein. Vielleicht wurde Owatonna vom selben Objekt an *einem Tag* gleich zweimal besucht, nur, daß nach *unserer Zeitrechnung* etwa 80 Jahre dazwischen lagen.

In der Ufo-Literatur gibt es zahlreiche Fälle, in denen über identisch aussehende Ufos berichtet wird, die zu unterschiedlichen Zeiten an ganz verschiedenen Orten beobachtet wurden. Auch dies könnte ein wichtiges Indiz dafür sein, daß Ufos Zeitmaschinen sind, die kurzfristig in differenten Zeitepochen operieren, die also nicht an den »normalen« Zeitablauf gebunden sind.

J. Vallée berichtet über eine solche Anhäufung von Sichtungen gleichartiger Objekte in Frankreich. Am 21. April 1957 gegen 01.45 Uhr beobachteten Frau Gilberte Aussère und Rolande Prevost am Himmel über Montluçon (Bourbonnais) ein gelbes, halbkugelförmiges Objekt, dessen Durchmesser allmählich größer wurde und schließlich Vollmondgröße erreichte, um dann plötzlich zu verschwinden. Wenige Minuten später erschien das Gebilde erneut an einer Stelle rechts von der zuerst eingenommenen Position. Hier verharrte es volle fünf Minuten, um abermals zu verschwinden und danach wieder aufzutauchen. Indem das Objekt an seiner Unterseite fächerförmig grüne und purpurrote Lichtfäden aussandte, erschien es den beiden Frauen wie eine farbige Riesenqualle. Beim Wiedererscheinen soll es einmal mehr wie ein Diskus – wie ein klassisches Ufo – ausgesehen haben.

Der bekannte französische Wissenschaftsautor und Ufo-

Forscher Aimé Michel berichtet über identische Objektformen und -verhaltensmuster aus unterschiedlichen Gegenden Frankreichs. Im Jahre 1954 wurden solche »Lichtquallen« vorwiegend über Lievin, Rue, Armentière, Milly, Champigny und Montbéliard beobachtet.

Zehn Jahre später, am 26. Mai 1964 gegen 22 Uhr, wurde eine solche »Qualle« in der Gegend von Palmerton, Pennsylvania (USA), gesichtet. Nach Aussagen zweier Familien, die dieses Objekt bei besten Sichtverhältnissen längere Zeit beobachten konnten, glich es einer stationären »Kuppel«, die an ihrem Unterteil weißes Licht freisetzte. Ein kleineres Objekt manövrierte in unmittelbarer Nähe der »Kuppel« und war nur hin und wieder zu sehen. Die Zeugen wollen beobachtet haben, wie das Mini-Ufo nach einer Weile von der »Qualle« vereinnahmt wurde.

Am 20. Juli des gleichen Jahres waren zahlreiche Einwohner des amerikanischen Städtchens Madras (Oregon) Zeugen einer sonderbaren Himmelserscheinung, die mehrere Stunden zu sehen war. Quasi aus dem Nichts entstanden rötlich leuchtende schirmförmige Gebilde, die zunächst bewegungslos über Madras hingen, um dann von einer Sekunde zur anderen mit unglaublicher Geschwindigkeit davonzuschießen. Sobald die Objekte beschleunigten, veränderte sich ihr Farbton, ein Phänomen, über das in der Ufo-Literatur sehr häufig berichtet wird.

In der Nacht vom 19. zum 20. September 1977 wurden in verschiedenen Gegenden der ehemaligen Sowjetunion quallen- und linsenförmige Himmelsobjekte beobachtet, die mit den in Frankreich und in den USA observierten Gebilden eine große Ähnlichkeit besaßen. An einem Ort 200 Kilometer östlich von Swerdlowsk sahen acht Personen über dem Horizont einen halbmondförmigen, rötlich leuchtenden Flugkörper, von dessen Unterteil kräftige

Strahlenbüschel zur Erde gerichtet waren. Aus ihm kam plötzlich ein kleines Objekt hervor – vermutlich eine Art telemetrische Scheibe –, woraufhin die Licht-»Qualle« noch intensiver leuchtete. Diese Konstellation erinnert verdächtig an die Palmerton-Sichtung. Etwa zur gleichen Zeit soll das rot leuchtende Gebilde auch in Demjanka, 50 Kilometer vom Ilmensee entfernt, gesehen worden sein. Dort will man es sogar in Begleitung von zwei Mini-Ufos beobachtet haben.

Am 20. September gegen 04.00 Uhr früh tauchte über der am Onega-See gelegenen Stadt Petrosawodsk eine feurige Halbkugel auf, die sich in weitausholenden Schleifen der Erde näherte. In einer bestimmten Höhe hielt sie unvermittelt inne und verursachte in dieser Position ohrenbetäubenden Lärm. Als er nach einigen Minuten abgeebbt war, bewegte sich das orangefarbene, pulsierende Gebilde auf Petrosawodsk zu, wobei von seiner Unterseite goldfarbene dünne Lichtstrahlen ausgingen, die wie Nadeln zur Erde prasselten und dort Löcher in den Asphalt sowie in die Fensterscheiben einer Fabrikhalle brannten.

Aus dieser Lichtqualle mit ihren »goldenen Tentakeln« [so die wörtliche Übersetzung aus dem Russischen] – ihr Durchmesser wurde auf mehr als 100 Meter geschätzt – soll schließlich ein kleines helles Objekt hervorgekommen sein, das als »feuriger Diskus« beschrieben wurde. Es wird berichtet, daß dieses Ding über die Dächer und Straßen der Stadt gebraust sei, daß es Autos zum Stillstand gebracht und den Ausfall einer Rechenanlage verursacht habe.

Die von der Lichtqualle ausgelöste Strahlen-»Dusche« dauerte nur wenige Minuten. Dann setzte sie sich in Richtung Onega-See ab, brannte ein Loch in die dort hängende dunkle Wolkenbank, um darin endgültig zu verschwinden.

Der Ablauf der Ereignisse, die einzelnen Phasen, die hier

nur oberflächlich wiedergegeben werden konnten, schließen natürliche Phänomene wie Kugelblitze, leuchtende Nachtwolken, Luftspiegelungen, Nordlichter und dergleichen mit Sicherheit aus. Der Direktor der dortigen Sternwarte, V. Krat, versuchte die mysteriösen Leuchterscheinungen mit Raketenstarts bzw. dem Wiedereintritt ausgebrannter Raketenstufen in die Atmosphäre zu erklären. Zwar war am 20. September gegen 04.00 Uhr Ortszeit von Plesetsk aus ein Satellit gestartet worden, was aber die ersten Beobachtungen der Lichtqualle über Swerdlowsk und Demjanka gegen 18.00 Uhr nicht erklären kann.

Beim Erscheinen von Ufos kommt es gelegentlich zu Zeitanomalien – ein physikalisches Phänomen, das wie kaum ein anderes auf gravitativ verursachte Eingriffe in den Zeitablauf schließen läßt.

Ort der Handlung: Lemon Grove, bei Los Angeles. Zeitpunkt: 16. November 1973, 19.00 Uhr Ortszeit. Zwei Elfjährige gehen auf ein kleines eingezäuntes Grundstück zu, um dort zu spielen. Die Siedlung, wo ihre Eltern wohnen, liegt in Sichtweite. Es dämmert schon. Hinter einer Bambushecke erkennen die beiden ein unbeleuchtetes Objekt mit einem kuppelförmigen Aufsatz. Neugierig nähern sich die Kinder dem dunkelgrauen runden Koloß. Einer der Jungen kratzt mit seiner Taschenlampe despektierlich auf dessen Hülle herum. Plötzlich kommt »Leben« in die Maschine. Von der Kuppel geht ein grellrotes Leuchten aus, das der näheren Umgebung einen Hauch von Unwirklichkeit verleiht. Das »Ding« schwebt jetzt etwa einen Meter über dem Boden. An seiner Peripherie blitzen in regelmäßiger Folge grüne Lichter auf. Das Objekt beginnt zu rotieren – ein Vorgang, der von einem nagenden Pfeifton begleitet wird. Die Rotationsgeschwindigkeit nimmt rapide zu, der Start scheint unmittelbar bevorzustehen.

Von Panik ergriffen, versuchen die Jungen davonzurennen. Doch da ist etwas, das ihre hektischen Bewegungen hemmt, sie im Zeitlupentempo ablaufen läßt. Ein künstliches Gravitationsfeld, das sich auch auf die Umgebung auswirkt?

Wenige Tage nach diesem Zwischenfall hielt sich Donald R. Carr (†), Mitarbeiter der bekannten internationalen Ufo-Forschungsorganisation MUFON, am Ort des Geschehens auf. Drei 15 Zentimeter tiefe quadratische Löcher – sie bildeten beim Draufschauen ein gleichseitiges Dreieck – und im Gegenuhrzeigersinn verwirbeltes Gras ließen erkennen, daß sich an dieser Stelle etwas ereignet haben mußte, das mit den Schilderungen der beiden Jungen durchaus übereinstimmen könnte. Hinzu kommt, daß just zu der Zeit, als das Objekt seine Aktivitäten entfaltete, der Fernsehempfang in der Siedlung gestört war – nichts Ungewöhnliches für den, der die Zusammenhänge zwischen Gravitations- und elektromagnetischen Feldern kennt.

Ein besonders dramatischer Fall, der sich nach Auskunft russischer Wissenschaftler am 29. Januar 1986 nahe Dalnegorsk bei Wladiwostok zugetragen haben soll, verdeutlicht dies wie kaum ein anderer. Gegen 20 Uhr Ortszeit beobachteten Einwohner dieser Stadt eine rotglühende Kugel, die mit geringer Geschwindigkeit auf den etwa 600 Meter hohen Berg Iswestkowaja zuflog. Aufgrund einer abrupten Kursänderung prallte die Feuerkugel gegen den Berg, wodurch ein hervorstehender Felsbrocken abgesprengt wurde. Mit offenbar noch intaktem Antrieb versuchten die »Betreiber« der Kugel mehrfach wieder an Höhe zu gewinnen, was jedoch stets mißlang. Nach dem sechsten Versuch muß ein Selbstzerstörungsmechanismus aktiviert worden sein. Die Kugel flammte jäh auf und verbreitete gleißende Helligkeit. Nach einer Stunde war die Kugel völlig ausgebrannt. Zurück blieben einige Gramm Metallkügelchen und etwas Asche.

Die Rückstände wurden von Spezialisten in 14 wissenschaftlichen Instituten akribisch analysiert. Sie enthielten als Hauptbestandteile Blei und Eisen mit Spuren anderer Elemente sowie Quarzfäden. Der Mineraloge Dr. W. W. Gernik bezeichnete die ursprünglich geäußerte Vermutung, es habe sich bei der Kugel um ein Plasmagebilde gehandelt, als völlig abwegig, da das in den Rückständen gefundene Silicium magnetisiert war. Einer der an der Untersuchung beteiligten Chemiker, Dr. F. V. Vysotsky, meinte schließlich, es habe sich bei dem Objekt um ein [wörtlich] »Hightech-Produkt nichtirdischer Herkunft« gehandelt.

Besondere Beachtung verdienen Berichte über die an der Absturzstelle festgestellten Feldanomalien. Hier will man über viele Jahre mit einem Protonen-Magnetometer sechs Stellen mit einem extrem hohen Magnetisierungsgrad ermittelt haben. Einige Wissenschaftler, die sich längere Zeit dort aufhielten, litten unter Gleichgewichts- und Wahrnehmungsstörungen. Man will zudem herausgefunden haben, daß Vögel den besagten Ort weiträumig umfliegen.

Doch damit nicht genug. Bereits eine Woche nach der Katastrophe sollen an der Absturzstelle zwei gelbleuchtende Kugeln erschienen sein und diese viermal umkreist haben. Es war dies offenbar eine Vorhut, denn zehn Monate später – am 28. November 1987 – wurden Dalnegorsk und Umgebung von einer wahren Ufo-Armada observiert.

Hunderte von Zeugen wollen insgesamt 33 Kugeln und extrem lange zylindrische Flugobjekte beobachtet haben, die in geringer Höhe den Unglücksort umkreisten und mit starken »Scheinwerfern« [oder sollten es »Solid Lights« gewesen sein?] den Boden absuchten.

Die aufwendige Suche nach dem havarierten Objekt muß

gewichtige Gründe gehabt haben. Möglicherweise versuchten die »Außerzeitlichen« den genauen Zeitpunkt des Unfalls zu rekonstruieren, um das Objekt noch vor Eintritt der Katastrophe »abzufangen«, es in die eigene Realität – in die Zukunft – zurückzuholen. Möglicherweise ist dieser Versuch der »Zeitlosen« mißlungen, sind dadurch schlimme Paradoxa heraufbeschworen worden, deren Auswirkungen die ehemalige Sowjetunion vielleicht schon zu spüren bekam und die auch für den Rest der Welt unvorhersehbare Folgen haben könnten.

IX

Zeitreisen des Bewußtseins

»Vielleicht ist das Universum
nicht nur eigenartiger,
als wir es uns vorstellen,
sondern möglicherweise eigenartiger,
als wir zu denken vermögen.«

J. B. S. HALDANE

*Am 21. November 1581 hatte der walisische Mathematiker
und Astrologe Dr. John Dee (1527–1608) – Anhänger der
Lehren des berühmten Arztes und Philosophen Agrippa von
Nettesheim und enger Vertrauter von Königin Elisabeth I. –
ein phantastisches Erlebnis, das ihn trotz seiner Vertrautheit
mit dem Okkulten und der hermetischen Tradition der Re-
naissance zutiefst bewegt haben muß.*

*Während er sich in seinem Londoner Studierzimmer auf-
hielt, erschien an dem nach Westen gelegenen Fenster eine
von blendendem Licht umflutete Gestalt, die sich ihm als
»Engel Uriel« zu erkennen gab. Uriel händigte Dee einen
schwarzen »Kristall« aus, ein visionäres Hilfsmittel, das ihm
durch die Vermittlung von Wesen aus einer anderen »Sphä-
re« die Geheimnisse der Zukunft enthüllen solle.*

*Dee glaubte fest an die Realität dieser Engel und an die
Möglichkeit, durch kabbalistische Magie ihre Dienste in Anspruch nehmen zu können. Schon am 2. Dezember des gleichen Jahres will Dee mit diesem glasartigen polierten Stein –
ein Obsidian – erstmals experimentiert und dabei festgestellt*

haben, daß die Invokation, das Anrufen (Herbeizitieren) von fremden Wesenheiten, ein hohes Maß an Konzentration erfordert. Sein Assistent Edward Kelley mußte die visionär geführten Gespräche aufzeichnen, da Dee selbst sich an diese später nicht mehr erinnern konnte. Die zum Teil im Henochischen, einer völlig ungrammatikalischen Eingeweihtensprache, abgefaßten Protokolle werden heute noch im Britischen Museum in London und im Ashmolean-Museum of Arts and Archaeology in Oxford, aufbewahrt.

Man muß sich fragen, was Dee mit dem ihm von wem auch immer überlassenen ominösen Kristall tatsächlich wahrgenommen hat. Waren es wirklich »Engel«, d. h. in unserer Welt materialisierte Entitäten aus anderen Seinsbereichen, Visionen – kurzzeitige Einblicke in andere Realitäten, mit denen wir, ohne es zu ahnen, koexistieren – oder übersteigerte Aktivitäten des eigenen Bewußtseins?

Das in den mantischen Traditionen Indiens, Persiens, Ägyptens und des klassischen Altertums wurzelnde Kristallsehen – die Kristallomantie – bezeichnet gewisse Methoden, durch Betrachten glänzender, spiegelnder oder durchsichtiger Objekte Visionen zu stimulieren. Der deutsche Augenarzt und Parapsychologe Dr. Rudolf Tischner (1879–1961) wollte solche visionsvermittelnden Objekte als »Steigrohre des Unbewußten« verstanden wissen, durch die der Kristallomant wie in Trance statische oder dynamische Bilder zukünftiger bzw. vergangener Ereignisse wahrzunehmen vermag. Visionäre Erscheinungen werden von Tiefenpsychologen heute überwiegend als Produkte des eigenen Bewußtseins gewertet, ohne nach den eigentlichen Auslösern zu fragen.

Selbst wenn es sich bei solchen Erscheinungen um Hyperaktivitäten des Bewußtseins handeln sollte, wäre immer noch zu klären, was sich hinter diesen verbirgt. Mit irgendwelchen fadenscheinigen tautologischen Begriffen, wie sie infolge feh-

lender Akzeptanz moderner quantenphysikalischer Theorien von orthodoxen Wissenschaftlern auch heute noch gebraucht werden, lassen sich alternative, uns immateriell erscheinende Realitäten, die gelegentlich in unsere 3D-Wirklichkeit hinein»platzen«, sicher nicht erklären. Sie zu erfassen, setzt radikales Umdenken voraus – die Bereitschaft, höherdimensionale Existenzebenen, holographische Weltmodelle und scheinbar anomale Phänomene, so wie sie sich uns darbieten, zu akzeptieren.

Bewußtes (materielles) Leben und Realität sind in unserer vierdimensionalen Welt unauflöslich miteinander verbunden. Erlischt die physische Existenz, endet nach materialistischer Auffassung auch die Realität der hiervon Betroffenen.

Der berühmte Schweizer Tiefenpsychologe und Psychiater C. G. Jung (1875–1961) hat sich in vielen seiner Schriften mit den Ursachen dieser primitiven Interpretation der Realität befaßt. In einer seiner Abhandlungen stellt er fest, daß die im 20. Jahrhundert vorherrschende Denkungsweise die Auffassung begünstige, daß »Geist« (Bewußtsein) keine Existenz besitze, die mit der materieller Dinge vergleichbar wäre. Für die meisten von uns sei nur Materielles real. Jung stellt die »Logik« in Frage, die bestreitet, daß »Geist« einen eigenen Realitätsstatus besitzt, und zitiert eine tantrische Schrift, die besagt, daß Materie nichts anderes als die »Konkretisierung von Gottes Gedanken« darstelle. Und er ergänzt dieses Zitat durch die Überlegung, daß die »einzig unmittelbare Realität die psychische Realität des bewußten Inhalts« sei. Einfacher ausgedrückt: Für jeden von uns ist das, was wir wissen, gleichzeitig auch das, was wir für real halten. Dies besagt, daß die subjektive Überzeugung auf die Dauer stärker ist als eine Art Gewißheit, die immer dann zustande kommt, wenn wir unsere Ideen durch die allgemeine Übereinstimmung anderer bestätigt sehen.

1   Nullzeit-Exkursionen

> »Allein die Theorie entscheidet,
> was wir sehen können.«
>
> ALBERT EINSTEIN

Bewußtsein ist ortsungebunden und zeitlos. In der Welt unserer Vorstellungen spielen Raum und Zeit keine Rolle. Jeder kann sich mit seinen Gedanken, seinem Bewußtsein, *augenblicklich* in vergangene oder fiktive zukünftige Zeiten und Realitäten, an jeden beliebigen Ort in unserem Universum versetzen, sofern er eine Vorstellung von diesem hat. Und im Zustand des Verweilens in einer jener unendlich vielen immateriellen Welten – im Traum, in Trance oder Meditation – können sich dort wenige irdische Sekunden zu Tagen und Wochen ausweiten. Das Bewußtsein eines in der Zeit Versetzten wird den Ablauf der Ereignisse ganz real erleben, so wie ein College-Student, der im Jahre 1975 beim Passieren der »Golden Gate«-Brücke in San Francisco plötzlich in einen tranceartigen Zustand geriet und das Schicksal eines ihm völlig fremden Menschen, eines japanischen Mönches vor Hunderten von Jahren – teils als direkt Beteiligter, teils »gerafft« als Beobachter –, erlebte: »Ich hatte das Gefühl, daß mein ganzer Körper bebte. Die Trägerkonstruktion der ›Golden Gate‹ verblaßte, schien nicht länger aus Metall zu bestehen. Da war nur ein alter Holzsteg. Erstaunt stellte ich fest, daß ich Sandalen trug und einen langen ockerfarbenen Umhang. In der einen Hand führte ich einen hölzernen Stab mit mir, während ich langsam über den Steg schritt.

Ich hatte das Empfinden, im fortgeschrittenen Alter zu sein. Mitten auf dem Steg blieb ich stehen und ließ meinen Blick über die Reisfelder schweifen. Ich beobachtete mehrere Familien bei der Arbeit, wie sie ihre Felder bepflanzten und die Schleusentore herrichteten. Andere zogen mit ihren Ochsengespannen an mir vorbei. Da ich ein Mönch war, verneigten sie sich vor mir ... [Jetzt folgt der meditative Teil als Beobachter.] Während ich da so auf dem Steg stand, versetzte ich mich in tiefe Meditation. Ich hatte das Empfinden, daß die unter mir dahinfließenden Wasser auch in mir flossen. Mein materieller Körper schien sich aufzulösen, und in den Tiefen meines Seins spürte ich das Wirken des Göttlichen. Schließlich kehrte ich ins Kloster zurück.

Meine Zelle war sehr eng und einfach. Da eine Matte zum Schlafen, dort ein Holztischchen zum Schreiben, mit Feder und Tinte. Im Winkel gegen Osten hin stand am Fenster ein kleiner Tisch für meine Meditation ...

Vor meinen Augen spielten sich wichtige Szenen aus meinem Leben ab. Ich sah meine Eltern und erlebte meine Kindheit in einer kleinen Provinz im Süden Japans. Ich war Zeuge meiner Weihe als junger Mönch bei den Roshi. Ich durchlebte meine Jahre der Meditation im Kloster, und ich sah auch, wie ich das Kloster verließ und in die Welt hinausging. Ich verliebte mich in ein hübsches Mädchen, mit dem ich einige Jahre verbrachte. Wir wohnten an einem Fluß, der wie Musik in unseren Ohren klang, wenn die Strömung das Wasser über die Steine in der Nähe unserer bescheidenen Hütte spülte ... Ich erlebte den schmerzlichen Tod meiner Frau und meine Rückkehr ins Kloster.

Und dann bemerkte ich plötzlich, daß all die Jahre, die ich seit damals mit Meditation und damit verbracht hatte, anderen den Weg des Zen zu lehren, als Vorbereitung für diesen einen Tag dienten. Heute war der Tag, an dem ich aus dieser in die andere Welt hinübergehen würde. Die Vision zuvor auf dem Steg sollte mir meinen bevorstehenden Tod ankündigen.

[Szenenwechsel; das Bewußtsein kehrt in die Realität des Studenten zurück:] Das Traumbild verblaßte, und ich fand mich wieder in die Gegenwart zurückversetzt. Irgendwie hatte ich während der Vision wieder Schritt gefaßt, und näherte mich nunmehr dem anderen Ende der ›Golden Gate‹. Ich hatte das Gefühl, *tagelang woanders gewesen zu sein.* In Wirklichkeit hatte das Ganze aber *nur ein paar flüchtige Sekunden gedauert.*«

Es scheint, als müßten wir Begriffe wie Bewußtsein, Zeit und Realität neu, d. h. anders definieren.

Der Kunsthistoriker Roger Fry mutmaßt, im Augenblick der Betrachtung wären wir uns eines Gemäldes gar nicht bewußt, sondern nur des Gegenstandes. In gleicher Weise sei unser Bewußtsein »durchsichtig wie Glas«. Wörtlich: »Es verliert sich im Gegenstand der Wahrnehmung.« Daher können wir das Bewußtsein als den Bereich definieren, der unsere innere Erlebniswelt abdeckt. Dieser beinhaltet alles unstofflich Beobachtbare, das wir als unserer »Innenwelt« zugehörig empfinden.

Der bekannte amerikanische Psychologe Lawrence LeShan meinte einmal, daß man mit seinem Bewußtsein nichts als Prozesse wahrnehme, ja, daß dieses selbst »in Form eines Prozesses existiere«. Ähnlich definiert J. Vallée Bewußtsein »als einen Prozeß, durch den informationelle Vorstellungen beschafft und querverbunden werden«. Er ist der Auffassung, daß die Illusion von Raum und Zeit nur Nebeneffekte des Bewußtseins sind, wenn dieses zwischen besagten Vorstellungen vermittelt.

Nichtmeßbare Qualitäten wie das Bewußtsein lassen sich im 3D-Raum nicht lokalisieren und auf diesen beschränken. Deshalb erscheint es unzulässig und unsinnig, den »Sitz des Bewußtseins« im Gehirn zu vermuten. Die Psychotherapeutin und Professorin für Bewegungskunde Valerie Hunt will das Bewußtsein in einem bioplasmatischen holografischen Energiefeld (auch: Biogravitationsfeld) enthalten wissen, das den physischen Leib zugleich umgibt und durchdringt – eine Theorie, die nicht zuletzt durch die zuvor erwähnten außerkörperlichen Erfahrungen weiter erhärtet wird.

Wenn also das Bewußtsein Teil eines Biogravitationsfeldes ist und dieses steuert, wenn zwischen jenem und der normalen Gravitation eine signifikante Kopplung besteht, dürfte hiervon auch das Geschehen auf Quantenebene betroffen sein.

Der amerikanische Physiker Evan Harris Walker ist der Auffassung, daß Bewußtsein in allem existiert, und er spielt in einem interessanten Statement auf dessen quantenmechanische Verbundenheit an: »Bewußtsein ist vielleicht ein Merkmal aller quantenmechanischen Vorgänge. Die Einzigartigkeit unseres Bewußtseins besteht darin, daß es ein Teil eines logischen Apparates ist und daß dieser wiederum das Gehirn eines bestimmten physischen Systems, eines lebenden Organismus, ist. Das heißt, daß die Begriffe Leben, Denken und Bewußtsein, wenn man sie entsprechend definiert, trennbar sind. Ein Organismus braucht kein Bewußtsein und keine Denkfähigkeit zu besitzen, um zu leben. Ein Gehirn braucht kein Bewußtsein, um denken zu können.« Walker weiter: »Bewußtsein ist auch ohne einen lebenden Organismus und ohne ein System der Datenverarbeitung möglich. Denn, da alles, was passiert, letztlich das Ergebnis eines oder mehrerer quantenmechanischer Ereignisse ist, wird das Universum ›bewohnt‹ von einer nahezu unbegrenzten Anzahl einzelner bewußter, normalerweise nichtdenkender ›Wesen‹, die für das Funktionieren des Universums im Detail verantwortlich sind.«

Vielleicht wäre dies auch eine Erklärung für die weltweit – vor allem in England – beobachteten Piktogramme und Formationen in Getreidefeldern – womöglich eine Bestätigung der »Gaia«-Hypothese, nach der die Erde in ihrer Gesamtheit bewußt und autonom zu reagieren vermag.

Der englische Naturwissenschaftler und Systemanalytiker George Wingfield, der sich seit Jahren intensiv mit der Symbolik der in Südengland und andernorts auftretenden Getreidefeld-Piktogramme befaßt, hält die am 12. August 1991 in Ickleton nahe Cambridge in einem Weizenfeld aufgetretenen herzförmigen »Mandelbrot«-Formationen – eines der kompliziertesten Gebilde der modernen Mathematik – für das Werk einer überragenden Intelligenz. Benannt nach Dr. Benoît Mandelbrot vom Thomas J. Watson Research Center in Yorktown Heights (New York), entstammt dieses äußerst komplexe Gebilde der mathematischen Lehre von Figuren mit gebrochenen Dimensionen. Erst mit Hilfe moderner Hochgeschwindigkeits-Computer war es möglich, in dieses Wissensgebiet vorzudringen.

Es ist kaum denkbar, daß es sich bei diesem mathematischen »Œuvre«, das über Nacht in einem Feld mit einem Fruchtstand von etwa 76 Zentimetern entstanden war, um das Werk von Fälschern handelte. Wingfield: »Es [das Mandelbrot-Piktogramm] war unglaublich präzise. Jeder Kreis war perfekt, der Weizen war im Uhrzeigersinn flachgelagert, und an der Basis der Herzform verjüngte es sich auf einen einzigen Weizenhalm. Alle Halme waren etwa einen halben Zentimeter über dem Boden gebogen. Es gab keine Fußspuren und keine Spur von Maschinen [!].« Ausfluß eines anderen, unglaublich komplexen Bewußtseins, eines, das wir wegen seiner überwältigenden Kompliziertheit ganz einfach übersehen?

Da entsprechend dem aus der Quantenphysik abgeleiteten »Beobachtereffekt« selbst Naturgesetze der Einmischung des Bewußtseins unterliegen, kann dieses auch alle gewünschten Wirklichkeiten und physikalischen Gesetze erschaffen. Unter dieser Voraussetzung würde das scheinbar feste Weltgefüge nur einen winzigen Bruchteil dessen darstellen, was unserer Wahrnehmung tatsächlich zugänglich ist.

Die amerikanischen Physiker Jack Sarfatti und Fred Wolf behaupten, daß persönliches Bewußtsein das Biogravitationsfeld eines lebenden Organismus zu verändern und dieses wiederum die Raumzeit des wahrnehmenden Beobachters zu verzerren vermag. Daß es auch Objekte in Sichtweite vorübergehend »wegspiegeln«, d. h. subjektiv verschwinden lassen kann, erhellt das Erlebnis einer amerikanischen Hausfrau namens Vickie Lloyd aus Hohenwald im US-Bundesstaat Tennessee. Beim Zubereiten des Schulfrühstücks für ihre beiden Kinder hatte sie die Deckel der Thermosflaschen dem Spülautomaten entnommen und zum Trocknen auf die Küchenanrichte gelegt. Als sie die Flaschen verschließen wollte, war einer der Deckel verschwunden. Sie suchte volle fünf Minuten, um ihn schließlich an einer Stelle unmittelbar neben der Anrichte zu finden. Dort aber hätte der Deckel Frau Lloyd sofort auffallen müssen.

Man darf annehmen, daß sie den zweiten Deckel ganz einfach »übersehen« hatte – eine nichtssagende Begründung, hinter der sich offenbar mehr verbirgt, als allgemein angenommen wird. Frau Lloyd selbst vermutet, sie habe den vermißten Deckel in einer zukünftigen Situation, d. h. bereits aufgeschraubt und auf dem Weg zur Schule gesehen. Dadurch wäre der Kontakt zur Realität »Objekt liegt noch neben der Anrichte« verlorengegangen. Sie hätte demnach mit ihrem Bewußtsein den Deckel fünf Minuten lang aus ihrer Realität ausgeblendet und in eine andere, zukünftige versetzt. Ähnliches müßte jedem von uns schon des öfteren passiert sein, nur daß wir dieses Phänomen mit einer Art Erinnerungsschwäche oder »Übersehen« begründen.

Im Gegensatz zur Erfahrungswelt, die unseren Sinnen (und denen anderer) zugänglich ist, bleibt das individuelle Bewußtsein auf jeden einzelnen Menschen beschränkt. Kein zweiter kann an ihm partizipieren. Jeder vermag nur die Prozesse wahrzunehmen, die sich im eigenen Bewußtsein abspielen. Ein Streit darüber, ob ich traurig, enttäuscht oder erfreut bin, ist im Grunde genommen sinnlos, denn niemand kann unmittelbar in meine Gefühlswelt Einblick nehmen. Als immaterieller (holografischer) Prozeß ist »Bewußtsein« auch nicht quantifizierbar. Einfacher ausgedrückt: Psychische Vorgänge lassen sich, anders als physikalische Prozesse, auch nicht in Maßsystemen und exakten Zahlen ausdrücken.

Der berühmte französische Philosoph und Professor am Collège de France Henri Bergson (1859–1941) – er erhielt 1927 den Nobelpreis für Literatur – meinte einmal ironisierend: »Es gibt einfach nicht Liebe tonnenweise oder meterweise Haß oder literweise Ehrfurcht. Dennoch sind Liebe, Haß und Ehrfurcht real wie eine Tonne Mehl, ein Meter Tuch oder ein Liter Benzin, eigentlich sogar noch realer, weil sie von unmittelbarer Bedeutung sind und nicht nur Mittel zum Zweck, beispielsweise des Brotbackens, der Kissenanfertigung oder der eiligen Beförderung.«

Wenn, wie der geniale englische Physiker David Bohm (1917–1992) vermutet, das Bewußtsein seinen Ursprung in der impliziten (eingefalteten) Ordnung hat – im Immateriellen – (vgl. Kapitel II/4), dann bedeutet dies, daß eben dieses höherdimensionale Bewußtsein und holografische Aufzeichnungen der Vergangenheit und Zukunft auf der gleichen Ebene existieren, daß sie benachbart sind. Es würde demnach nur einer Verschiebung der Wahrnehmung bedürfen, um Einblicke in vergangenes und zukünftiges Geschehen zu erlangen – etwas, das medial Veranlagten hin und wieder gelingt. Unter bestimmten Voraussetzungen vermag unser Bewußtsein durchaus »Reisen« in die Vergangenheit bzw. in eine der zahllosen möglichen Zukünfte zu unternehmen. Dann werden wir Zeugen anderer Realitäten, die uns die qualvolle »Enge« in unserer 3D-Welt vage erahnen lassen.

2 Trans-Connection

Spätestens im Physikunterricht erfahren wir, daß »Realität« – die uns geläufige dreidimensionale Erscheinungsform der Materie – eine Illusion ist: nichts anderes als »gefrorene« Energie. Eingeweihte haben ähnliches schon vor Jahrhunderten behauptet.

Winzige, in Bewegung befindliche, negativ aufgeladene Elektronen und zentral angeordnete positive bzw. neutrale Energie- oder Kernteilchen bilden im ausgeglichenen Ladungszustand Atome unterschiedlicher Dichte, die sich zu stoffspezifischen Molekülen zusammenschließen, um sichtbare Materie zu bilden. Aufgrund verbesserter technischer Instrumentarien ist man heute in der Lage, die Existenz dieser winzigen Energieknoten oder -zusammenballungen einwandfrei nachzuweisen, deren Struktur bildlich darzustellen. Obgleich sie einander nicht berühren, bilden diese Mini-Universen aus Kernteilchen, Atomen und Molekülen – für uns unvorstellbar – belebte und unbelebte Systeme – kurzum, die materielle irdische Welt.

Wenn wir durch einen Schrumpfprozeß die Größe eines Elektrons annehmen würden, so käme uns das nächstgelegene Atom im gleichen Molekül wie ein weit entfernter Stern vor. Da wir aber selbst so unendlich viel größer als Elektronen und Atome sind, muß uns eine gewaltige Anhäufung derselben zwangsläufig wie feste Materie vorkommen.

Die Seiten dieses Buches erscheinen uns in ihrer molekularen Struktur als etwas Festgefügtes. Durchstößt man sie mit irgendeinem Gegenstand, reißen sie auf. Verfährt man ebenso mit dem Rauch einer Zigarre, geschieht nichts dergleichen, da dessen Moleküle viel weiter auseinanderliegen und damit durchlässiger sind.

Der Stuhl, auf dem wir sitzen, besteht aus Milliarden und Abermilliarden von Molekülen, die sich aus noch viel mehr Atomen zusammensetzen. Jede Zelle unseres Körpers besteht ebenfalls aus einer extrem großen Zahl von Atomen und Molekülen. Würden sich die Energiemuster oder Frequenzen unserer Körperatome extrem von denen des Stuhls unterscheiden, könnte es sein, daß sich diese miteinander vermischen und, als Folge hiervon, wir durch Sitz und Rahmen hindurchgleiten, wie besagter Gegenstand durch die Rauchwolke.

Bei Astralkörperaustritten, die von den meisten Menschen – anders als bei Träumen – bewußt erlebt werden, sind solche Durchdringungssituationen etwas ganz Selbstverständliches. Ich selbst hatte bei einem meiner ersten Austritte ein solches Erlebnis, das ich nie vergessen werde. Als ich nämlich im exteriorisierten Zustand mit meiner rechten Hand den Boden neben dem Bett berühren wollte und dessen Gegendruck erwartete, griff ich durch diesen hindurch ins Leere, so als ob der Estrich aus Butter bestünde. Sofort wußte ich, daß dies kein Traum sein konnte.

Die bizarre Situation, die entsteht, wenn dreidimensionale Materie – die physikalische Realität – mit dem feinstofflichen (nichtphysikalischen) Astralkörper zusammentrifft, läßt sich durchaus verstehen, wenn wir in unser überkommenes naturwissenschaftliches Weltbild übergeordnete Realitäten miteinbeziehen. Die Frequenzmuster der hypothetischen feinstofflichen Energien sind jenseits des elektromagnetischen Wellenspektrums in einer höheren Dimensionalität angesiedelt. Daraus folgt: Eine (astrale) Pseudohand, die aus eben jener höherfrequenten Energie besteht, wird den mit einer niedrigeren Frequenz schwingenden grobstofflichen Fußboden zwangsläufig durchdringen, ohne daß einer der beiden stofflichen »Aggregatzustände« dadurch in Mitleidenschaft gezogen wird.

Unsere Realität beruht ganz und gar auf dem, was wir mit unseren »normalen« fünf Sinnen erfassen. Sobald wir etwas berühren und fühlen können, behaupten wir, daß es real sei und existiere. In Wirklichkeit nehmen wir aber nur einen kleinen Teil dessen wahr, was in unserem Universum vor sich geht. In jedem Augenblick sind wir einer Fülle elektromagnetischer Wellen ausgesetzt, die wir zwar nicht sehen können, deren Existenz sich aber mittels Rundfunk- und Fernsehempfänger durch Umsetzen in Schallwellen und Bilder nachweisen läßt. Nicht so die Vielzahl der hypothetischen Wellen jenseits des elektromagnetischen Wellenspektrums, deren Erfassung aufgrund ihrer andersphysikalischen Beschaffenheit normalerweise nicht möglich ist. In einer Art Hyperspektrum könnte es durchaus spezifische »Frequenzen« für Psi-Phänomene – Telepathie, Fernwahrnehmung, Vorauswissen, Psychokinese usw. – aber auch für gewisse Zeitanomalien geben. Nur daß wir aufgrund unseres eingeengten physikalischen Bezugsrahmens diese nicht wahrzunehmen vermögen. Eine Analogie soll dies verdeutlichen.

In einem Wassertropfen existieren Tausende mikroskopisch kleiner Lebewesen. Wir können sie nicht sehen, schmecken oder fühlen. Doch schon mit einem einfachen Mikroskop vermag man in die Welt dieser Winzlinge einzudringen, ihre »Privatsphäre« zu erkunden, ohne daß sie unsere Anwesenheit wahrnehmen. Unsere Welt, die so ganz anders ist als die ihre, wird ihnen immer verschlossen bleiben. Sie werden nie erkennen, daß sie nur Teil eines ungleich größeren Systems sind.

Auch unsere Welt könnte Teil von etwas noch viel Größerem, Andersdimensionalem sein, etwas, vor dem unser Verstand kapitulieren muß, weil es so unendlich komplex und fremdartig ist.

Dieses Etwas dürfte zweifellos eine energetische Struktur besitzen, deren Frequenzen sich von denen unseres elektromagnetischen Wellenspektrums radikal unterscheiden. Und einer solchen Struktur könnte eine Intelligenz innewohnen, die für uns ebenso unbegreiflich ist, wie wir es für eine Mikrobe sind, wenn diese ein Bewußtsein besäße.

Es wäre durchaus denkbar, daß dimensional übergeordnete Wesenheiten – sofern diese Bezeichnung nicht eher untertrieben ist – in unserer Welt Auslöser vieler »natürlicher« und »anomaler« Phänomene sind, falls es zwischen beiden überhaupt eine echte Unterscheidung gibt. Sie aber für das gesamte Ufo-Szenarium verantwortlich zu machen, wie dies einige Autoren immer wieder versuchen, erscheint völlig abstrus, weil ihr Erscheinungsbild mehr (quasi-)technischer Natur und in Details erstaunlich trivial ist.

> »Wir Menschen meinen, daß wir
> aus ›fester Materie‹ bestünden.
> Tatsächlich ist jedoch der physische Körper
> gewissermaßen das Endprodukt
> der geheimnisvollen Informationsfelder,
> die unseren Leib ebenso formen
> wie die gesamte Materie.«
>
> ITZAK BENTOV in
> *Stalking the Wild Pendulum*

»Eine gewaltige Explosion erschütterte die Stadt. Sie löste ein unbeschreibliches Chaos aus. Vernichtung in höchster Perfektion – der Overkill. Und ich befand mich mitten in diesem Inferno, in dieser Gluthölle, umgeben von einem Flammenmeer, aus dem es kein Entrinnen gab. Weit und breit keine Fluchtinsel. Weltuntergang.

Ich habe ihn erlebt – so realistisch, wie man die ultimate Katastrophe eben nur selbst erleben kann. Mein erster Gedanke: ›Jetzt haben *die* (wer immer dies auch sein sollte) es endlich fertiggebracht, die Erde mit allem, was auf ihr lebt, was je auf ihr geschaffen wurde, in die Luft zu jagen.‹ Oder war es gar ein galaktischer Holocaust? Hatten Wahnsinnige durch unverantwortliches Experimentieren mit schwer zu beherrschenden Kräften eine Art Supernova ausgelöst?

Ich dachte und empfand. Ergo lebte ich noch, obwohl die an mir hochzüngelnden Flammen meinen materiellen Körper schon längst verzehrt haben mußten. Offenbar hatte sich mein Bewußtsein – mein eigentliches ›Ich‹ – vom Körper ganz gelöst und auf eine höhere, unzerstörbare Existenzebene hinübergerettet. Ich war tot und lebte dennoch – ein ›Untoter‹, eine Art feinstofflicher Zombie.

Plötzlich wurde mir bewußt: Dies alles war nur ein Traum – ein schrecklicher Traum, der einem das Grauen lehren konnte. Aber diese Explosion? Ich hatte sie so erschreckend realistisch, so niederschmetternd brutal empfunden, daß ich heute noch nicht begreife, wie man so etwas träumen kann. Hatte ich etwa in unsere eigene irdische Zukunft geschaut oder dies in einer anderen Realität, in einer Parallelwelt erlebt? War dort tatsächlich eine Parallel-›Ausgabe‹ der Erde, des Sonnensystems oder gar des Universums mit einem Schlag vernichtet worden?«

Es war Donnerstag, der 10. September 1992, 04.30 Uhr früh. Eine halbe Stunde nach diesem aufregenden Traumerlebnis konnte ich wieder klare Gedanken fassen und das »Vorgefallene« protokollieren.

Mein körperliches »Ich« in der Realität des Weltuntergangs gab es jetzt wohl nicht mehr. Doch mein geistiges, feinstoffliches Double – mein Bewußtsein – existierte immer noch. Die Superexplosion muß es in unsere vierdimensionale Welt zurückgeschleudert haben – zurück in die irdische Gegenwart, in meinen *hier* unversehrten grobstofflichen Körper.

Mein jüngstes Erlebnis könnte bedeuten, daß wir, wie viele Physiktheoretiker schon seit langem vermuten, in unendlich vielen parallelen Welten gleichzeitig existieren. Was aber ist dann »Leben«, was »Welt« und »Zeit«?

Wenn sich die Parallelwelttheorie als zutreffend erweisen sollte, dann ist meine Körperlichkeit in einer dieser Parallelwelten tatsächlich zerstört worden. Aber hier, im vierdimensionalen Einstein-Universum existiere ich weiter und kann über das Erlebte nachdenken. Oder war es doch ein Blick in unsere eigene unsichere Zukunft? Hoffen wir, daß der Weltuntergang auf eine der glücklosen Parallelwelten beschränkt bleibt, daß keine Kettenreaktion auf uns übergreift.

Der amerikanische Physiktheoretiker Fred Alan Wolf ist davon überzeugt, daß »lichte« Träume – in ihnen behält der Träumende sein Wachbewußtsein bei –, vielleicht sogar alle Träume, in Wirklichkeit Besuche in Parallelwelten sind. Er bezeichnet sie als Mini-Hologramme innerhalb größerer kosmischer Hologramme und meint: »Ich spreche von einem Parallelwelt-Bewußtsein, weil ich glaube, daß parallele Universen wie andere Bilder im Hologramm entstehen.«

Hier spätestens stellt sich die Frage nach der Objektivität lichter Träume und paralleler Universen. Nach Auffassung des amerikanischen Buchautors Michael Talbot († 1992) ist innerhalb eines holographischen Weltmodells eine Unterscheidung zwischen subjektivem und objektivem Geschehen ohnehin illusorisch: »In einer Welt, in der das Bewußtsein eines Physikers die Realität eines subatomaren Teilchens, die Einstellung eines Arztes die Wirkung eines Placebos und der Geist eines Experimentators die Funktion des Gerätes beeinflußt und in der das Imaginale in die physische Wirklichkeit übergreift, können wir nicht mehr so tun, als existierten wir getrennt von unserem Forschungsobjekt. In einem holographischen und *omnijektiven* Universum, in dem alle Dinge Teil eines fortwährenden Kontinuums sind, ist strikte Objektivität nicht mehr möglich.«

Die Geschehensabläufe in unserer Welt und die in jeder der unendlich vielen Parallelwelten müßten sich schwächer oder stärker voneinander unterscheiden. Vielleicht sind es gerade die mannigfachen kleinen Abweichungen, die uns Parallel-Existenzen so glaubhaft erscheinen und darauf schließen lassen, daß wir allesamt zeit unseres (irdischen) Lebens Doppel-, ja sogar Mehrfach-Leben führen.

Gelegentlich erträumen wir uns Ereignisse und Situationen, die dann Jahre danach tatsächlich eintreten – in unserer 4D-Welt real werden –, nur daß sie von dem im Traum wahrgenommenen Geschehen in einigen Details abweichen – ein signifikantes Zeichen dafür, daß die Erlebnisse ganz real in zwei differenten (parallelen) Existenzebenen stattfanden. Über einen solchen Fall berichtet der bekannte, 1990 ermordete amerikanische Parapsychologe D. Scott Rogo: »Eine Hausfrau aus dem US-Bundesstaat Washington hatte einen ungewöhnlichen Traum, der sich ein paar Meilen südlich von La Barge (Wyoming) ›abspielte‹: ›Ich sah mich in einem langen, schlichten Kleid vor einer ziemlich heruntergekommenen Hütte stehen, zusammen mit meinen drei kleinen Töchtern im Alter zwischen drei und fünf Jahren. Ich blickte über das weite Tal nach Norden. Dichter Rauch kam aus dem Bergwerk, und mein Herz pochte wild. Ich war in großer Angst. Ich wußte nämlich, daß sich mein Ehemann in der Mine befand. Vielleicht war er dort allein. Vielleicht gehörte das Bergwerk auch uns. Ich rannte zu einem schmalen Korral neben dem Haus, sattelte ein Pferd und gebot meinen Töchtern, sich nicht von der Stelle zu rühren, denn ich mußte Hilfe holen. Dann erwachte ich, außer mir vor Angst und in Tränen aufgelöst. Ich behielt den Traum noch tagelang in lebhafter Erinnerung. Mit 14 Jahren konnte ich mir einen solchen Traum einfach nicht erklären.‹«

Dieser Traum wurde viele Jahre später fast Realität, als die Frau in Wyoming auf einer Ranch arbeitete: »Ich half der Frau eines Ranchers beim Kochen, betreute die Kinder und machte das Haus sauber. Die Leute hatten einen vierzehnjährigen Sohn, der sich für alte Karren und Lastkraftwagen interessierte. Eines Nachmittags sagte die Frau, sie wolle mit mir, ihrem Sohn und ihren beiden anderen Kindern zur Nachbarsranch gehen, weil sich dort ein paar alte Karren befänden, für die sich möglicherweise ihr Sohn interessiere. Die Ranch lag an der Straße nach La Barge. Wir sprachen mit dem Farmer, der uns eröffnete, daß sich die Wagen auf ihrem alten Platz draußen auf dem Hügel befänden ... Wir überquerten die Straße und gingen in westlicher Richtung. Nach etlichen Meilen erreichten wir den Hügel. Oben angekommen, lief es mir eiskalt über den Rücken. Ich blickte über das gleiche Tal, das ich schon in meinem Traum gesehen hatte. Ich wußte, daß ich hier schon einmal gewesen war. Unwillkürlich wandte sich mein Blick zu der Stelle, wo das Haus und der Korral gestanden hatten, und dann über das Tal zu jenem Platz, wo Rauch aus der Mine gekommen war. Aber da war nichts dergleichen. Nur überall hohes Gras.«

Die Schilderung läßt wesentliche Unterschiede zwischen Traumrealität und physisch erlebter Realität erkennen. In der Parallelwelt-Traumrealität dürfte das Schicksal der Frau und ihrer Angehörigen einen völlig anderen Verlauf genommen haben.

Der österreichische Journalist und Buchautor Gerhard Steinhäuser (†) erwähnt in einem seiner Bücher die Geschichte eines biederen bayrischen Dorfschmieds, der in mehreren aufeinanderfolgenden Wahrträumen seine frühere Existenz als Raubritter mit- bzw. nacherlebt haben will. Die von ihm als sehr realistisch empfundenen Traumerlebnisse führten ihn schließlich zu der Burg, von der aus er seine Raubzüge unternommen hatte. In Chroniken aus jener Zeit fand er seine Träume, seine Zweitexistenz selbst in Details bestätigt. Leben scheint nichts Einmaliges und Tod nichts Endgültiges zu sein. Unser Bewußtsein ist anpassungsfähig, vermag offenbar zu unterschiedlichen Zeiten *gleichzeitig* zu operieren. Steinhäuser nannte solche Mehrfachexistenzen *Zeitvarianten*.

Nach der Parallelwelttheorie könnten wir alle solche Zeitvarianten sein. Und keiner dieser durch die Zeit vagabundierenden Existenzen wüßte von der anderen. Psychiater haben herausgefunden, daß unser Bewußtsein »teilungsfähig« ist, daß es aus mehreren Einzelpersönlichkeiten (multiple Persönlichkeiten) bestehen kann, die, jede für sich, über unterschiedliche psychische und medizinische Charakteristika verfügt.

An einem Schwerverbrecher, mit dem amerikanische Psychiater längere Zeit experimentieren konnten, hat man bis zu 20 Einzel- oder Unterpersönlichkeiten festgestellt. Allergien, die sich in einem seiner Persönlichkeitszustände ganz erheblich bemerkbar machten, traten in einer anderen, durch Hypnose hervorgelockten Unterpersönlichkeit, erst gar nicht auf.

Da Bewußtsein aufgrund seiner nichtphysikalischen Beschaffenheit raum- und zeitungebunden ist, wäre es nur allzu verständlich, wenn sich diese autonomem Persönlichkeitskerne verselbständigten und in anderen Realitäten (Zeitperioden) andere Leben führten.

Bei in Hypnose durchgeführten Regressionen, d. h. Rückführungen in vergangene Leben – traumatische Erlebnisse in Parallelwelten –, schilderten viele Probanden ihre früheren Lebensumstände geradezu unheimlich detailliert. Ein siebenunddreißigjähriger Verhaltensforscher, der im zurückgeführten Zustand das Leben eines Wikingers zu führen glaubte, gebrauchte eine Sprache, die von Linguisten später als Altnordisch identifiziert wurde. Bei einem weiteren Experiment, in dessen Verlauf sich der gleiche Mann selbst in eine frühere Existenzform im alten Persien zurückversetzt hatte, begann dieser arabisch anmutende Schriftzeichen hinzukritzeln. Diese wurden dann von einem Spezialisten für orientalische Sprachen als sassanidisches Pahlawi entschlüsselt, eine mesopotamische Sprache, die etwa zwischen 220 und 650 gebräuchlich war.

Neben diesen »Rückversetzungen« in frühere irdische Existenzformen gibt es offenbar auch Bewußtseinsexkursionen in zeitfreie, dimensional übergeordnete Seinsbereiche – traumartige Erlebnisse mit realistischem Hintergrund. Über ein derartiges phantastisches Erlebnis berichtete mir vor kurzem einer meiner Leser – Herr U. K. (56), Bediensteter der Hessischen Landesregierung –, ein nüchtern denkender Zeitgenosse, der, fernab esoterischer Ambitionen, nach einer Erklärung für das ihm Widerfahrene sucht.

Während seiner Erfahrungen auf einer »höher« angesiedelten Existenzebene wurde ihm von einer anonymen Wesenheit bedeutet, daß Zeit in deren Überwelt völlig bedeutungslos sei. Das ihm »visuell« vermittelte Bild von der untergeordneten Rolle der Zeit stimmt auffallend mit dem 6(12)-dimensionalen Weltmodell des bekannten deutschen Physiktheoretikers Burkhard Heim und des zuvor zitierten Physikers Illobrand v. Ludwiger überein (vgl. Kapitel II/4).

K.'s Schilderung ist so überzeugend, daß sie – allein schon wegen der in ihr enthaltenen ungewöhnlichen Aussagen zur Zeitthematik – hier auszugshalber wiedergegeben werden soll:

»Ich werde über einen ›Traum‹ berichten, den ich 1982 in einer seelisch arg strapazierten Situation gehabt habe. In diesem Traum befand ich mich außerhalb meines Körpers in einem Raum ›oberhalb der Erdoberfläche‹. Gleichzeitig war mir bewußt, daß es über dieser Ebene, in der denkende Wesen zu Hause waren, noch weitere Ebenen gab, die von intelligenten Entitäten bewohnt wurden.

Als ich diese (erste) Ebene betreten hatte, näherte sich mir eine nebelhafte Gestalt, die ich fragte, wer sie sei. Das Wesen antwortete mir ausweichend, es habe keinen direkten Namen. Ich könne aber davon ausgehen, daß es über alle Informationen der übrigen Wesen verfüge.

Das erste, was mich nach der kurzen Einführung in Erstaunen versetzte, war, daß wir uns einer völlig fremden Sprache bedienten, die mir dennoch irgendwie bekannt vorkam, so als ob ich sie zu einem früheren Zeitpunkt schon einmal gesprochen hätte ... Wir bewegten uns allem Anschein nach körperlos schwebend über wolkenartigem Territorium. Irdische Landschaften waren nur schemenhaft zu erkennen. Alles war in helles, orangefarbenes Licht getaucht.

Jetzt werde ich die einzelnen Punkte meiner Erlebnisse schildern. Erörtern wir zunächst die dortige Zeitvorstellung. Zu dem Begriff ›Zeit‹ befragt, wurde mir bedeutet, daß ›Zeit‹ für diese Wesen etwas ›Feststehendes‹ sei. Relativ zu dieser feststehenden Zeit würden sie sich wie auf einem unbeweglichen Transportband vor- und zurückbewegen. Da ich das nicht verstand, bat ich um ein Beispiel. Das Wesen fragte mich, was ich sehen möchte. Ich wünschte mir die Demonstration einer Szene im europäischen Raum vor 300 Jahren. Augenblicklich befanden wir uns als Beobachter – unsichtbar für damals lebende Personen – auf der Erde. Ich konnte ein kleines Bauernhaus erkennen. Eine Frau trat heraus, um die Hühner zu füttern. Man hörte jemanden Holz hacken. Plötzlich hatte ich das Gefühl, daß Unheil in der Luft lag. Die Leute schienen einen Überfall zu befürchten. Ich konnte nämlich nicht nur alles sehen und hören, sondern auch etwas von den Sorgen der Menschen zur damaligen Zeit empfinden. Die idyllische Szene währte nur wenige Augenblicke. Unvermittelt wechselte sie, befand ich mich in einem Zug, der langsam dahinfuhr. Ich blickte aus dem Fenster auf einen vorbeifahrenden Zug und erkannte mich selbst in einem der Abteile sitzen, allerdings in einem anderen Alter. Daß man sich selbst begegnen kann, erstaunte mich. Es zeigte mir, daß das, was wir als Zeit bezeichnen, in einem anderen Existenzbereich manipulierbar ist. Ein anderes Thema erschien mir noch wichtiger. Ich wollte von dem Wesen deren Einstellung zum Sterben wissen. Daraufhin führte man mir einen Fremdenlegionär vor, der von einem Angreifer hinterrücks ermordet wurde. Vorwurfsvoll schaute ich meinen Begleiter an und fragte, warum man mir diese grausame Szene vorführe. Daraufhin wandte er ein, ›irdische Gefühle‹ wie Schmerz, Mitleid usw. würde man auf ihrer Ebene nicht kennen. Man habe sie [offenbar wegen der Manipulierbarkeit der Zeit und des Schicksals] überwunden.

Um mir zu demonstrieren, wie man dort die Zeit beherrsche, bekam ich die Mordszene, wie in einem Spielfilm, noch zweimal vorgeführt, wobei die Geschwindigkeit des Ereignisablaufs variierte. Ich sah demnach die Ermordung besagten Legionärs dreimal hintereinander.

Neugierig geworden, äußerte ich den Wunsch, selbst einmal zu erleben, was man beim Sterben empfindet. Daraufhin schritt ich einen Weg entlang, als mich die Kugel eines unsichtbaren Schützen traf. Ich ging weiter, ohne von meinem körperlichen Tod Notiz zu nehmen. Nach zwei, drei Schritten drehte ich mich um. Dann erst bemerkte ich, daß mein Körper tot dalag. Ich war maßlos erstaunt, zumal ich den Augenblick des Übergangs vom Leben zum Tod gar nicht einmal wahrgenommen hatte.«

Besonders interessant sind K.'s Anmerkungen zur Wertung der Zeit auf der übergeordneten Existenzebene: »Die Zeit liegt wie ein ruhendes Fließband vor ihnen. Ich erwähne dieses Beispiel, weil das Leben auf der Erde in gleicher Weise vor mir ausgebreitet war. Ich blickte in eine Richtung, bis mein Auge nichts mehr erkennen konnte – in die Zukunft. Zur arretierten Zeit gab es eine weitere Dimension, in der sich gleichzeitig Unterschiedliches ereignete. Einfacher ausgedrückt: Auf dem ruhenden ›Fließband‹, das eine ziemliche Breite besaß, lag alles, was gleichzeitig passierte, nebeneinander, so daß man sich nicht nur in beide Fließbandrichtungen hin und her, sondern auch noch quer zum Band [in der Breite] bewegen konnte. Die statische Zeit wurde praktisch erst durch die Bewegung der Wesen belebt. Wie man mit der Zeit ›umgehen‹ konnte, wurde mir unmittelbar vorgeführt: Ich konnte an mir selbst vorbeifahren und mich in einer anderen Altersstufe beobachten. Daß ich mich mühelos durch Mauern und andere Hindernisse hindurchbewegen konnte, war für mich so selbstverständlich geworden, als hätte ich zuvor nie etwas anderes getan.«

Was U. K. in einem äußerst realistischen Traum erlebte – er konnte sich noch nach Jahren an Details seiner Begegnungen mit den »Außerzeitlichen« erinnern –, wurde in dem Fantasy-Streifen *Der Wüstenplanet* mit Hilfe eines Gases künstlich ausgelöst: die Projektion des Bewußtseins in eine andere Realität, in der die psychisch Versetzten im verstofflichten Zustand bestimmte Aktivitäten entfalteten. Sind dies alles nur Phantasien, Perversionen des menschlichen Geistes? Kann man (ohne Drogen) Bewußtsein wirklich manipulieren, gezielt auf die Reise in andere Welten und Zeiten schicken?

In seiner gelungenen TV-Präsentation *Der achte Tag der Schöpfung* stellt Gero von Boehm einige in den USA ansässige Spitzenforscher vor, die sich mit aktuellen Fragen der Computerentwicklung und künstlicher Intelligenz befassen. Das wohl interessanteste und aufschlußreichste Interview führte von Boehm mit Professor Marvin Minsky vom Massachusetts Institute of Technology, Cambridge, MA, ein Wissenschaftler, der die Existenz eines geistigen Doubles des Menschen glatt abstreitet. Wörtlich: »Ein Selbst, ein Geist, eine Seele – wie immer man das nennen will – alles Unsinn.«

Der gleiche Minsky, der nach eigenen Angaben den Tod haßt, weil er ihn der *Vernichtung aller während eines Menschenlebens gesammelten Informationen* gleichsetzt, will diese dadurch erhalten – in die Zukunft hinüberretten –, daß er *im Zentrum des Gehirns intelligenter Zeitgenossen einen »Neurochip« einpflanzt.* Dieser soll (wörtlich) *Informationen aus allen Teilen dieses Organs sammeln und sie an einen Computer weitergeben.* Die Überwindung des physischen Todes durch Konservieren aller jemals gesammelten und verarbeiteten Informationen? Künstliche Intelligenz – ewiges Leben?

Minskys Horrorvisionen erinnern in erschreckender Weise an die 1953 verfilmte SF-Novelle von Curt Siodmak *Donovan's Brain* (Donovans Gehirn), in der das Gehirn eines bei einem Flugzeugabsturz tödlich verunfallten Millionärs künstlich »am Leben« erhalten wird – ein Experiment mit verheerenden Folgen.

Mich schaudert, wenn ich an die »Vereinnahmung« des menschlichen Geistes denke, an Psycho-Frankensteins, die sich nicht scheuen, in die Privatsphäre von Toten einzudringen, sie auf künstlichem Wege zu Untoten machen. Aber: Minskys Idee wird sich so kaum realisieren lassen, da das Bewußtsein und alle Gedanken-»Produkte« dem menschlichen Körper auf höherdimensionalen Ebenen *angelagert* sind. Das Gehirn funktioniert nur als Schaltstelle zwischen Bewußtsein und allen übrigen Organen. Und dieser reine Informationsspeicher »Bewußtsein« trennt sich beim Ableben ohnehin von unserem materiellen Körper, um fortan auf einer anderen Seinsebene weiterzuexistieren – weit weg vom Zugriff informationsgeiler Wissenschaftler. Vielleicht – und ich bin mir sogar sicher – in einem parallelen Universum, in einer anderen Zeit.

4 Wendemarken

Unsere gemeinsame Exkursion durch Raum und Zeit ist zu Ende. Manches, über das in diesem Buch berichtet und theoretisiert wurde, mag den Leser nachdenklich stimmen, mag ihm merkwürdig oder gar widersinnig erscheinen. So mußten liebgewordene Vorstellungen aus der klassischen Physik revidiert und scheinbar »anomale« Phänomene unter dem Gesichtspunkt einer raumzeitsprengenden, transzendierenden Physik neu bewertet werden.

Unser naturwissenschaftliches Weltbild, an dem allmählich selbst die wissenschaftliche Elite zu zweifeln (und mitunter auch zu verzweifeln) beginnt, bedarf dringend der »Renovierung«. Denn – und dies gilt für nahezu alle Fakultäten –, je tiefer wir in die Geheimnisse der Natur und des Kosmos eindringen, um so rätselhafter bieten sich diese uns dar. Eine endlose Geschichte, die erst dann überschaubar wird, wenn wir uns über den »Rauschpegel« des naturwissenschaftlichen Alltags erheben.

Anomalien und Unerklärliches entstanden erst dadurch, daß man den von Wissenschaftlern vor langer Zeit festgelegten Bezugsrahmen für »objektives Geschehen« zu eng gefaßt hat. Grenzwissenschaftliche Phänomene (also auch Ufo-Aktivitäten) passen nach Auffassung der »Hardliner« nun einmal nicht in das von Wissenschaftlern vorgegebene Klassifizierungsschema, sollten sie sich auch noch so deutlich und für jedermann erkennbar manifestieren.

Die Arroganz des naturwissenschaftlichen Establishments in der Bewertung des wissenschaftlich Vertretbaren ist um so unverständlicher, als die klassische Physik ausschließlich auf Erfahrungsbeweisen beruht. Es wird nämlich geflissentlich übersehen, daß sich die fundamentalen physikalischen Gesetze überhaupt nicht exakt beweisen lassen, obwohl die Physik doch als *die exakte Naturwissenschaft schlechthin* gilt. Mit anderen Worten: Auch die Physik kommt ohne gewisse Basisannahmen – erkenntnistheoretische Voraussetzungen – nicht aus.

Professor Dr. rer. nat. W. Schiebeler, ein vielseitig orientierter Diplom-Physiker, erläutert diese Misere der Physik anhand einiger interessanter Beispiele. Hierzu gehört unter anderem das 1687 von Isaac Newton postulierte Trägheitsgesetz: »Jeder Körper verharrt im Zustand der Ruhe oder der gleichförmig geradlinigen Bewegung, sofern er nicht durch einwirkende Kräfte gezwungen wird, seinen Zustand zu ändern.« Schiebeler: »Auf diesem Trägheitsgesetz baut die gesamte Mechanik auf, obwohl man es nicht unmittelbar beweisen kann. Es ist nämlich unmöglich, einen Körper allen äußeren Einflüssen völlig zu entziehen. Das Trägheitsgesetz ist ein reiner Erfahrungssatz. Es ist nur durch Erfahrungsbeweise gesichert, d. h. die Schlußfolgerungen, die aus dem Gesetz zu ziehen sind, werden durch die Erfahrung bestätigt.«

Ähnliches gilt für die Wärmelehre. Hierzu heißt es bei Schiebeler: »Bei der Temperaturfestlegung geht man nämlich von der nicht beweisbaren Annahme aus, daß Änderungen von Körpereigenschaften in *gesetzmäßiger Weise* von ihrem Körperzustand, den wir Wärme nennen, abhängen. Die Physiker L. Bergmann und C. Schäfer sagen dazu: ›Will man diese Annahme nicht machen – und man kann auf logischem Wege nicht dazu gezwungen werden –, so muß man auf eine wissenschaftliche Behandlung der Wärmelehre verzichten.‹«

Mit dem Ufo-Phänomen sowie mit paranormalen und paraphysikalischen Erscheinungen verhält es sich nicht viel anders. Manifestationen, deren Ursachen außerhalb des Geltungsbereiches der klassischen Physik angesiedelt sind, lassen sich ebenfalls nur auf dem Erfahrungsweg beweisen. Wenn man jedoch der grenzwissenschaftlichen Forschung – wie häufig praktiziert – mangelnde Wiederholbarkeit der Phänomene vorwirft und ihr aufgrund dieses haltlosen Kriteriums die Anerkennung als eigenständige wissenschaftliche Fakultät versagt, ist dies nicht nur engstirnig, sondern auch höchst unwissenschaftlich. Der berühmte englische Astronom Sir Arthur Eddington (1882–1944) – er war lange Zeit Direktor der Sternwarte Cambridge – meinte einmal, daß vieles von dem, was von Fachleuten als »objektive Wissenschaft« anerkannt werde, in Wirklichkeit subjektiver Natur sei und von der jeweiligen Meßmethode – der Art der Bewertung – abhänge. Er verglich Wissenschaftler mit Fischern, die behaupten, im Meer gäbe es keine kleineren Fische als die, die sie gerade gefangen haben. Sie würden dabei ganz übersehen, daß die Größe der Fische ausschließlich von der Maschengröße des benutzten Netzes abhänge. Man müsse demnach feinmaschigere Netze benutzen, um die Beweisführung (daß es auch noch kleinere Fische gibt) anzutreten.

Überträgt man diese Analogie auf die heutige Situation der Naturwissenschaften, würde dies bedeuten, daß man transzendenzoffener werden und subtilere Theorien akzeptieren muß. Und genau dies geschieht bereits seit Jahrzehnten. Die Physik, mit der wir es heute zu tun haben, ist nicht mehr die gleiche wie die um die Jahrhundertwende. Wie aber mag sie in weiteren hundert Jahren aussehen, sofern sich die Menschheit zuvor nicht selbst ausrottet? Werden sich unsere Nachfahren dann einer völlig neu gefaßten, für uns unbegreiflichen, in Transdimensionen übergreifenden Physik gegenübersehen? Einer, in der raumzeitliche Manipulationen – Zeitreisen in der einen oder anderen Form – etwas ganz Selbstverständliches sind, in der neue, sanftere

Energien erschlossen und zur Rettung des »Raumschiffs Erde« genutzt werden.

Die Entwicklung hin zu einer solchen Hyperphysik ist bereits eingeleitet – trotz widriger Umstände. Neues Denken greift um sich. Nicht zuletzt durch die hier geschilderten, bislang unerklärlichen Vorkommnisse, die so gar nicht in unser überkommenes wissenschaftliches Weltbild hineinpassen wollen. Unsere Wissenschaftler befinden sich im Zugzwang. Wir warten.

Begriffserläuterungen

Abduktionen: (engl. »abductions«) Angebliche kurzzeitige Entführungen von Personen durch Ufo-Insassen, meist um an den Betroffenen medizinisch-biologische Untersuchungen oder Experimente vorzunehmen; ihr Realitätscharakter ist umstritten.

»Aktivitätenströme«: Im Rahmen seines 6(12)-dimensionalen Weltbildes bezeichnet Dipl.-Physiker B. Heim Gravitationswellen oder -strahlen aus höherdimensionalen Bereichen (Transbereichen) als hypothetische »Aktivitätenströme«.

Anachronismus: Verstoß gegen den Zeitablauf; falsche zeitliche Einordnung.

Androiden: Eine Art »Kunstmensch«; künstlich geschaffenes Wesen, das menschliche Funktionen verrichtet.

Apporte: Das psycho-physikalische Herbeischaffen von Objekten (ohne erkennbaren Kontakt zu diesen), die von anderen Orten, evtl. auch aus anderen Zeiten stammen.

Astralkörperaustritte: (auch Astralkörperexkursionen, AKE) Hierunter versteht man das Loslösen des hypothetischen feinstofflichen (psychischen) Körpers, des sogenannten Astralleibs, eines Lebewesens von der Physis und seine Aussendung. Es handelt sich hierbei keinesfalls um Wachtraumerlebnisse.

»Ballon«-Modell: Zeitreisemodell des israelisch/amerikanischen Physik-Professors Yakir Aharonov. Die Zeitmaschine steckt in ei-

ner massiven kugelförmigen »Hülle«. Vergrößert oder verkleinert man den Radius der Kugel, verstreicht die Zeit in ihr nach den Gesetzen der Gravitation schneller bzw. langsamer.

»Bedside«-Manifestationen: Scheinbar realistische Wahrnehmung von Erscheinungen im Ruhe-/Schlafzustand, besonders bei Erkrankungen und im Verlauf tragischen Geschehens.

Beobachtereffekt: Begriff aus der Quantenphysik. Vom Beobachtereffekt hängt es ab, wann ein subatomares Teilchen ein festes Objekt und wann es eine Welle ist. Der Akt des Beobachtens, die Art und Weise, in der die Beobachtung durchgeführt wird, verändert die Natur dessen, was man beobachtet. Beim Beobachten kommt es zum Zusammenbruch der »Wahrscheinlichkeitswelle«; ein Teilchen erscheint.

Bilokation: (Gleichörtlichkeit) Die Fähigkeit, an zwei oder mehreren Orten zur gleichen Zeit zu sein.

Biogravitationsfeld: Hypothetisches, auf der Existenz sogenannter Biogravitonen aufbauendes Feld. Der russische Physiker W. Bunin definierte 1960 erstmals die Biogravitonen als die »Fähigkeit lebender Organismen, Gravitationswellen zu erzeugen und zu empfangen«. W. Puschkin will mit diesen Feldern auch Psi-Phänomene erklären.

Bioplasma(feld): Hypothetisches, biologisches Plasma(feld); früher: Ektoplasma. Ein dem physischen Körper mit seinen Zellen, Molekülen, Atomen und Kernteilchen entsprechendes, durch ionisierende Teilchen charakterisiertes Energiefeld (Energiekörper). Nachweis durch Hochfrequenzfotografie.

»Branching Universe Theory«: Theorie vom sich ständig verzweigenden Universum. Sie ist in der von den Professoren Wheeler, Everett und Graham konzipierten »Viele-Welten-Interpretation

der Quantenmechanik« enthalten und überträgt die ursprünglich nur für den mikrophysikalischen Bereich gedachte Quantentheorie auf Weltenebene. In jedem Sekundenbruchteil entstehen zahllose neue Realitäten.

CE-III-Fälle: Sogenannte Begegnungen der III. Art. Hierunter sind Direktbegegnungen mit Ufos und/oder Ufo-Entitäten zu verstehen.

»Cosmic Strings«: (engl. »kosmische Schnüre«) Zeitreise-Theorie des Princeton-Physikprofessors Richard Gott. Er sieht Zeitreise-Möglichkeiten im Ankoppeln einer Zeitmaschine an sogenannte »cosmic strings« – lange dünne Energiebündel, vermutlich Reste des Urknalls. Diese »Schnüre« könnten bei gegenseitiger Annäherung Kurzschlüsse im Universum erzeugen, durch die sich Zeitreisende in die Vergangenheit und Zukunft katapultieren.

Cyberspace: Totalsimulation einer Computerrealität; Integration des »Bewußtseinsmenschen« in ein künstlich geschaffenes, real wirkendes Computer-Szenarium.

Cyborg: Hypothetischer künstlicher Organismus (mit künstlicher Intelligenz). Ein solches Wesen wird in dem Kinohit *Der Terminator* vorgestellt.

Dematerialisationsvorgang: (kurz: Demat) Die psychokinetische Fähigkeit, ein Objekt zu entstofflichen – ein Vorgang, der das Vorhandensein einer übergeordneten Dimensionalität (vgl. »Hyperraum«) voraussetzt. Umgekehrt spricht man von Rematerialisation (oder auch nur von Materialisation).

Dimension, äonische: Imaginäre Transkoordinate aus B. Heims 6D-Weltmodell. Als 6. Dimension soll sie für die Organisationszustände jenseitiger Entitäten verantwortlich sein.

Dimension, entelechiale: Imaginäre Transkoordinate aus B. Heims 6D-Weltmodell. Als 5. Dimension soll sie ebenfalls für die Organisationszustände jenseitiger Entitäten verantwortlich sein.

Dimensionalität: Dimensionaler Zustand. Die materielle Welt, in der wir leben, besteht aus drei räumlichen (gegenständlichen) Dimensionen, die sich in einer vierten Dimension – der Zeit – bewegen. Diese Raumzeit-Welt aus vier Dimensionen ergäbe als Ganzes eine Vierdimensionalität.

»Engineering«, genetisches: Künstliche Eingriffe in die genetische Programmierung von Lebewesen.

Explizite Ordnung: (gem. David Bohm †) Entfaltete Ordnung; die für uns wahrnehmbare, materielle Welt in ihrer Gesamtheit.

Extraterrestrische Hypothese (ETH): Die Hypothese, daß Ufos Raumfahrzeuge sind, die aus den Weiten des Alls kommen, gelenkt von Wesen nicht unmittelbar humanoider Abstammung. Die Glaubwürdigkeit dieser Hypothese verliert aufgrund neuer Erkenntnisse mehr und mehr an Substanz.

Feinstoffliches: (auch: Feinstoffkörper) Hypothetischer »Körper« nichtmaterieller Art, der sogenannte »Ätherleib«. Er ist nach Auffassung des Autors in einer höheren Dimensionalität dem materiellen Körper zugeordnet und löst sich von diesem beim Ableben.

»Fremdzeitblase«: Eine hypothetische »Hülle«, die Zeitreisende umgibt. In ihr herrscht ihre eigene Realzeit, die bei Antritt der Reise gemessen wurde.

Gravitationsfeldantrieb: Wissenschaftler vermuten, daß Ufos über einen Gravitationsfeld- oder Gravitationswellenantrieb verfügen. Eine solche Vorrichtung dürfte sich auch für Zeitmanipulationen (Zeitreisen) nutzen lassen, da zwischen Gravitation und Zeit ein unmittelbarer Zusammenhang besteht.

Gravitationswellengeneratoren: Geräte zur Erzeugung von Gravitationswellen. In ihrer Umgebung müßte es zu physikalischen »Anomalien« kommen, die dem Zweiten Hauptsatz der Thermodynamik widersprechen – zu Psi-Phänomenen wie Levitationen, Teleportationen, Apporten usw., die im Zusammenhang mit Ufos auch tatsächlich beobachtet werden.

»Großmütterchen-Paradox«: Ein von dem englischen Physiker Dr. John Gribbin scherzhaft geprägter Begriff, der die angebliche Kausalitätsproblematik bei Zeitreisen beschreibt. Kurz: Jemand tötet mit seinem Zeitreisevehikel bei der »Landung« in der Vergangenheit rein zufällig seine eigene Großmutter. Dadurch entfällt seine Geburt – er existiert gar nicht und kann daher auch keine Zeitreise unternehmen, bei der seine Großmutter umkäme. Dadurch würde er doch geboren werden und die Zeitreise unternehmen usw. – eine Kette ohne Ende. Man nimmt an, daß durch Ausweichen in parallele Welten (Existenzen) diese Problematik erst gar nicht entsteht.

Hologramm: Hier im übertragenen Sinn: Projektionen aus parallelen Welten sowie aus vergangenen bzw. zukünftigen Zeiten, die mit uns gleichzeitig existieren (vgl. Meckelburg, E.: *Zeittunnel,* Langen-Müller 1991).

Holographisches Universum: »Schachtelwelten«, entsprechend der Theorie des englischen Physikers David Bohm (†).

Hyperraum: Vorerst nur mathematisch erfaßbares Gebilde jenseits unseres vierdimensionalen Universums (gelegentlich wird auch schon die 4. Dimension, die Zeit, in den Hyperraum miteinbezogen). Nach Professor Brian Josephson ist unsere Welt mit allen höherdimensionalen Universen (Organisationsebenen oder Dimensionalitäten) berührungslos verschachtelt. Der raumzeitfreie Hyperraum dürfte das »Operationsgebiet« aller psychischen und paranormalen Phänomene sowie von möglichen Zeitreisen sein, da es von dort aus kein zeitliches Vor- und Nachher gibt, sondern nur Gleichzeitigkeit.

Hyperraum-Transmitter: Angenommener stationärer »Sender« zum Transport von Personen und Objekten in andere Zeiten und Realitäten unter Nutzung des stets gegenwärtigen Hyperraums.

Hyperspektrum: Hypothetisches Frequenzspektrum jenseits des physikalisch definierbaren Elektromagnetischen Wellenspektrums; es könnte unter anderem die physikalisch nicht erfaßbaren Psi-Phänomene erklären.

Implantate: In den menschlichen Körper eingepflanzte, kleine mechanische oder elektronische Objekte mit Kontrollfunktionen. Von Ufo-Entitäten angeblich Entführten (Abduzierten) sollen solche Mini-Objekte eingepflanzt worden sein.

Implizite Ordnung: Eingefaltete Ordnung. Alles für uns nicht unmittelbar Wahrnehmbare, Nichtmanifeste, d. h. alles Immaterielle (gem. D. Bohm).

IR-Strahlung: Infrarot-Strahlung.

Kausalität: Zusammenhang zwischen Ursache und Wirkung. Nach der klassischen, naturwissenschaftlichen Auffassung sind alle wissenschaftlich verifizierbaren Prozesse kausal determiniert. Das Kausalitätsprinzip erfuhr durch die Relativitätstheorie erste Einschränkungen. Im mikrophysikalischen Bereich tritt entsprechend der Quantenmechanik an die Stelle der Kausalität das statistische Prinzip. Vorauswissen (Präkognition) läßt sich nur akausal erklären.

Levitation: Das physikalisch noch nicht erklärbare freie Schweben von Personen oder Objekten. Der Autor vermutet hinter diesem Vorgang das Wirken bioplasmatischer Stützfelder, die die Gravitation zum Teil aufheben. Die Parapsychologie kennt einige gut abgesicherte Levitationsfälle.

Lichtgeschwindigkeit: Höchstgeschwindigkeit von rd. 300 000 Kilometern pro Sekunde in unserem Raumzeit-Universum.

Logik-Gesetze, aristotelische: Sie sind unter quantenphysikalischen Gesichtspunkten unvollständig und widersprüchlich. Unter Einbeziehung der Zeit-Komponenten hat der amerikanische Physiker Thomas E. Bearden ein »viertes Gesetz der Logik« (Meta-Logik) entwickelt, mit dem sich auch Psi-Phänomene erklären lassen.

Mandelbrot-Piktogramm: (auch: »Apfelmännchen«) Ein kompliziertes Gebilde der modernen Mathematik. Es entstammt der Lehre von Figuren mit gebrochenen Dimensionen und wurde nach Dr. Benoît Mandelbrot vom Thomas J. Watson Research Center in Yorktown Heights (New York) benannt. Ein solches, herzförmiges Gebilde fand man am 12. August 1991 in Ickleton nahe Cambridge in einem Getreidefeld. Es war über Nacht entstanden und wird von Insidern für echt gehalten.

Materialisationen: (auch: Verstofflichung) Das Hervorbringen filmartiger, transparenter oder auch dreidimensional wirkender, scheinbar stofflicher Gebilde, die offenbar unter Einwirkung des Bewußtseins auf Bioplasmafelder zustande kommen. Ufologie: Das plötzliche Auftauchen von Flugobjekten, quasi aus dem Nichts (dem Hyperraum). Umgekehrter Vorgang: Dematerialisation.

Nahtoderlebnisse: Paranormale Wahrnehmungen im Zustand des vorübergehenden klinischen Todes. Die Erlebnismuster ähneln einander, was für ihre Echtheit spricht. NTEs könnten ein Indizienbeweis für das Überleben des Bewußtseins sein.

Ordnungszahl (OZ): Die OZ (auch Kernladungszahl) eines chemischen Elements gibt sowohl die Anzahl der Protonen (+) in seinem Kern, als auch die Anzahl der Elektronen (-) in der Elektronenhülle an. Sie legte die Position eines Elements im Periodensystem fest.

Orthorotation: Ein von Thomas E. Bearden, einem amerikanischen Physiker und ehemaligen Spezialisten für Luftabwehrsysteme, geprägter Begriff aus der Psychotronik. Durch Orthorotieren lassen sich sogenannte Gedankenobjekte (bestimmte Vorstellungen) in unseren dreidimensionalen Anschauungsraum hineinstimulieren. Nach Bearden kann dies mental (Erscheinungen), in Zukunft aber auch auf künstlichem Wege (technisch) geschehen.

Parallelwelten, -universen: Parallel zu unserem 4D-Universum existierende, für uns nomalerweise nicht sichtbare Welten (vgl. »Implizite Ordnung«). Nach F. A. Wolf existieren sie in unendlich großer Zahl und ermöglichen dadurch Zeitreisen ohne Paradoxa und Anachronismen.

Partikelstrahlen: Protonen- oder Neutronenstrahlen. Wissenschaftler arbeiten an der gebündelten Freisetzung solcher Strahlen für wirksame Raketenabwehrwaffen. Die technische Realisierung ist bisher noch nicht gelungen.

Persönlichkeiten, multiple: Begriff aus der Psychologie/Psychiatrie. Das menschliche Bewußtsein kann aus zahlreichen Einzel- oder Unterpersönlichkeiten bestehen, die sich mitunter durch Hypnose hervorholen lassen. Jede dieser Persönlichkeiten weist unterschiedliche psychische und sogar physische Charakteristika auf.

Piktogramme: Meist komplexe Formationen in Getreidefeldern (vgl. Mandelbrot-Piktogramm).

Poltergeistphänomene: (auch: Spuk) Spontane, wiederkehrende Psychokinese, gekennzeichnet durch unerklärliche Geräusche und physische Belästigungen (z. B. spontane Objektversetzungen, Levitationen, plötzliches Auftreten von Wasserschwällen und Bränden ohne erkennbare Ursachen, Apporte usw.)

Präkognition: (auch: Vorauswissen) Das Vorauswissen um zukünftige, nicht erwartete, durch Trendverfolgung nicht abschätzbare Ereigniseintritte. Dieses Phänomen ist akausal, d. h. es widerspricht dem Ursache-Wirkungs-Prinzip.

Projektionen: (auch: Projektionstechniken) Hier: Das auf gravitativem Wege (Aktivitätenströme) erfolgende hinein-»beamen« von Personen und Objekten in andere Realitäten und Zeitperioden, entsprechend der Projektor-Theorie von I. v. Ludwiger. Die Versetzung erfolgt vermittels sogenannter Syntropodenbrücken, wie in B. Heims »Einheitlicher 6-dimensionaler Quanten-Geometrodynamik« beschrieben.

Projektoren: Vorrichtung zum zeitfreien Hineinprojizieren in andere Realitäten und Zeiten. Sie würden Zeitreisen vom Labor aus ermöglichen; es würden unterschiedlich materielle »Hologramme« (aktionsfähige Duplikate) projiziert (besser: transjiziert) werden.

Psychokinese (PK): Physikalisch vorläufig unerklärbare, psychisch ausgelöste Bewirkungen auf materielle Systeme (Objektbewegungen oder -veränderungen). Die Professoren Rhine und Jahn, USA, sehen die Existenz von PK nach systematisch durchgeführten quantitativen Experimenten bestätigt.

Quantencomputer: Eine weit fortgeschrittene hypothetische Generation von Computern, die für uns optimale Entscheidungen selbst treffen könnten. Sie basieren auf Daten sowohl aus der Vergangenheit als auch auf solchen aus der in Parallelwelten bereits existierenden Zukunft. Solche Computer würden schicksalhafte Entscheidungen treffen (sog. »Himmelsmaschinen«), was ethische Probleme aufwirft.

Quanten-Geometrodynamik: Geometrie der gekrümmten Raumzeit auf Quantenebene. Das Heimsche Modell der Quanten-Geometrodynamik umfaßt sechs Dimensionen (vier raumzeitliche und zwei sogenannte Transkoordinaten).

Quanten-Zeittranslationsmaschine: Eine hypothetische Zeitversetzungsmaschine entsprechend der Konzeption von Yakir Aharonov, vorgestellt im Physik-Journal *Physical Review Letters* Nr. 64, 1990 (vgl. unter »Ballon«-Modell).

Realzeit: Hier: Ausgangs- oder Eigenzeit eines Zeitreisenden.

Regression: (auch: Rückversetzung) Hypnotische Rückversetzung einer Person in die Vergangenheit, auch in vorgeburtliche Stadien und frühere Reinkarnationen.

Scheiben, »telemetrische«: Begriff aus der Ufologie. Mini-Ufos, die angeblich der Aufklärung dienen.

Schwarze Löcher: Unsichtbare Gravitationsfallen im Universum, die durch den Gravitationskollaps entarteter Sterne – Neutronensterne mit mehr als drei Sonnenmassen – zustande kommen. Man vermutet, daß die materieverschlingenden Schwarzen Löcher, um die sich der Raum abkapselt und in ein geschlossenes Universum verwandelt hat, mit materieausstoßenden »Weißen Löchern« in Verbindung stehen. In unserer Galaxis wollen Astrophysiker mit Sicherheit vier solche Schwarze Löcher (unter anderem M 87) ermittelt haben. Nach Edward Heuvel könnte es in der Milchstraße aber 100 Millionen Schwarze Löcher geben (*New Scientist,* 11. Juli 1992).

SETI-Projekt: Am 12. Oktober 1992 startete die NASA ein aufwendiges Projekt zur radioastronomischen Lokalisierung evtl. existierender extraterrestrischer Intelligenzen.

»Solid Lights«: (auch: Fest- oder Massivlichter) Von Ufos ausgesandte »Lichtrüssel«, die auf Menschen und Objekte unterschiedliche psychische bzw. physische Wirkungen ausüben (vgl. Kapitel IV/4).

Spiegel-/Antiwelten: Komplementärwelten zu unserem Universum.

»Steady-State«-Theorie: Nach dieser Theorie würde sich die Welt zeitlich überhaupt nicht verändern. Sie würde eine laufende Neu-

schaffung von Materie bedingen, um trotz der Expansion des Weltalls eine konstante Dichte sicherzustellen.

Superstring-Theorien: Sie ersetzen die von der Relativitätstheorie her bekannten »Weltlinien« durch »Geschichten von winzigen Fäden (Strings)« und verwenden Hyperräume mit elf Dimensionen (nach I. v. Ludwiger).

Syntropodenbrücken: (auch: Syntropodenrüssel) Hypothetische, höherdimensionale Informationskanäle aus Transbereichen oder Parallelwelten, die Kontakte zu unserer 4D-Welt (Raumzeit) ermöglichen.

Telepathie: Eine nicht durch die uns bekannten Sinne vermittelte Erfahrung eines fremdpsychischen Vorgangs. Übertragen werden Eindrücke, Ideen, Stimmungen, Bilder, Namen usw.

Teleportation: Das auf psychischem oder paraphysikalischem Wege erfolgende Versetzen eines Menschen oder Objekts an einen anderen Ort (womöglich auch in eine andere Zeit).

Temponauten: Ein vom Autor eingeführtes Wort für Zeitreisende.

Transjizieren: Ein vom Autor eingeführtes Wort für das Einblenden in eine andere Realität oder Zeitepoche. Es setzt sich aus den Worten »trans« (jenseits; gemeint sind Zustände jenseits unserer gewohnten Realzeit) und »projizieren« (im Sinne der Projektionstheorie von I. v. Ludwiger) zusammen. Die Vorrichtungen für das »Hinein-beamen« in andere Realitäten bezeichnet der Autor als »Transjektoren«. Die Begriffe »projizieren« und »transjizieren« sind gleichwertig zu benutzen.

Transkausalität: Eine »Kausalität«, die nach der herkömmlichen Definition keine ist; bei ihr fehlt das Ursache-Wirkungs-Prinzip. Der Autor vermutet, daß die Transkausalität auf festliegende Zusammenhänge in einer höheren Dimension zurückzuführen ist. Die Transkausalität stellt ein höheres Ordnungsprinzip dar.

Transkoordinaten: Alle Dimensionen (Koordinaten) ab der 4. Dimension (Zeit).

Transmitter: (Sender) Hier: Einrichtungen für raumzeitliche Versetzungen. Geräte zur technischen und ständigen Realisierung von Teleportationen.

Transurane: Künstliche radioaktive Elemente mit Ordnungszahlen höher als die des Urans (92). Hierzu gehören unter anderem Neptunium, Plutonium, Americum usw. Am Laboratorium für Schwerionenforschung in Darmstadt will man Transurane mit Ordnungszahlen bis 109 gefunden haben, deren Halbwertzeiten im Millisekundenbereich liegen, die also äußerst kurzlebig sind (*New Scientist,* 31. 8. 1991).

Transwelten: Höherdimensionale Welten, jenseits unseres 4-dimensionalen Universums. Transbereiche sind bislang nur mathematisch und durch die Existenz bestimmter Psi-Phänomene indirekt nachweisbar.

Unbestimmtheitsrelation: (auch: Unschärferelation) Begriff aus der Quantenphysik. Ort und Impuls von Teilchen (z. B. Elektronen) lassen sich niemals gleichzeitig genau messen. Je genauer der Ort festgelegt ist, um so ungenauer läßt sich der Impuls bestimmen und umgekehrt.

Universum, omnijektives: Eine Welt, in der es keine Unterscheidung zwischen »subjektiv« und »objektiv« gibt. Beide Begriffe verwischen einander.

UV-Strahlung: Ultraviolette Strahlung.

Viele-Welten-Interpretation der Quantenmechanik: Sie wurde von den an der Princeton University, New Jersey, dozierenden Physik-Professoren Hugh Everett III und John A. Wheeler 1957 vorgestellt, und sie bestätigt ausdrücklich die Existenz praktisch unendlich vieler dimensional versetzter Welten (Parallel-Welten).

Vorauswissen: siehe unter »Präkognition«.

Weltkoordinate, entelechiale: siehe unter »Dimension, entelechiale«.

Wurmloch-Zeitreisemodell: Hypothetische Zeitreisen durch winzige Öffnungen in unserem Raumzeit-Universum (Mini-Schwarze- und -Weiße Löcher), die ständig auftauchen und augenblicklich wieder verschwinden. Das Problem ihrer Nutzung für Zeitreisen besteht darin, diese Lochverbindungen zu bündeln und über längere Zeit konstant zu halten, um Zeitmaschinen sicher durchschleusen zu können.

Literatur

Kapitel I

Calder, R.: *Man and Cosmos;* London 1970

Kozyrew, N. A.: *Possibility of Experimental Study of the Properties of Time,* Übers.; Arlington 1968

Leonow, A. A., Lebedew, V. I.: *Cognition of Distance and Time in Space;* Moskau 1968

Musès, Ch.: *Introduction to Communication, Organisation and Science;* New York 1954

–: *Trance States, Precognition and the Nature of Time;* Journal for the Study of Consciousness, Bd. 5, Nr. 1, 1972

Ostrander/Schroeder: *Vorauswissen mit Psi;* Bern/München/Wien 1975

Priestley, J. B.: *Man and Time;* New York 1964

–: *The Direction of Time;* University of California 1950

Kapitel II

Abernathy, H.: *Time Travellers;* Occult 1/1972

Amo-Freixedo, M. del: *Current Happenings on Puerto Rico;* Flying Saucer Review Nr. 4/1991

Bearden, Th. E.: *Excalibur Briefing;* San Francisco 1980

Beckley, T. G.: *The Strange Effects of Flying Saucers;* Ufo-Report, Winter 1974

–: in Ufo-Report, Herbst 1975

Brand, I.: *Ungewöhnliche Eigenschaften nichtidentifizierbarer Lichterscheinungen;* MUFON-CES-Berichtsband 6/1978

Field, K.: *Time and the Car Stood Still;* Fate 6/1978

Gardner, M.: *Sub Temporal Particles and the Mechanism of Time;* Eigenverlag M. Gardner 1990

Gordon, Ch.: *Time-Slips – Exploring Time Functions;* Fate 7/1990

Harper, G. W.: *The Battle of the Blips;* Fate 5/1977

Hartland, E.: *The Science of Fairy Tales – an Inquiry into Fairy Mythology;* London 1891

Heitler, H.: *Das Zeitproblem im 20. Jahrhundert;* Bern/München 1964

Keel, J. A.: *Our Haunted Planet;* Greenwich, Conn. 1971

Kuhn-Schnyder: *Das Leben im Strom der Zeit;* Bern/München 1964

Ludwiger, I. v.: *Ungewöhnliche Eigenschaften nichtidentifizierbarer Lichterscheinungen;* Feldkirchen-Westerham 1979

–: *Der Stand der Ufo-Forschung;* Frankfurt 1992

Meckelburg, E.: *Der Überraum;* Freiburg 1978

–: *Besucher aus der Zukunft;* Bern/München 1980

–: *Geheimwaffe Psi;* Bern/München 1984

–: *Zeittunnel;* München 1991

Michel, A.: *Flying Saucers and the Straight-line Mystery;* New York 1958

Munn, D. D.: Fate 8/1992

Playfair, G. L.: *The Indefinite Boundary;* Frogmore 1977

Popowitsch, M.: *Ufo-Glasnost;* München 1991

Steiger, B.: *Weird Trips Through the Door of Time;* Saga 2/1971

–: *Mysteries of Time and Space;* New York 1976

Stephens, D. W.: *When an Hour isn't 60 Minutes;* Fate 2/1961

Talbot, M.: *Das Holographische Universum;* München 1991

Temple, R.: *David Bohm;* New Scientist vom 11. 11. 1982

Vale, R. M.: *I Stepped Back in Time;* Fate 7/1960

Vallée, J.: *Dimensions;* New York 1989

Wentz, W. Y. E.: *The Fairy-Faith in Celtic Countries – Its Psychological Origin and Nature;* Rennes 1909

Wisner, B.: *Vanished – Without a Trace;* New York 1977

Kapitel III

Brand, I.: *Ungewöhnliche Eigenschaften nichtidentifizierbarer Lichterscheinungen;* Feldkirchen-Westerham 1979
–: *Offizielle Untersuchungsberichte der Russen und der Amerikaner über nichtidentifizierbare Himmelserscheinungen;* Feldkirchen-Westerham 1981
–: *Unerwünschte Entdeckungen im Luftraum;* Feldkirchen-Westerham 1989
Clark, J.: *Tracking a ›Spook‹-Light;* Ufo-Report 8/1977
Creighton, G.: *Little Snoopers;* Flying Saucer Review, vol. 36, 2/1991
Davidson, L.: *Flying Saucers – An Analysis of Blue Book Special Report 14;* Clarksburg 1971
Fate 5/1992
Fate 9/1992
Guerin, P.: Letter to FSR; Flying Saucer Review, vol. 16, 2/1970
Hamilton, W. F.: *Cosmic Top Secret: America's Secret Ufo Program;* New Brunswick 1991
Hynek, J. A.: *Ufo-Begegnungen der ersten, zweiten und dritten Art;* München 1979
IUR, vol. 2, 5/1977
Jung, C. G.: *Erinnerungen, Träume, Gedanken;* Olten 1963
–: *Ein moderner Mythus: Von Dingen, die am Himmel gesehen werden;* Olten 1964
Kapiza, P. L., Ritchie, D. J.: Übersetzung in: *Ball Lightning;* New York 1961
Keel, J. A.: *Why Ufos – Operation Trojan Horse;* New York 1970
Keyhoe, D. E.: *Aliens from Space;* New York 1974
Krönig, J.: *Spuren im Korn;* Frankfurt 1992
Ludwiger, I. v.: *Der Stand der Ufo-Forschung;* Frankfurt 1992
McCampbell, J.: *Ufo Effects upon People,* in: *Ufo 1947–1987;* London 1987
Meckelburg, E.: *Besucher aus der Zukunft;* Bern/München 1980
–: *Feuerkugeln aus dem Nichts;* esotera 7/1989
Menzel, D. H.: *Flying Saucers;* Cambridge, Mass. 1954

Schneider, A.: *Besucher aus dem All;* Freiburg 1973

–: *Physiologische und psychosomatische Wirkungen der Strahlen unbekannter Himmelserscheinungen;* Innsbruck 1982

Singer, S.: *The Nature of Ball Lightnings;* New York 1971

Sirisena, A.: *The Light of Shuttlewood;* Flying Saucer Review, vol. 20, 5/1977

Stanford, R. G.: *Socorro Saucer in a Pentagon Pantry;* Austin 1976

Steiger, B.: *Project Blue Book;* New York 1976

Stringfield, L. H.: *Situation Red;* New York 1977

Tansley, D.: *Omens of Awareness;* Suffolk 1977

Vallée, J. & J.: *Challenge to Science: The Ufo Enigma;* New York 1974

Vallée, J.: *Ufos: The Psychic Solution;* St. Albans 1977

–: *Messengers of Deception;* Berkeley 1979

Vesco, R.: *Intercept Ufo;* New York 1974

Watson, L.: *Der Unbewußte Mensch;* Frankfurt 1979

Kapitel IV

Abernathy, H.: *Time Travellers: Where They Go and Where They've Been;* Occult, Januar 1972

Allen, B., Simon, J.: *Time travel on a String;* nature, vol. 358, 23. 7. 1992

Bearden, Th. E.: *Excalibur Briefing;* San Francisco 1980

Bonnor, W. B.: *Time Machine from Dust;* Leserbrief in nature, vol. 358, 23. 7. 1992

Chalker, W. C.: *Light-Bending Case;* MUFON-UFO-JOURNAL, Nr. 145, März 1980

Freedman, D. H.: *Time Travel Redux;* Discover 4/1992

FSR, vol. 20, Nr. 1, Juli 1974

Gardner, M.: *Sub-Temporal Particles and the Mechanisms of Time;* 1988/1990

Gribbin, J.: *Time Waits for No Author;* New Scientist, 30. 11. 1991

Guerin, P.: Letter to FSR, vol. 16, 2/1970

–: FSR, vol. 25, 1/2/1979

Hynek, J. A.: *Ufos as a Space Time Singularity;* MUFON-UFO Symposium Proceedings, Seguin 1978

Jung, C. G.: *Ein moderner Mythus;* Zürich 1958

Keyhoe, D. E.: *Aliens from Space;* New York 1974

Koller, L. R.: *Ultraviolette Strahlen;* New York/London 1952

Korrespondenz des Autors mit Mark Gardner, 1991

Krönig, J.: *Spuren im Korn;* Frankfurt 1992

Ludwiger, I. v.: *Ungewöhnliche Eigenschaften nichtidentifizierbarer Lichterscheinungen;* Feldkirchen-Westerham 1979

–: *Offizielle Untersuchungsberichte der Russen und Amerikaner über nichtidentifizierbare Himmelserscheinungen;* MUFON-CES-Bericht 1981

Meckelburg, E.: *Der Überraum;* Freiburg 1978

–: *Besucher aus der Zukunft;* Bern/München 1980

–: *Geheimwaffe Psi – Psychotronik;* Bern/München 1981

–: *Zeittunnel – Reisen an den Rand der Ewigkeit;* München 1991

–: *Transwelt;* München 1992

Michel, A.: In: *Flying Saucer Review, Special Issue,* Nr. 3, 3. 9. 1969 und Nr. 6, 11/12/1971

Orlow, V.: *Wenn man es ohne Vorurteil betrachtet;* Technica Molodjoschi, 8/1989

Parker, S.: *Australian Close Encounter;* Fate 6/1988

Peters, T.: *When Light Stops Everything;* MUFON-UFO JOURNAL, Nr. 111, Feb. 1977

Popowitsch, M.: *Ufo Glasnost – Ein Geheimnis wird enthüllt;* München 1991

Richards, B.: *Beings of another Dimension;* Ufo-Report, Oktober 1977

Rogo, D. S.: *UFO Abductions;* New York 1980

Schneider, A.: *Automatische Registrierung unbekannter Flugobjekte;* MUFON-CES-Bericht Nr. 7, 1981

–: *Physiologische und psychosomatische Wirkungen der Strahlen unbekannter Himmelserscheinungen;* Innsbruck 1982

Sech, J. E.: *Next Stop – The Past;* Fate 5/1990

Stanford, R.: Journal of Instrumented Ufo Research; vol. 1, Nr. 1: 8, 1975

Steinhäuser, G.: *Die Zukunft, die gestern war;* München 1977

Stringfield, L. H.: *Situation Red – The Ufo Siege;* New York 1977

Talbot, M.: *Das Holographische Universum;* München 1992

Vallée, J.: *Confrontations;* New York 1990

Walker, E. H.: *Foundations of Paraphysiological and Parapsychological Phenomena.* Aus: Quantum Physics and Parapsychology; New York 1975

Kapitel V

Amo-Freixedo, M. del: *Current Happenings on Puerto Rico;* Flying Saucer Review, vol. 36, 4/1991

Brand, I. v.: *Ungewöhnliche Eigenschaften nichtidentifizierbarer Lichterscheinungen;* Feldkirchen-Westerham 1979

Charroux, R.: *Unbekannt, Geheimnisvoll, Phantastisch;* Düsseldorf/Wien 1970

Däniken, E. v.: *Zurück zu den Sternen;* Düsseldorf/Wien 1969

–: *Besucher aus dem Kosmos;* Düsseldorf/Wien 1975

Grimal, P.: *Mythen der Völker;* Frankfurt 1967

Keel, J. A.: *Our Haunted Planet;* Greenwich 1970

–: *Strange Creatures from Time & Space;* Greenwich 1976

Kohlenberg, K. F.: *Enträtselte Vorzeit;* München 1970

Korrespondenz mit Dr. B. Schwarz, Juli 1992

Meckelburg, E.: *Zeittunnel – Reisen an den Rand der Ewigkeit;* München 1991

Schneider, A.: *Besucher aus dem All;* Freiburg 1973

Slate, A.: *California Time Tunnel;* Ufo-Report 5/1977

Steinhäuser, G.: *Das Geheimnis der sterbenden Sterne;* München/ Berlin 1972

Vallée, J.: *Passport to Magonia;* Chicago 1969

–: *Confrontations;* New York 1990

Kapitel VI

Bloecher und Webb: EDV-Katalog HUMCAT, 1979

Cameron, J.: *Der Terminator,* Orion Pictures Release, Pacific Western Production; ausgestrahlt von TELE 5

Creighton, G.: *The Humanoids in Latin America;* Flying Saucer Review 1967

Freitas, R.: *Industrie aus dem Ei;* Omni 12/1984

Hall, R.: MUFON-UFO Journal Nr. 230, 7/1987

Hopkins, B.: *Von Ufos entführt;* München 1981

–: *The Linda Cortile Abduction Case;* MUFON-UFO Journal, Nr. 293, 1992

Hynek, A. J.: *The UFO Experience;* Chicago 1972

Jacobs, D. M.: *Secret Life: Firsthand Account of Ufo Abductions;* New York 1992

Kahnskaja, L.: *Gibt es Ufos?;* in: Wetschernim Klub, 23. 12. 1989

Keyhoe, D. E.: *Aliens from Space;* New York 1973

Ludwiger, I. v.: *Der Stand der Ufo-Forschung;* Frankfurt 1992

Meckelburg, E.: *Besucher aus der Zukunft;* Bern/München 1980

Moslow, A.: in: Sowjetische Kultur, 10. 10. 1989

Popowitsch, M.: *Ufo Glasnost;* München 1991

Rogo, S. D.: *The Haunted Universe;* New York 1977

Sanderson, I.: *Invisible Residents;* New York 1970

Schönherr, L.: *The Question of Reality;* Flying Saucer Review, 3/4, 1971

Schwarz, B.: Persönliche Korrespondenz zum Fall G. Wilcox

Steiger, B.: *Time Travel without Machines;* Fate 10/1991

–: *Mysteries of Time and Space;* New York 1974

Swords, M. D.: *Modern Biology and the Extraterrestrial Hypothesis;* MUFON 1991 International UFO Symposium Proceedings, Chicago, 5.–7. 7. 1991

Talbot, M.: *Das Holographische Universum;* München 1992

Vallée, J.: *Confrontations — A Scientist's Search for Alien Contact;* New York 1990

Warsegow, N.: in: Komsomolskaja Prawda, 17. 10. 1980

Kapitel VII

Annales Laurissenseses; Migne's Patrologia, Tom. CIV, Saeculum IX, Anno 840

Bloecher, T.: *Report on the Ufo Wave of 1947;* NICAP, Washington 1967

Böhm, F.: *Kometen;* Hamburg 1975

Bourret, J.-C.: *La nouvelle vague des soucoupes volantes;* Paris 1974

Brand, I. v.: *Unerklärliche Himmelserscheinungen aus älterer und neuerer Zeit;* Feldkirchen-Westerham 1977

Buchner: *Das Neueste von Gestern, Bd. II, 1700–1750;* München 1912

Burn, J.: *1942 Sighting on the Russian front;* Flying Saucer Review; vol. 24, 1978

Cassius Dion: *Römische Geschichte,* 2 Bd.; Leipzig 1832

Chladni, E. F. F.: *Über Feuer-Meteore und über die mit denselben herabfallenden Massen;* Wien 1819

Conn, S. et al.: *Guarding the United States and its Outposts;* Washington 1964

Corliss, W. R.: *Handbook of Unusual Natural Phenomena;* New York 1983

Creuzer, F.: *Symbolik und Mythologie der alten Völker;* Leipzig/ Darmstadt 1819

Dienstagischer Mercurius, Berlin, 22. Woche, 1680

Drake, R.: *Top-Secret Nuclear Plant Besieged by Ufos;* UFO-Report 6/1977

–: *Gods and Spacemen in Greece and Rome;* New York 1977

Droysen, J. G.: *Geschichte Alexander des Großen;* 1833

Fenoglio, A.: *Cronista su Oggetti Volanti nel Panato;* Clypeus Anno 111, Nr. 2, Turin 1967

Flammonde, P.: *Ufos – Es gibt sie wirklich;* München 1978

Flying Saucer Review 5/1968

Gottschalk, H.: *Lexikon der Mythologie;* Berlin 1973

Grimal, P.: *Mythen der Völker,* Bd. III; Frankfurt 1967

Hall, R.: *The Ufo Evidence;* NICAP, Washington 1964

Hanlon/Vallée: *Airships over Texas;* Flying Saucer Review 13, Nr. 1/1967

Heß, W.: *Himmels- und Naturerscheinungen in Einblattdrucken des 15. bis 18. Jahrhunderts;* Leipzig 1911

Hobana, I., Weverbergh, J.: *Ufos from behind the Iron Curtain;* London 1974

Kohlenberg, K. F.: *Enträtselte Vorzeit;* München/Wien 1970

Keel, J. A.: *Strange Creatures from Time & Space;* London 1975

Keyhoe, D. E.: *Aliens from Space;* New York 1973

Kolosimo, P.: *Sie kommen von einem anderen Stern;* Wiesbaden 1969

–: *Schatten auf den Sternen;* Wiesbaden 1971

Lycosthenes-Obsequens: *Prodigiorum Libellum,* 1770

Maunder, E. W.: *A Strange Visitor from Sky;* Observatory Nr. 648, Mai 1928

Meckelburg, E.: *Besucher aus der Zukunft;* Bern/München 1980

New York World 9. 4. 1897

New York World 10. 4. 1897

Pausanias: Ausg. Hitzing/Blümer, Bd. 1, 1896/1910

Pauwels, L., Bergier, G.: *Aufbruch ins dritte Jahrtausend;* München 1962

Prachan, J.: *Ufos im Bermuda-Dreieck;* Wien/München/Zürich/Innsbruck 1979

Ragaz, H.: Weltrundschau, Weltraumbote Nr. 16/17, 1957

Ribera, A.: *Platillos volantes en Iberoamericana y España;* Ed. Pomaire, 1968

Roerich, N.: *Altai – Himalaya;* London 1929

Ross, H.: *Behaviour and Perception in Strange Environments;* London 1974

Steiger, B.: *Worlds Before Our Own;* Berkeley 1979

Stringfield, L. H.: *Situation Red;* New York 1977

Titus Livius: *Römische Geschichte,* Bücher VIII und XXI, Kap. 6

Tomas, A.: *Beyond the Time Barrier;* London 1974

Vallée, J.: *Passport to Magonia;* Chicago 1969

Vossische Zeitung, Berlin, 22. Woche, 1680

Wilkins, H. T.: *Flying Saucers on the Attack;* New York 1967

Clark/Farish: *The Mysterious ›Foo Fighters‹ of WW II;* UFO-Report, Frühjahr 1975

Conway, G.: *Ufos Seen over Iraque and the Gulf by Canadian Pilots;* Flying Saucer Report, vol. 36, 4/1991

Druffel, A.: *The Importance of the Past;* MUFON-UFO Journal Nr. 126, 5/1978

Dwuschili/Gernik/Groschkow: *Magnetische Spuren eines Objekts in Dalnegorsk;* 2. Interdiszipl. Wiss.-Techn.-Allunions-Seminar in Tomsk 1990

Flying Saucer Review, vol. 24, Nr. 4/1979

Flying Saucer Review, vol. 24, Nr. 5/1979

France-Soir, 27. August 1975

Gaddis, V.: *Geisterschiffe;* München 1965

Gribbin, J.: *Time Warps;* Journal of the British Interplanetary Society, 42, 1989

Holroyd, St.: *Prelude to the Landing on Planet Earth;* London 1977

Keel, J. A.: *The Strange Effects of Flying Saucers;* SAGA's Ufo-Report, Winter 1974

–: *Why Ufos?;* New York 1976

–: *Strange Creatures from Time & Space;* London 1979

Keyhoe, D. E.: *The Flying Saucer Conspiracy;* New York 1955

–: *Aliens from Space;* New York 1973

Korrespondenz mit I .v. Ludwiger am 4. 12. 1992

Loveland, W., Seaborg, G.: *The Search for the Missing Elements;* New Scientist, 31. 8. 1991

Ludwiger, I. v.: *Bob Lazar: Eine der interessantesten Quellen in der modernen Ufo-Forschung;* SIGN 19/1992

Meckelburg, E.: *Zeittunnel – Reisen an den Rand der Ewigkeit;* München 1991

Michel, A.: *Pour les soucoupes volantes;* Paris 1969

Misner, Ch. W., Thorne, K. S., Wheeler, J. A.: *Gravitation;* San Francisco 1973

327

Ozsváth, I., Schücking, E.: *Finite Rotating Universes;* nature, vol. 193, 1962

Popowitsch, M.: *Ufo Glasnost;* München 1991

Sagan, C.: *UFO – A Scientific Debate;* Ithaca 1972

Sagan, C., Angel, J.: *Nachbarn im Kosmos – Leben und Lebensmöglichkeiten im Universum;* München 1979

Shapeley, H.: *Galaxies;* Blakiston 1941

Steiger, B.: *Project Blue Book;* New York 1976

Steinhäuser, G. R.: *Das Geheimnis der sterbenden Sterne;* München/Berlin 1972

Stringfield, L. H.: *Situation Red;* Garden City 1977

Swords, M. D.: *Modern Biology and the Extraterrestrial Hypothesis;* MUFON 1991 Intern. UFO Symposium Proceedings, Chicago

Tanjug-Meldung, 10. 11. 1961

Vallée, J.: *Five Arguments Against the Extraterrestrial Origin of Ufos;* Journal of Scientific Exploration, vol. 4, 1990

Webster, Ken: *Die Vertikale Ebene;* Frankfurt 1993 (Verlag 2001)

Kapitel IX

Bergson, H.: Presidental Address; Proceedings S.P.R. 1958

Boehm, G. v.: *Der achte Tag der Schöpfung;* Script des Südwestfunks, Baden-Baden, Prod.-Nr. 806 288, vom 20. 3. 1992

Goleman, D.: *Probing the Enigma of Multiple Personality;* New York Times, 25. 6. 1988

Gribbin, J., Wesson, P.: *Fickle Constants of Physics;* New Scientist, 4. 7. 1992

Jenkins, St.: *The Undiscovered Country;* London 1978

Koestler, A., Hayes, R.: *Die Wurzeln des Zufalls;* Frankfurt 1974

Korrespondenzen des Autors mit V. Lloyd, Hohenwald, TN (USA)

Korrespondenzen des Autors mit U. K., Wiesbaden

Kröning, J.: *Spuren im Korn;* Frankfurt 1992

LeShan, L.: *Von Newton zu PSI;* Reinbek 1986

Lenz, F.: *Lifetimes;* New York 1979

Munsterberg, H.: *Psychology and Life;* New York 1899

Restak, R.: *People with Multiple Minds;* Science Digest 92, Nr. 6, 1984

Rogo, D. S.: *Untersuchungen über Reinkarnation und Bewußtseinszustände;* Grenzgebiete der Wissenschaft (Innsbruck), 41-19921

Schiebeler, W.: *Parapsychologische Probleme und physikalische Forschungsmethoden und Forschungsergebnisse;* Allgem. Zeitschrift für Parapsychologie, Heft 3/1978

Senkowski, E. O.: *Instrumentelle Trans-Kommunikation;* Frankfurt 1989

Steinhäuser, G. R.: *Heimkehr zu den Göttern;* München/Berlin 1971

Talbot, M.: *Das Holographische Universum;* München 1992

Toben, B.: *Raum-Zeit und erweitertes Bewußtsein;* Essen 1980

Vallée, J.: *Dimensions;* New York 1988

Walker, E. H.: *The Nature of Consciousness;* Mathematical Biosciences 7/1970

Watson, L.: *Der unbewußte Mensch;* Frankfurt 1979

Whitton, J. L., Fisher, J.: *Life between Life;* New York 1986

Register

332

Stichwort

Information und Wissen in kompakter Form.
»Die Taschenbuch-Reihe gibt knappe, übersichtliche und
aktuelle Auskünfte zu den jeweiligen Themen.«
WESTFÄLISCHE RUNDSCHAU

Wilhelm Heyne Verlag
München